前言

QIANYAN

1994年以来，劳动和社会保障部职业技能鉴定中心、教材办公室和中国劳动社会保障出版社组织有关方面专家，依据《中华人民共和国职业技能鉴定规范》，编写出版了职业技能鉴定教材及其配套的职业技能鉴定指导200余种，作为考前培训的权威性教材，受到全国各级培训、鉴定机构的欢迎，有力地推动了职业技能鉴定工作的开展。

劳动保障部从2000年开始陆续制定并颁布了国家职业标准。伴随社会经济、技术不断发展，企业对劳动力素质提出了更高的要求。为了适应新形势，为各级培训、鉴定部门和广大受培训者提供优质服务，人力资源社会保障部教材办公室组织有关专家、技术人员和职业培训教学管理人员、教师，依据国家职业标准和企业对各类技能人才的需求，研发了职业技能培训鉴定教材。

新编写的教材具有以下主要特点：

在编写原则上，突出以职业能力为核心。教材编写贯穿“以职业标准为依据，以企业需求为导向，以职业能力为核心”的理念，依据国家职业标准，结合企业实际，反映岗位需求，突出新知识、新技术、新工艺、新方法，注重职业能力培养。凡是职业岗位工作中要求掌握的知识和技能，均作详细介绍。

在使用功能上，注重服务于培训和鉴定。根据职业发展的实际情况和培训需求，教材力求体现职业培训的规律，反映职业技能鉴定考核的基本要求，满足培训对象参加各级各类鉴定考试的需要。

QIANYAN

在编写模式上，采用分级模块化编写。纵向上，教材按照国家职业资格等级单独成册，各等级合理衔接、步步提升，为技能人才培养搭建科学的阶梯型培训架构。横向上，教材按照职业功能分模块展开，安排足量、适用的内容，贴近生产实际，贴近培训对象需要，贴近市场需求。

在内容安排上，增强教材的可读性。为便于培训、鉴定部门在有限的时间内把最重要的知识和技能传授给培训对象，同时也便于培训对象迅速抓住重点、提高学习效率，在教材中精心设置了“培训目标”等栏目，以提示应该达到的目标，需要掌握的重点难点、鉴定点和有关的扩展知识。

编写教材有相当的难度，是一项探索性工作。由于时间仓促，缺乏经验，不足之处在所难免，恳切希望各使用单位和个人对教材提出宝贵意见，以便修订时加以完善。

人力资源社会保障部教材办公室

职业技能培训鉴定教材

汽车修理工

（高级）

QICHE XIULIGONG

主　编　陈卫忠
参　编　戴必俊　邵国洪　干文丽　蒋小健
　　　　王　猛　蒋　诚　李爱玲
审　稿　祖国海　宋云波

中国劳动社会保障出版社

图书在版编目（CIP）数据

汽车修理工：高级 / 陈卫忠主编 . -- 北京：中国劳动社会保障出版社，2018
职业技能培训鉴定教材
ISBN 978-7-5167-3642-5

Ⅰ. ①汽…　Ⅱ. ①陈…　Ⅲ. ①汽车 – 车辆修理 – 职业技能 – 鉴定 – 教材　Ⅳ. ① U472.4

中国版本图书馆 CIP 数据核字（2018）第 234622 号

中国劳动社会保障出版社出版发行
（北京市惠新东街 1 号　邮政编码：100029）
*
三河市华骏印务包装有限公司印刷装订　新华书店经销
787 毫米 ×1092 毫米　16 开本　17.5 印张　349 千字
2018 年 12 月第 1 版　2018 年 12 月第 1 次印刷
定价：38.00 元

读者服务部电话：（010）64929211/84209101/64921644
营销中心电话：（010）64962347
出版社网址：http：//www.class.com.cn

内容简介

NEIRONG JAINJIE

本教材由人力资源社会保障部教材办公室组织编写。教材以汽车修理工国家职业技能标准为依据，紧紧围绕“以企业需求为导向，以职业能力为核心”的编写理念，力求突出职业技能培训特色，满足职业技能培训与鉴定考核的需要。

本教材主要内容包括汽车发动机检修、汽车底盘检修、汽车电器检修和新能源汽车动力系统检修。

本教材是高级汽车修理工职业技能培训与鉴定考核用书，也可供相关人员参加在职培训、岗位培训使用。

目录

MULU

MULU

第四章　新能源汽车动力系统检修

第一章

汽车发动机检修

第一节　发动机异响、机油消耗故障诊断与排除

学习单元 1　发动机异响故障诊断与排除

学习目标

1. 了解发动机异响的原因及特征
2. 掌握发动机异响的故障诊断方法及程序
3. 能够诊断并排除发动机异响

相关知识

一、发动机异响的原因

发动机异响标志发动机某一机构的技术状态已发生变化。主要原因是有些零件磨损严重或装配、调整不当。

1．配合间隙过大

配合间隙是汽车装配质量的重要指标。当润滑、温度、负荷和速度一定时，异响会随配合间隙的增大而越发明显。发动机某些运动机件因自然磨损使间隙增大，当间隙超过一定值时则会导致异响，如活塞与气缸壁的敲击响声、连杆轴承与轴颈的撞击响声等。

2．润滑不良

润滑是发动机正常工作的重要条件，通过润滑系统可实现润滑、冷却、清洗、密封和防锈。当配合间隙、温度、负荷和速度一定时，润滑油膜的厚度受润滑系统压力和润滑油品质的影响，品质好的润滑油和适宜的压力就能产生较好的润滑油膜。润滑油膜越厚，机械冲击越小，不易发生异响；润滑油膜过薄，导致磨损加剧，则发生异响且明显而清晰。

3．紧固件松动

发动机运转过程中产生振动，导致某些部件产生松动，出现撞击声，如飞轮固定螺栓松动、连杆螺栓松动等都会引起异响。

4．个别部件变形或损坏

由于个别部件变形或损坏导致异响，如连杆弯曲导致敲缸、气门弹簧折断、曲轴断裂引起的异响。

5．不正常燃烧

汽油发动机点火时间过早导致爆燃。柴油发动机喷油时间过早引起金属敲

缸声。

6．装配调整或修理不当

因装配调整或修理不当导致机件配合间隙失准，如活塞销装配过紧、气门间隙调整不当引起的异响。

7．转速

一般情况下，转速越高，机械异响越强烈，但高转速时各种响声混杂在一起，某些异响反而不易辨清，所以诊断转速要视异响情况而定。如听诊气门响和活塞敲缸响时，在怠速或低速时异响非常明显，当主轴承响、连杆轴承响和活塞销响较为严重时在怠速和低速下也能听到。诊断异响应在响声最明显的转速下进行，并尽量在低速下进行，以减少不必要的噪声和损耗。

8．温度

有些异响与发动机温度有关，而有些异响与发动机温度无关或关系不大。在机械异响诊断中，对于热膨胀系数大的配合要特别注意在发动机热态时的工作状况，如活塞敲缸响，在发动机冷起动时，异响非常明显，一旦温度升高响声即减弱或消失，所以诊断冷敲缸响应在发动机低温时进行。温度对热膨胀系数小的配合副间产生的异响影响不大，如曲轴主轴承响、连杆轴承响、气门响等对诊断温度无特别要求。温度也是影响燃烧异响的主要因素之一，汽油发动机过热时往往产生点火敲击声。

9．负荷

许多异响与发动机的负荷有关，如曲轴主轴承响、连杆轴承响、活塞敲缸响、气缸漏气响、汽油机点火敲击响等，均随负荷增大而增强，随负荷减小而减弱。

10．缸位

某些异响与发动机的缸位有关，如活塞敲缸响和连杆轴承响，单缸断火时异响消失，一个工作循环响 2 次；配气机构异响是一个工作循环响 1 次，如活塞销响、连杆轴承响等，曲轴转 1 圈响一次；而气门响、气门座圈响等，则是曲轴转 2 圈响 1 次。

二、发动机异响与转速的关系

1．在怠速或低速运转时异响

可能原因如下：

（1）活塞与气缸壁间隙过大。

（2）活塞销装配过紧或连杆轴承装配过紧。

（3）挺杆与其导孔间隙过大。

（4）配气凸轮轮廓磨损；有时，起动爪松动而使带轮发响（在转速改变时明显）。

2．维持在某转速时声响紊乱，急减速时相继发出短暂声响

可能原因如下：

（1）凸轮轴正时齿轮破裂或其固定螺母松动。
（2）曲轴折断。
（3）活塞销衬套松旷。
（4）凸轮轴轴向间隙过大或其衬套松旷。

3．异响在发动机急加速时出现，维持高速运转时声响仍存在

可能原因如下：
（1）连杆轴承松旷、轴瓦烧熔或尺寸不符而转动。
（2）曲轴轴承松旷或轴瓦烧熔。
（3）活塞销折断。
（4）曲轴折断。

三、发动机异响与负荷的关系

发动机上不少异响与其负荷有明显的关系，诊断时可采取逐缸解除负荷的方法进行试验，通常采用单缸或双缸断火法解除一缸或两缸的负荷，以鉴别异响与负荷的关系。

1．某缸断火，异响马上消失或减轻

可能原因如下：
（1）活塞敲缸。
（2）连杆轴承松旷。
（3）活塞环漏气。
（4）活塞销折断。

2．某缸断火则声响加重，或原来无声响此时反而出现声响

可能原因如下：
（1）活塞销铜套松旷。
（2）活塞裙部锥度过大。
（3）活塞销窜出。
（4）连杆轴承盖固定螺栓松动严重或连杆轴瓦合金烧熔脱净。
（5）飞轮固定螺栓松动严重。

3．相邻两缸断火异响减轻或消失

可能原因是：曲轴轴承松旷。

四、发动机异响与温度的关系

1．低温发响，温度升高后声响减轻，甚至消失

可能原因如下：
（1）活塞与缸壁间隙过大。
（2）活塞因主轴承油槽深度和宽度失准。
（3）机油压力低而润滑不良。

2．温度升高后有声响，温度降低后声响减轻或消失

可能原因如下：

（1）过热引起的早燃。

（2）活塞裙部椭圆的长、短轴方向相反。

（3）活塞椭圆度小，活塞与缸壁的间隙过小。

（4）活塞变形。

（5）活塞环间隙过小。

五、发动机异响与工作循环的关系

发动机的异响故障往往与发动机的工作循环有明显的关系，尤其是曲柄连杆机构和配气机构的异响都与工作循环有关。就四冲程发动机而言，凡由曲柄连杆机构引起的声响均为发动机做功一次发响两次；凡由配气机构引起的声响均为发动机做功一次发响一次。

1．由曲柄连杆机构引起的异响

可能原因如下：

（1）活塞敲击缸壁。

（2）活塞销发出的敲击声。

（3）活塞顶缸盖；连杆轴承松旷过大。

（4）活塞环漏气。

2．由配气机构引起的异响

可能原因如下：

（1）气门间隙过大。

（2）挺杆与其导孔间隙过大。

（3）凸轮轮廓磨损。

（4）气门杆与其导管间隙过大。

（5）气门弹簧折断。

（6）凸轮轴正时齿轮径向破裂。

（7）气门座圈松脱。

（8）气门卡滞不能关闭。

六、发动机异响故障诊断的方法

发动机异响常见故障主要在曲柄连杆机构和配气机构。发动机异响的诊断方法有两种，即人工经验听诊法和仪器诊断法。

1．人工经验听诊法

技术人员通过改变发动机工况等措施使异响再现，找出异响特征和规律并了解异响出现时发动机的运行状况及故障征兆，进而判断出异响部位，这是目前使用最普遍也是最主要的方法。在用人工经验诊断发动机异响的过程中，常借助于螺钉旋具来察听异响，这一传统的方法虽然简便有效，但也存在明显不足。

2. 仪器诊断法

由于人工经验听诊法的准确率较低，因此常用一些仪器设备来辅助听诊与分析，常用的仪器有听诊器、噪声器、振动分析仪等。

七、发动机异响故障诊断过程

1. 当异响出现在怠速或低速运转期间

可按以下顺序进行诊断：

（1）用单缸断火法检查异响与缸位是否有关联。若某缸断火后异响有明显的变化，说明故障在该缸。

（2）若某缸断火后异响并无明显的变化，说明异响与缸位并无关系。继而应逐缸检查异响与工作循环是否有关联，判定故障出在哪个机构。

（3）逐渐提高发动机转速，听察异响有无变化，根据异响随转速的变化，判断运动机构损耗的程度。

（4）在诊断过程中，还应注意观察发动机温度的变化对异响的影响。

2. 当异响出现在高速运转期间

可按以下顺序进行诊断：

（1）从低速逐渐提高发动机转速，直至高速运转。在此过程中，注意异响出现的时间。

（2）当异响出现后，使发动机稳定于该转速运转，仔细听察异响，利用单缸断火法查明缸位。

（3）若难以查明缸位，则应听察该异响分布的区域。

（4）若从低速逐渐提高转速的过程中，并不出现异响，却在急加速或急减速时出现异响，则用单缸断火法并配以速度的急剧变化，即可判明异响发生在哪个缸位。通过上述诊断，基本可查明异响与发动机的负荷、工作循环、转速和温度之间的关系。如果异响与某种异响特性相符合，即可作出诊断结论。此外，在诊断过程中还应听察异响引起的振动部位及伴同的其他故障现象，注意机油压力、机油加注口、排气管等处的变化，辅以诊断故障，从而得出诊断结论。

技能要求

一、发动机曲轴轴承异响故障诊断与排除

1. 故障现象

曲轴轴承异响是一种沉重发闷的金属敲击声，当转速或负荷突然变化时响声明显；当节气门突然加大时，响声更加突出；突然降速时，就会出现沉重的

"铛、铛"响声，发动机本身有明显的振抖现象，并且机油压力明显降低。

2．故障原因

（1）轴承盖固定螺栓松动。

（2）曲轴轴颈与轴承磨损严重，配合松旷。

（3）轴承合金烧毁或脱落。

（4）曲轴将要折断。

（5）曲轴弯曲变形。

（6）曲轴轴向间隙过大。

3．故障排除方法

（1）在机油加注口听察，反复变换发动机转速，当突然加速或减速时，若有明显的"铛、铛"金属敲击声，用旋具在缸体曲轴位置听察，变化转速时声响明显，则可断定为曲轴轴承异响。

（2）利用单缸断火法听察声响无变化，而相邻两缸断火试验时，声响明显减弱，则说明故障在两缸之间的曲轴轴承处。

（3）发动机温度越高，响声越明显，高转速时，响声变得杂乱，则可能是曲轴弯曲变形。

（4）高速运转时，机体有较大的抖动，载重爬坡时，有振动感，机油压力明显下降，则说明配合间隙过大或合金脱落。

（5）若踏下离合器踏板，声响减轻或消失，则为曲轴轴向间隙过大。

（6）若发动机转速并不高，机体却振抖较大，甚至有摆动、摇晃现象，同时出现沉闷的"嘭、嘭"金属敲击声，则表明曲轴将要折断。

二、发动机连杆轴承异响故障诊断与排除

1．故障现象

它是一种较重而短促的金属敲击声。怠速时，响声较小；中速时，响声较为明显；突然加速时，响声随发动机转速突然升高，响声清脆短促；断火后，响声明显减弱或消失。发动机温度升高后响声无明显变化；当负荷增加时，响声加剧。

2．故障原因

（1）连杆轴承盖的连接螺栓松动。

（2）连杆轴承合金烧毁或脱落。

（3）轴承和轴颈磨损严重。

（4）机油压力低或油稀而润滑不良。

3．故障排除方法

（1）发动机怠速运转时，其声响为短促的"嗒、嗒"声；发动机由怠速升至中速时，响声连续且清晰；随着转速的升高，敲击声更为突出，若在机油加注口处察听，响声为清脆的"噹、噹"声。

（2）利用单缸断火法试验。若某缸断火时响声减弱或消失，且在复缸时响声又立刻出现，说明是该缸的连杆轴承响。

（3）若声响混杂，出现“咯噔、咯噔”或“哗啦、哗啦”的响声，再用断火法检查单缸和双缸，若响声减弱或消失，说明多缸连杆轴承和轴颈磨损严重或连杆轴承盖的连接螺栓松动。

（4）当发动机温度变化时，在任何转速情况下，都发出有节奏的“铛、铛”的响声，且气缸盖剧烈抖动，做断火和复火试验都一样，则可断定是轴承合金层烧毁、熔化或脱落。

学习单元2　发动机机油消耗故障诊断与排除

学习目标

1. 掌握发动机烧机油、漏机油的原因、诊断、排除
2. 能够诊断、排除发动机油耗超标故障
3. 能诊断、排除机油变质故障

相关知识

发动机正常工作情况下，机油消耗量为 1.0 ~ 1.5 L/1 000 km，也就是说，行驶 1 000 km 机油消耗量如果为 1.0 ~ 1.5 L 则为正常；而如果机油的消耗量大于 1.5 L，则说明发动机有故障。造成发动机机油消耗量过多的原因主要有两个方面：一方面是发动机烧机油；另一方面是发动机漏机油。

一、发动机烧机油

1．发动机烧机油的原因

（1）机油加注量过多导致烧机油。机油容量为 2.5 L（若包括机油滤清器滤芯则为 3.0 L）。发动机油底壳内的机油加注量并不是越多越好，机油加注量过多一方面会导致机油的搅动加剧而引起机油温度偏高，另一方面飞溅到气缸壁面的机油量过多会导致活塞环的刮油负担加重，而同时由于气环的泵油作用致使泵入燃烧室的机油过多，导致机油的过量烧损。

（2）“拉缸”导致烧机油。如果发动机出现“拉缸”故障，气缸套与活塞受到机械刮伤，就会直接影响气缸的密封，不仅会导致发动机燃烧室漏气量增加，功率下降，发动机敲缸，而且还会出现过量机油泵入燃烧室导致机油过量烧损。

（3）活塞与气缸壁间的间隙过大。这将导致留存于气缸壁上的机油量增多，造成机油的过量烧损。

（4）活塞环磨损严重，或其弹力不足。由于发动机长时间在高温、高速及超负荷下工作，活塞环严重磨损使泵油现象加重，活塞环弹力不足使得活塞环与气缸壁间的间隙过大，导致机油窜入燃烧室，出现烧机油。

（5）活塞环抱死，或其开口转到同一处。活塞环边间隙过小，活塞环会因受热膨胀而卡死在环槽中，使活塞环失去弹性，不起密封和刮油作用。活塞环在安装时要求开口必须相互错开，如果是三道气环，则须相互错开 120°，而如果是两道气环，要求开口错开 180°，而且避开活塞销孔方向。如果活塞环在安装时错口不符合规定，则在运动过程中就有可能出现几道活塞环对口，从而导致活塞环只有布油的功能而刮油功能失效，造成烧机油。

（6）活塞环装反。目前活塞第二道气环广泛采用扭曲环或锥形环，它们在安装时都有正反面之分，如果装错，则活塞环在环槽内上下窜动时会导致泵油加剧，机油泵入燃烧室造成烧机油。

（7）活塞环粘环。由于燃料和机油不完全燃烧产生的胶质和炭的颗粒沉积在环槽内，导致活塞环和环槽完全粘死，使活塞环的刮油功能失效。

（8）活塞环的“三隙”过大。活塞环的“三隙”是指端间隙、侧隙及背隙，如果“三隙”过大，则不能形成有效的密封面，活塞环的泵油作用加剧，造成烧机油。

（9）气门导管磨损严重且气门导管油封损坏。气门导管磨损，气缸盖上的机油通过气门导管及气门杆间的间隙漏入燃烧室导致烧机油。若气门导管的油封损坏，将导致气门杆与气门导管之间吸入过多的机油漏入燃烧室，导致烧机油。

（10）机油黏度过低。机油黏度过低，在高温、高压下，不易形成足够厚度的油膜，加上气门杆与气门导管间的间隙较大，机油很容易渗漏入燃烧室导致烧机油。

2．发动机烧机油的故障诊断与排除

（1）若排气管明显冒蓝烟则为烧机油造成的。当踩下加速踏板发动机高速运转时，若排气管大量冒蓝烟，同时机油加注口也冒出大量烟雾，说明活塞、活塞环与缸壁磨损严重，活塞环的端隙、边隙和背隙过大，活塞环开口转到同一处、粘环、活塞环装反、机油黏度过低等原因，造成机油窜入燃烧室而造成烧机油。应拆检活塞连杆组，更换活塞、活塞环。

（2）若发动机在较短时间冒蓝烟，而油底壳内机油未见减少，这是湿式空气滤清器油面过高或滤清器堵塞，使空气滤清器中的机油被吸入气缸所致。应及时清洗或更换滤芯。

（3）发动机大负荷运转时，若排气管大量冒蓝烟，机油加注口无烟雾冒出，说明飞溅到气门杆上的机油沿气门杆与导管的间隙被吸入燃烧室。应及时更换气门杆油封或气门导管。

二、发动机漏机油

1．发动机漏机油的原因

（1）发动机漏机油。发动机常见漏油部位有前后曲轴油封处，发动机曲轴前、后端及凸轮轴后端油堵处。这些地方漏油主要都是由于油封的质量问题或老化变硬，或者后主轴承盖的回油孔过小，回油受阻，以及不正确的安装。曲轴箱通风装置堵塞也会造成曲轴箱通风不良而使油封漏油。

（2）空气压缩机漏油。对于采用气压制动的汽车，如果空气压缩机的缸套与活塞之间的间隙过大就会造成漏油。空气压缩机所排出的机油经管线至气路的油气水分离器，然后经排污阀排到大气中。

（3）发动机润滑系统各零部件的外漏。如果润滑系统的管路接头处经紧固后还是漏油，就应注意机油压力是否过高，机油泵出油道上的限压阀是否失灵。

2．发动机漏机油的故障诊断与排除

（1）检查外部有无泄漏，特别是油底壳、曲轴前后端及凸轮轴后端油封是否漏油。曲轴前端油封破裂损坏、老化或曲轴带轮与油封接触面磨损，会引起曲轴前端漏油。曲轴后端的油封破裂损坏或后主轴承盖的回油孔过小，回油受阻，会引起曲轴后端漏油。应及时更换老化破裂的油封。

（2）若发动机气缸盖罩、气门室盖、油底壳衬垫和发动机前后油封等多处有机油渗漏，应检查曲轴箱通风装置，清理曲轴箱通风管道，尤其是 PCV 阀处的积炭和结胶。因为曲轴箱通风不畅，会引起曲轴箱内压力升高，出现机油渗漏现象。

（3）对于采用空气压缩机的汽车，若从储气筒的放污螺塞处放出较多的机油，则为空气压缩机的活塞、活塞环与气缸壁磨损严重，应及时维修活塞、活塞环与气缸壁。

（4）若机油滤清器盖和一些管道接头处经紧固后还是漏油，应注意机油压力是否过高，应检查机油限压阀是否失灵。

技能要求

一、发动机机油油耗超标的故障诊断与排除

1．故障现象

（1）车辆正常行驶，但每天检查机油时均发现机油消耗量过多。

（2）排气管冒蓝烟，机油加注口脉动冒烟。

（3）储气筒放气时油沫增多。

（4）燃烧室积炭增多。

2．故障原因

（1）活塞与缸壁间隙过大。

（2）活塞环弹力不足或磨损过量。

（3）扭曲活塞环装反。

（4）活塞环抱死或活塞环端隙对口。

（5）气门杆油封损坏。

（6）进气门导管与气门杆间隙过大。

（7）曲轴箱通风不良。

（8）正时齿轮室、曲轴前后油封、凸轮轴后端油堵等密封不严漏油。

（9）油底壳或气门室盖密封不严漏油。

（10）空气压缩机的活塞与缸壁间隙过大。

（11）空气压缩机曲轴的前、后端盖漏油。

（12）润滑系统各零部件外漏。

3．故障诊断与排除

（1）首先检查发动机及空气压缩机的外表是否有漏油痕迹。

1）检查发动机油底壳周围是否有漏油痕迹，若有漏油痕迹，说明油底壳固定螺栓松动或衬垫损坏，应紧固或更换。

2）检查发动机曲轴的前、后端是否有漏油痕迹，若有漏油痕迹，应检查曲轴的前、后油封是否损坏，曲轴带轮与油封接触面磨损是否严重，后轴承盖的回油孔是否被堵塞等。

3）检查发动机气门室盖垫处是否有漏油痕迹，若有漏油痕迹，应检查气门室盖螺栓是否松动，密封衬垫是否损坏等。

4）检查润滑系统的其他部件是否有漏油痕迹，若有漏油痕迹，则应先紧固其固定螺栓，再检查其密封垫是否损坏。

（2）上述检查过程中，若发现发动机多处有机油渗出，但又找不出明显的漏油处，则应检查曲轴箱的通风装置，清理曲轴箱通风管道中流量控制阀处的积炭和结胶。

（3）若发动机外部无漏油痕迹，则应使发动机正常运转，检查排气管排出的废气颜色和机油加注口处是否有废气排出。

1）若排气管冒蓝烟，同时机油加注口也向外冒蓝烟，则为活塞、活塞环与气缸壁磨损过大，活塞环的端隙、背隙和边隙过大，多个活塞环的端隙对口，或扭曲环装反等情况，使机油窜入燃烧室燃烧造成。

2）若排气管冒蓝烟，机油加注口不冒烟，而气门室罩向外窜烟，则应检查气门导管处的气门油封是否损坏，气门导管与气门杆的间隙是否过大等。

3）若排气管所排废气颜色正常，则应拧松储气筒上的放油螺塞。若从放油螺塞处放出较多的机油，则为空气压缩机的活塞、活塞环与气缸壁磨损过大。

（4）在安装有机油散热器的发动机上，若在冷却系统中发现有机油，则应检查散热器的散热管是否脱焊、腐蚀或破裂。

二、机油变质的故障诊断与排除

1．故障现象

（1）取样检查机油，颜色发黑，用手捻搓，失去黏性并有杂质。

（2）含水分的机油呈乳浊状并有泡沫。

（3）失去黏性，并有汽油味。

2．故障原因

（1）机油使用时间过长，在高温和氧化作用下形成氧化物和氧化聚合物，使机油逐渐老化变质。

（2）活塞环漏气。

（3）曲轴箱通风不良。机油中混杂有废气燃油，导致机油变质。

（4）发动机缸体有裂纹，冷却水漏入油底壳。

（5）汽油泵膜片破裂，汽油进入油底壳。

（6）废气中含有 SO_2 和 H_2O，下窜进入油底壳中，使机油呈酸性。

（7）机油过脏，含有杂质。

3．故障诊断与排除

（1）用机油尺取数滴机油观察，可大致分辨出机油污染情况。若机油呈雾状，油色混浊和乳化，说明机油已被严重污染；若机油呈灰色，能闻到燃油气味，则机油已被燃油稀释；若机油放置一段时间后，上层颜色变淡，则说明机油添加剂已失去作用。若用手指捻搓机油，有颗粒感，则表示含杂质较多。也可取数滴机油滴在中性滤纸上，检查其扩散后的油迹，若中性黑色杂质较黑，颗粒较粗，则说明机油含杂质较多，已变质。

（2）若机油油面上升，且机油有汽油味，应检查汽油泵膜片是否破裂、曲轴箱通风是否良好、活塞的漏气量是否过大。

（3）若机油呈乳化状态，应检查缸壁是否有裂纹渗漏处。

（4）检查机油滤清器是否失效以及油道是否堵塞。

第二节　燃油系统、怠速控制系统、点火系统故障诊断与排除

学习单元 1　燃油系统故障诊断与排除

学习目标

1. 掌握燃油系统的常见故障现象
2. 掌握燃油系统常见故障的原因以及诊断方法
3. 能够诊断并排除燃油系统不供油，混合气过稀、过浓，压力不足等故障

相关知识

电控汽油发动机燃油供给系统主要由油箱、电动燃油泵、汽油滤清器、燃油压力调节器、喷油器、进回油管及控制系统组成。发动机燃油系统的故障多表现为发动机抖动、冒黑烟、发动机动力不足以及不能正常起动等。造成以上故障现象的原因多为以下几种情况：电动燃油泵不泵油；喷油器损坏；燃油压力调节器损坏；燃油滤清器堵塞；油管损坏漏油。

一、电动燃油泵的常见故障及诊断方法

1．电动燃油泵常见故障及影响

燃油泵常见的故障有进油滤网堵塞、泵内阀泄漏和电动机故障，因电动机磨损而引起泵油压力不足的故障较为少见。燃油泵的常见故障及影响见表 1—1。

表 1—1　　燃油泵的常见故障及影响

故障现象	与燃油泵有关的故障原因	对发动机工作的影响
供油压力偏低，供油量不足	安全阀漏油或弹簧失效，油泵磨损	发动机起动困难，动力不足，加速不良，发动机工作不平稳甚至不工作
供油不足，燃油泵有时发出尖叫声	进油滤网堵塞	发动机高速"打嗝"，无高速，加速不良，严重时怠速不稳
无燃油供应	电动机烧坏	发动机无法工作

2．电动燃油泵诊断方法

正常情况下，打开点火开关（不起动发动机），在油箱口附近应能听到电动燃油泵运转的声音，同时在发动机上方也应能听到"嘶嘶"的燃油流动声，用手感觉到进油软管有燃油流动。如果无上述现象，应按如下步骤进行检查：

（1）用一跨接导线分别连蓄电池正极和燃油泵继电器"FP"端子。

（2）打开点火开关但不要起动发动机，仔细听有无燃油泵运转的声音或用手感觉进油软管有无燃油流动振动。若听不到电动燃油泵运转的声音，用手感觉进油软管无燃油流动振动，说明电动燃油泵不工作。

（3）应检查燃油泵电源熔断器有无熔断、油泵继电器有无损坏、控制线路有无断路、转速与曲轴转角信号是否正常等。若上述检查都正常，则应拆检燃油泵。

（4）从车上拆下燃油泵，用万用表欧姆挡测量燃油泵两端子间的电阻，一般为 2 ~ 3 Ω，如果电阻很大，则说明燃油泵的电动机内部接触不良或有断路。

（5）用蓄电池电源短时间加在电动燃油泵两端子上，如正常，应能听到燃油泵转子高速运转的声音。

二、喷油器的常见故障及诊断方法

1．喷油器常见故障

喷油器是燃油喷射系统中故障较多的部件之一，其常见故障及影响见表 1—2。

表 1—2　　喷油器的常见故障及影响

故障现象	与喷油器有关的故障原因	对发动机工作的影响
喷油器不喷油或喷油量少，喷油雾化不良	喷油器阀胶结，喷油器堵塞	发动机动力下降，加速迟缓，怠速不稳易熄火，不能工作，工作不稳
喷油器不喷油	电磁线圈或内部线路连接处断路	发动机工作不稳或不工作

续表

故障现象	与喷油器有关的故障原因	对发动机工作的影响
喷油器滴油	喷油器内部过脏，密封不严	油耗上升，排气管放炮，发动机起动困难或不能起动，排气冒黑烟
喷油量减少	喷油器阀口积污	发动机工作不稳，进气管回火，发动机动力不足，加速性差

2．喷油器的诊断方法

（1）发动机热车后使其怠速运转，用听诊器测听各缸喷油器应有清脆均匀且有节奏的“嗒嗒”声响。

（2）若某缸喷油器的工作声音很小或工作声音较其他缸沉闷，则说明该缸喷油器工作不正常，可能是针阀卡滞，应作进一步的检查；若听不到某缸喷油器的工作声音，说明该缸喷油器不工作，则应检查喷油器控制线路或测量喷油器电磁线圈电阻；若控制线路及电磁线圈正常，则说明喷油器针阀完全卡死，应更换喷油器。

（3）发动机工作不平稳，可以采用断缸方法来判断各缸喷油器工作是否良好，具体步骤如下：

1）起动发动机，待热车后使其怠速运转。

2）依次拔下各缸喷油器的插头，使喷油器停止喷油，进行断缸检查。若拔下某缸喷油器的插头后，发动机转速有明显下降，则说明该缸喷油器工作正常。

（4）当怀疑某缸喷油器不工作时，可用万用表检测该缸喷油器电磁线圈的电阻，看是否正常。电流驱动型（低阻抗型）喷油器的电磁线圈电阻值一般在 2 ~ 3 Ω，电压驱动型（高阻抗型）喷油器的电磁线圈的阻值一般为 13 ~ 16 Ω。如果测得的电阻过小或过大，都应更换该缸喷油器。

（5）当发现喷油器不喷油或喷油量少、喷油雾化不良、各缸喷油量不均匀时，可用喷油器清洗检测仪清洗、测试。具体操作可参照喷油器清洗检测仪的使用说明书进行。

三、燃油压力调节器的故障及诊断方法

1．燃油压力调节器的常见故障及影响

燃油压力调节器的作用是使供油总管内的燃油压力随着进气管内的气压变化而变化，以此来控制二者之间的压力差基本不变，从而精确控制发动机各工况下燃油系统的喷油量。

若燃油压力调节器出现故障，会造成发动机起动困难，动力不足，油耗和排放增多，具体故障及影响见表 1—3。

2．燃油压力调节器的诊断方法

先释放燃油压力，再用油压表检查燃油压力。检查完毕，释放燃油压力，拆下油压表，装复燃油系统，然后预置燃油压力，起动发动机确定有无泄漏。

表 1—3　　燃油压力调节器的常见故障及影响

故障现象	对燃油喷射系统的影响	对发动机工作的影响
压力调节器失效（卡死、堵塞）	燃油压力过高	发动机怠速过高，混合气过浓，燃油消耗过高，排放超标，火花塞积炭严重
压力调节器工作不良（回位弹簧弹力过弱）	燃油压力过低	发动机起动困难，怠速不稳，发动机回火，排气管放炮，加速无力，混合气过稀
真空管破裂，连接部位漏气	燃油压力过高	燃油消耗增加，混合气过浓，排气冒黑烟

四、燃油压力的检测方法

1．释放燃油压力

（1）蓄电池电压高于 12 V。

（2）拔下燃油泵继电器或油泵电源插头。

（3）起动发动机。

（4）待发动机自动熄火后，再转动起动开关，起动发动机 2 ~ 3 次，将残存的燃油压力释放。

（5）关闭点火开关，装上继电器或电源插头。

2．连接燃油压力表

（1）将点火开关处于锁止位置，从蓄电池上拆下电缆，将负极电缆拆下 30 s 后再进行以下步骤。

（2）拔下冷起动喷油器的连接器。

（3）将适当的容器或布放在冷起动喷油器的管下。

（4）拆下油管接头螺栓和垫片，从冷起动喷油器上将油管拆下。

（5）用新的密封垫片及油管接头螺栓将燃油压力表连接在冷起动喷油器上。

（6）用导线跨接诊断座的 +B 和 FP 端子。

（7）重新接好蓄电池负极电缆。

3．静态压力检测

（1）打开点火开关，但不起动发动机。

（2）观察燃油压力表的压力值是否在规定范围内。

（3）如果压力偏高，更换燃油压力调节器；如果偏低，检查燃油管、接头、油泵、滤清器、燃油压力调节器、喷油器是否有泄漏。

（4）关闭点火开关，拆下跨接线。

4．动态压力检测

（1）起动发动机。

（2）从燃油压力调节器上拆下真空管，并将管口堵住。

（3）怠速情况下测量燃油压力，查看其是否符合规定值。

（4）将真空管重新接到燃油压力调节器上。

（5）在怠速情况下测量燃油压力，查看其是否在允许的范围内。

（6）如果上述压力值不符合要求，检查真空管和燃油压力调节器。

5. 燃油系统保持压力的检测

（1）将发动机熄火，5 min 后检查燃油压力值是否保持在规定范围内。

（2）如果燃油压力下降太快，则检查油泵、滤清器、燃油压力调节器、喷油器是否有泄漏。

（3）检查完油压后，拆下负极电缆，取下压力表，注意不要使燃油飞溅出来。

（4）用新的密封垫和油管接头螺栓将冷起动喷油器重新接好。

（5）接好冷起动喷油器电源连接器。

（6）安装好蓄电池负极电缆。

（7）检查油管连接情况。

技能要求

一、燃油系统不供油的故障诊断与排除

1. 故障现象

（1）在点火系统正常工作的情况下，发动机不能起动或起动后逐渐熄火。

（2）无烟排出或排烟时间很短。

（3）发动机在运转中逐渐熄火。

2. 故障原因

（1）油箱燃油不足。

（2）油管及接头漏油。

（3）汽油滤清器严重堵塞。

（4）燃油压力调节器膜片破裂。

（5）油泵电动机损坏，熔断器、继电器损坏或线路断路、接触不良等。

（6）喷油器线圈、继电器、熔断器损坏或控制线路不良等。

（7）冷却液温度传感器信号失常，曲轴位置传感器（发动机转速传感器）无信号，起动开关信号未传入 ECU 等，使 ECU 未进行喷油控制。

（8）ECU 有故障。

3. 故障诊断与排除

（1）先进行故障自诊断，检查有无故障码出现。如有，则按所显示的故障码查找故障原因。要特别注意会影响喷油控制的传感器，如发动机转速传感器，曲轴、凸轮轴位置传感器及冷却液温度传感器等有无故障。在检测控制线路时，可采用故障模拟征兆法轻轻振动熔断器盒或轻轻晃动各线束连接器，看有无接触不良现象。

（2）检查油箱是否有油，燃油管路及接头是否有破损。

（3）测量系统油压。先泄压，然后在进油管和燃油分配管之间安装油压表，

用起动机带动发动机运转，观察油压表的读数。若油压正常，则故障在喷油器及其控制线路，可能是喷油器熔断器、继电器损坏或ECU故障，也可能是ECU未接收到起动信号、发动机转速信号等而没有对喷油器实施喷油控制，对此，应该检查相应传感器、开关等；若无油压或油压极低，则故障在供油系统。

（4）检查汽油滤清器，若堵塞严重应更换。

（5）检查油压调节器。按下油压调节器真空管，如有油流出或滴油，说明油压调节器膜片破裂，应更换。若油压过低，可夹住油压调节器回油管切断回油，若油压上升，可能是油压调节器膜片及弹簧性能下降、回油阀门开度一直较大等导致系统油压严重降低。

（6）若上述检测均正常，则为油泵不供油，应检查油泵及控制线路，视具体情况检修或更换。

二、混合气过稀的故障诊断与排除

1．故障现象

（1）发动机不能起动或起动后转速不易提高。

（2）怠速不稳，容易熄火。

（3）加速易熄火，进气管回火，有时排气管放炮。

（4）汽车行驶动力不足。

（5）发动机过热，排气管易烧红。

2．故障原因

（1）燃油泵性能不良。

（2）油压调节器性能下降。

（3）节气门位置传感器或空气流量计、进气歧管绝对压力传感器、冷却液温度传感器、曲轴位置传感器、氧传感器信号不良。

（4）废气再循环系统工作不良。

（5）曲轴箱通风阀故障。

（6）燃油滤清器堵塞，管路泄漏。

（7）喷油器堵塞。

（8）电控单元ECU故障。

（9）进气歧管、真空管泄漏等。

3．故障诊断与排除

（1）进行故障自诊断，检查有无故障码。空气流量计、节气门位置传感器等故障都会影响发动机的加速性能。有专用诊断仪的还需要观察动态数据流，按故障码和动态数据查找故障原因。如有故障码，则按故障码提示，排除电控系统故障。

（2）检查进气系统有无漏气，真空管是否脱落、破裂等。

（3）检查供油管路及接头，如有泄漏应予以排除。

（4）安装燃油表，检查燃油压力。怠速时燃油压力应为250 kPa左右或符合原厂规定，加速时应上升至 300 kPa 左右或符合原厂规定。如油压过低，需检查油压调节器、汽油滤清器、汽油泵等。

（5）检查汽油滤清器，如有堵塞则应更换。

（6）检查油压调节器。按下油压调节器真空管，如有滴油现象，表示调节器膜片破裂，应更换。若油压较低，应检查油压调节器的工作性能。起动发动机并怠速运转，观察油压表的读数，应为 205 kPa 左右。增大节气门开度加速，油压表读数应增大到 280 kPa 左右。拔下油压调节器的真空管，燃油压力必须提高到 300 kPa 左右。关闭点火开关，检查系统密封性及保持油压，在 10 min 后油压应不低于 200 kPa。若保持油压过低，说明系统泄漏。重新起动发动机建立油压，关闭点火开关，用钳子夹住回油管，等待 10 min。若此时压力表读数不低于 200 kPa，则说明油压调节器回油阀关闭不严，应更换油压调节器；若低于 200 kPa，说明系统密封不良，管路泄漏，也可能是油泵单向阀损坏。

（7）若油压调节器正常，则为油泵供油不足造成系统油压过低，应检修或更换油泵。

（8）若系统油压正常，应拆卸、清洗各喷油器，并检查喷油嘴的喷油量。如有异常，应更换喷油器。

（9）检查曲轴箱通风系统、废气再循环系统的密封性。

三、混合气过浓的故障诊断与排除

1. 故障现象

（1）发动机排黑烟、放炮。

（2）燃烧室火花塞易积炭，拆下火花塞发现电极表面有潮湿汽油。

（3）发动机动力不足，严重时不易起动。

2. 故障原因

（1）水温传感器、空气流量计或进气管压力传感器失效。

（2）氧传感器失效。

（3）燃油压力过高。

（4）冷起动喷油管漏油或冷起动控制失常。

（5）喷油器漏油。

（6）空气滤清器堵塞。

（7）ECU 故障。

3. 故障诊断与排除

首先读取故障码，并按故障码提示排除故障。无故障码或不能读取故障码时，则按下述步骤检测：

（1）检查空气滤清器，若堵塞应更换。

（2）检查冷起动喷油器控制是否正常。

（3）用多功能万用表检查喷油器的喷油脉宽。若正常，则检查系统油压和喷油器；若不正常，则检查传感器和 ECU。

（4）检查系统油压。若燃油压力始终偏高，可能是回油管堵塞或油压调节器失常。检查回油管，若回油管正常，则说明油压调节器有故障，应更换。若系统油压正常，喷油器喷油脉宽正常，则故障为喷油器漏油，应清洗或更换喷油器。若喷油器喷油脉宽不正常，应检测冷却液温度传感器、空气流量计或进气压力传感器、氧传感器信号是否正常，线路有无断路或短路，视情况检修或更换。

（5）若传感器正常，则为 ECU 故障导致喷油控制失常，应更换 ECU。

四、燃油压力不足的故障诊断与排除

1．故障现象

燃油压力过低时混合气变稀，会造成发动机加速不良、怠速不稳、动力不足、加速时回火等现象。

2．故障原因

（1）燃油压力调节器工作不良。

（2）燃油泵供油压力不足。

（3）燃油泵进油滤网堵塞。

（4）燃油滤清器或燃油管路堵塞。

3．故障诊断与排除

（1）进行故障自诊断。如有故障码，则按故障码查找相应的故障原因。

（2）检查怠速时进气管的真空度。若真空度小于 667 kPa，说明进气系统中有空气泄漏，应检查进气管各个接头、衬垫、真空软管等处，以及废气再循环系统、燃油蒸发回收系统。

（3）检查空气滤清器。如有滤芯堵塞，应清洗或更换。

（4）检查怠速控制阀及附加空气阀是否工作正常。在冷车怠速运转中，拔下怠速控制阀线束插头，或者在冷车怠速运转时将附加空气阀软管用钳子夹住，如果发动机转速没有下降，说明怠速控制阀工作不正常，应检查怠速控制阀及其控制电路。

（5）检查燃油压力。用一根导线将电动汽油泵的两个检测插孔短接，然后打开点火开关，让电动汽油泵运转。在这种状态下，燃油压力应达 300 kPa 左右。如果压力太低，应检查油压调节器有无漏油，汽油滤清器有无堵塞，汽油泵最大泵油压力是否正常。

（6）检查水温传感器或空气流量计。拔下水温传感器或空气流量计的线束插头，用万用表测量水温传感器和空气流量计各接线端之间的电阻。如果电阻值不符合标准，应更换。

（7）检查喷油器及控制电路。

（8）检查静态时的燃油压力。

（9）在怠速运转时检查点火正时。如不符合标准值，应予以调整。

学习单元 2　怠速控制系统故障诊断与排除

学习目标

1. 掌握怠速控制系统的结构及原理
2. 能够诊断并排除发动机怠速不稳、易熄火故障
3. 能够诊断并排除发动机加速不良故障

相关知识

发动机怠速工况是指发动机在对外无功率输出的情况下以最低转速稳定运转的工况。城市内运行的车辆，怠速运转时间约占 1/3，约有 30% 的燃油消耗，所以怠速工况是发动机的主要工况之一。同时怠速也是发动机排放污染最严重的工况之一。在汽车工况法排放测试中，怠速排放的 CO 和 HC 通常占总排放量的 70%左右。怠速转速过高，CO 和 HC 排放下降，燃料消耗增加，造成不必要的浪费。而怠速转速过低则使废气对缸内混合气的稀释作用明显增强，若负荷或阻力稍有变化将导致发动机运转不稳甚至熄火。

影响发动机怠速性能的因素主要有两个方面。一方面是控制进入气缸的混合气流量。因为混合气流量直接影响混合气在燃烧室内燃烧的速度、压力和温度，从而对发动机的动力性、燃料经济性和排气污染物的成分有着很大的影响。另一方面是对气缸可燃混合气进行点火的时刻，不同的点火时刻对气缸内燃烧的过程产生很大的影响，从而影响发动机的动力性能。因此，发动机怠速控制系统既要满足日益严格的排放法规的要求，又要尽可能地降低怠速转速并保持怠速转速的稳定性。

一、怠速控制系统结构及原理

1．结构

怠速控制系统由各种传感器、信号控制开关、电子控制单元（ECU）、怠速控制阀、节气门旁通空气道等组成，如图 1—1 所示。

车速传感器提供车速信号，节气门位置传感器提供怠速触点开闭信号，这两个信号用来判定发动机是否处于怠速状态。发动机怠速时，节气门关闭，节气门位置传感器的怠速触点（IDL）闭合，传感器输出端子 IDL 输出低电平信号。因此，当 IDL 端子输出低电平信号时，如果车速为零，就说明发动机处于怠速状态；如果车速不为零，则说明发动机处于减速状态。

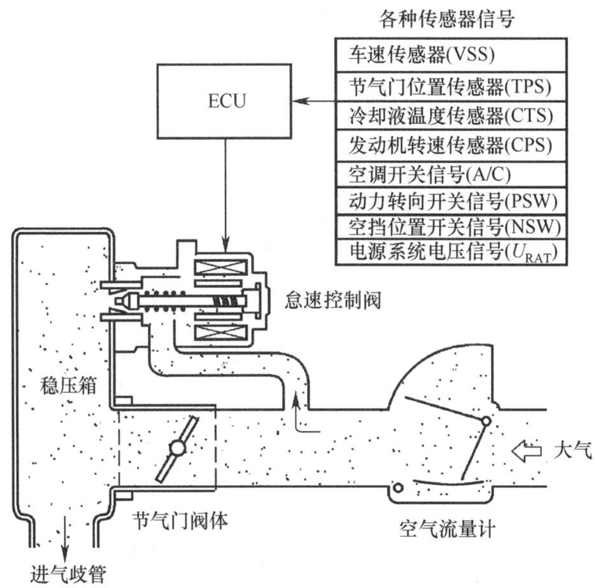

图 1—1 怠速控制系统的结构

冷却液温度信号用于修正怠速转速。在 ECU 内部，存储有不同水温对应的最佳怠速转速，在冷车起动后的暖机过程中，ECU 根据发动机温度信号，通过控制怠速控制阀的开度来控制相应的怠速转速，并随发动机温度升高逐渐降低怠速转速。当冷却液温度达到正常工作温度时，怠速转速恢复正常。

空调开关、动力转向开关、空挡起动开关信号和电源电压信号向 ECU 提供发动机负荷变化的状态信息。ECU 内部存储有不同负荷状况下对应的最佳怠速转速。

怠速时的旁通空气道有两条，一条由怠速调整螺钉调节，另一条由怠速控制阀调节。各型汽车采用的怠速控制阀各有不同。下面是几种常用的怠速控制阀。

（1）节气门直动式怠速控制执行器。一种安装于单点喷射式发动机节气门体上的节气门直动式怠速控制执行器如图 1—2 所示。由以下两部分组成：

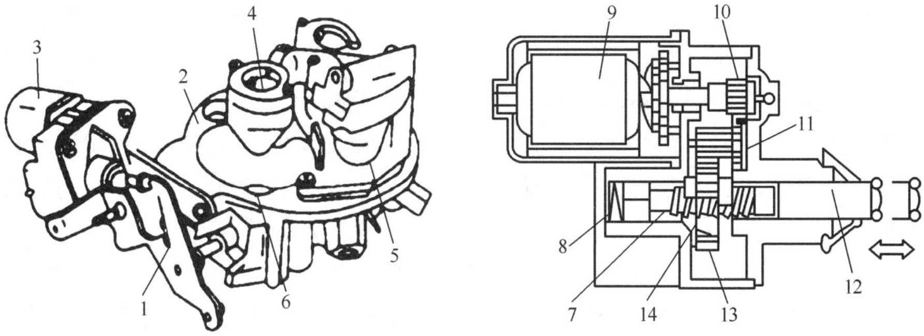

图 1—2 节气门直动式怠速控制执行器

1—节气门操纵臂 2—节气门体 3—怠速控制执行器 4—喷油器 5—压力调节器 6—节气门
7—防转动六角孔 8—弹簧 9—电动机 10、11、13—减速齿轮 12—传动轴 14—丝杠

1）直流电动机。它是怠速控制执行器的动力部分，由 ECU 通过驱动电路控制其转动。

2）传动机构。它起增矩减速的作用，并将电动机的旋转运动变为节气门操纵臂限位片的直线运动。

当 ECU 输出怠速调整控制信号时，通过驱动电路使电动机通电，并转动与控制信号脉冲相应的转角，经传动机构的传动后，使节气门操纵臂限位片移动，从而改变怠速时节气门的开度。

（2）步进电动机式怠速控制阀

1）结构。步进电动机式怠速控制阀主要由步进电动机、丝杠机构、空气阀等组成，如图 1—3 所示。步进电动机的转子与丝杠组成丝杠机构，当步进电动机转子在怠速控制信号的控制下转动时，丝杠作直线移动，通过阀杆带动空气阀上、下移动，使空气阀开启或关闭。

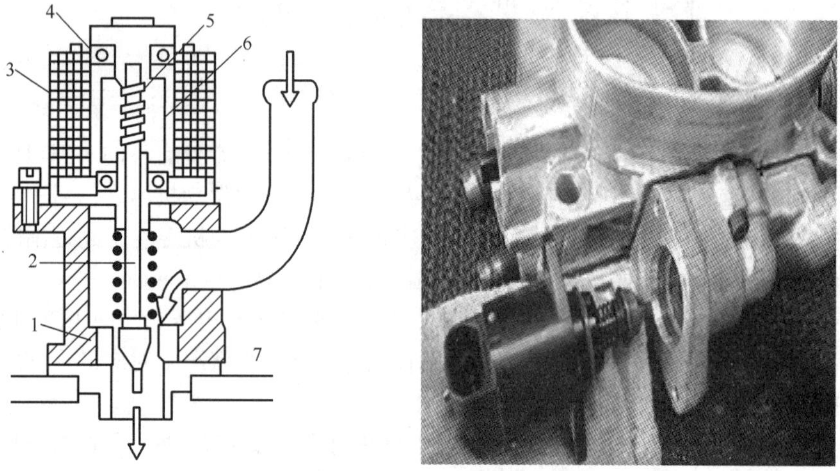

图 1—3　步进电动机式怠速控制阀

1—空气阀阀座　2—阀杆　3—定子绕组　4—轴承　5—丝杠　6—转子　7—空气阀阀体

2）电路原理。步进电动机式怠速控制阀的典型控制电路如图 1—4 所示。当需要调整怠速时，怠速控制系统通过 ECU 内部的步进电动机驱动电路使步进电动机的 4 个绕组依次通电，使步进电动机转动，将空气阀调移至适当的位置。主继电器控制电路的作用是当点火开关关断时，使 ECU 继续通电 2 s，以便使 ECU 完成起动初始位置的设定。在点火开关断开后的这 2 s 时间里，步进电动机在 ECU 的控制下转动，使空气阀开启至最大，为下次起动做好准备。

（3）电磁阀式怠速控制阀。此类怠速控制阀分为三种：

1）直动电磁阀式怠速控制阀。直动电磁阀式怠速控制阀的电磁线圈通电后产生的电磁力吸引阀杆克服弹簧力作轴向移动，直至电磁力与弹簧力相平衡。这种怠速控制阀的开度通常是由 ECU 通过控制电磁阀线圈的电流实现的。电磁阀电流消失，阀在弹簧力的作用下回位（关闭）。

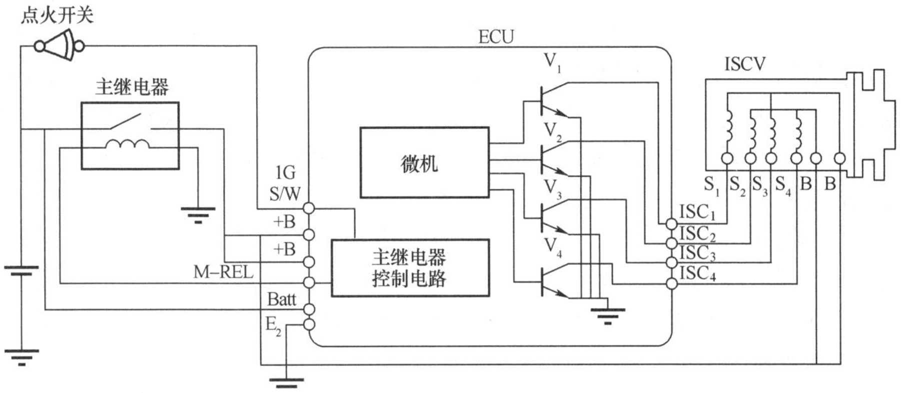

图 1—4 步进电动机式怠速控制阀的控制电路

2）转动电磁阀式怠速控制阀。转动电磁阀式怠速控制阀有两种形式：一种是转子为永久磁铁，电磁线圈在定子上；另一种是定子为永久磁铁，电磁线圈绕在转子中。转动电磁阀式怠速控制阀的控制电路中，ECU 中微机输出的怠速控制占空比信号经驱动电路后，输出同频反相的电磁阀控制脉冲 ISC_1、ISC_2。转子的两个绕组中，其中一个通电使阀打开，另一个通电使阀关闭。当需要调整怠速时，微机通过改变控制信号的占空比，使两个绕组的通电时间发生变化，从而使阀的开启程度发生改变。

3）开关电磁阀式怠速控制阀。开关电磁阀式怠速控制阀只有开和关两种状态，即电磁线圈通电时阀被打开，电磁线圈断电时阀就关闭。

2. 控制原理

（1）在怠速稳定控制状态下。发动机怠速稳定控制实际上是一种转速反馈控制。在微机存储器中，存储有发动机在不同状态下的最佳稳定怠速参数。当发动机处于怠速工况时，怠速控制系统不断地监测发动机的转速，并与当前发动机状态下的目标转速进行比较，当发动机怠速出现波动，偏离了设定的目标转速时，ECU 输出控制脉冲使怠速控制执行器动作，将发动机的怠速调节在设定的目标转速范围之内。

怠速稳定控制所需的传感器信号有以下几种：

1）发动机转速传感器。它提供发动机在怠速工况下的发动机转速信号。

2）节气门位置传感器。它提供节气门关闭信号，是 ECU 判断发动机是否处于怠速工况的基本信号。

3）发动机冷却液温度传感器。它提供发动机温度信号，ECU 根据此信号选定目标转速。

4）车速传感器。它提供汽车行驶速度信号，当车速低于 2 km/h，且节气门关闭时，ECU 作出“发动机处于怠速工况”的判断，进入怠速控制程序。

5）空调开关。它提供空调关断信号，只有在空调不使用时，ECU 才进入发动机转速反馈式怠速稳定控制。

（2）在高怠速运行控制状态下

1）发动机负荷高。怠速控制在节气门处于关闭位置（发动机在怠速工况），但需要发动机带动一定的负荷以较高的转速下运转时，ECU 输出控制信号，使怠速控制执行器动作，将发动机的怠速调高至某一值。例如，在使用汽车空调、蓄电池亏电等情况下，怠速控制系统通过高怠速运行控制，使发动机在一个较高的怠速下运行，以保证在发动机怠速工况下的空调系统正常工作和及时向蓄电池补充电能。

2）转速变化预见性高。怠速控制在发动机怠速工况时，为避免发动机驱动的附加装置的阻力矩突然增大而导致发动机怠速下降甚至熄火，ECU 在接收到附加装置阻力矩增大的有关电信号时，就输出控制信号，通过怠速控制执行器预先调大怠速进气量。

怠速控制系统高怠速运转控制除了利用发动机转速传感器、节气门位置传感器、车速传感器、发动机冷却液温度传感器等获得发动机转速、怠速工况及发动机温度信息外，还用到如下的开关信号。

①空调开关。它提供汽车空调是否使用的信息。若开关接通，ECU 将作出高怠速运转控制，以使发动机有适当的功率输出，带动空调压缩机正常运转。

②蓄电池电压。它提供蓄电池是否亏电或蓄电池负荷是否过高的信息。若亏电或负荷过高，ECU 将作出高怠速运转控制，以便在怠速工况下使发电机能向蓄电池充电。

③自动变速器挡位开关。它提供自动变速器是否从 N 挡或 P 挡挂上运行挡位（D 挡或 R 挡、3 位、2 位）信息。若挂入相应挡位，ECU 将作出高怠速运转控制，以避免自动变速器油泵因挂上运行挡后阻力增大而引起发动机转速下降。

④尾灯继电器或后窗降雾继电器等。它们向怠速控制系统提供电器负荷增大的信号。ECU 根据这些用电设备继电器接通信号作出电器负荷增大判断，并进行高怠速控制，以避免发电机负荷增大而引起发动机转速下降。

（3）在其他怠速控制状态下

1）起动时怠速控制阀的控制。在发动机起动时，ECU 控制怠速控制阀至开度最大位置，以使发动机起动容易。起动后，ECU 根据发动机转速及温度信号，逐渐减小怠速控制阀的开度。起动时怠速控制阀控制所用到的传感器及开关信号有以下两个：

①发动机转速传感器。它提供发动机怠速工况下的转速信号。

②点火开关。它提供发动机起动信号和起动后信号。

2）活性炭罐电磁阀工作时怠速控制阀的控制。在一些汽车上，怠速控制系统还根据活性炭罐控制阀的开启情况来调整怠速通道的通气量，以避免发动机怠速产生波动。除用于怠速工况判别的节气门位置传感器外，该稳定怠速控制所用到的传感器有以下两个：

①发动机转速传感器。它提供发动机怠速工况下的发动机转速信号。

②活性炭罐电磁阀。它提供活性炭罐电磁阀开启信号。当活性炭罐电磁阀通电时，ECU 控制怠速控制阀的开度以稳定怠速。

3）怠速偏离修正控制。怠速偏离修正控制即怠速控制系统的学习修正控制。当发动机部件老化等外部原因使发动机的怠速偏离原设定值时，ECU控制怠速控制阀预置一个开度，将发动机的怠速修正到设定的值。

二、怠速控制系统分类及特点

1．按进气量的调节方式分类

（1）节气门直动式。电子控制器通过控制执行机构直接操纵节气门，以节气门开度的改变来实现怠速的控制，如图1—5所示。它的工作可靠性好，控制位置的稳定性也良好，但动态响应性较差，执行机构较为复杂且体积较大。

（2）旁通空气式。电子控制器通过怠速控制阀改变怠速辅助空气通道的空气流量来实现对怠速的控制，如图1—6所示。这种控制方式的动态响应好，结构简单且尺寸较小，目前较为常见。

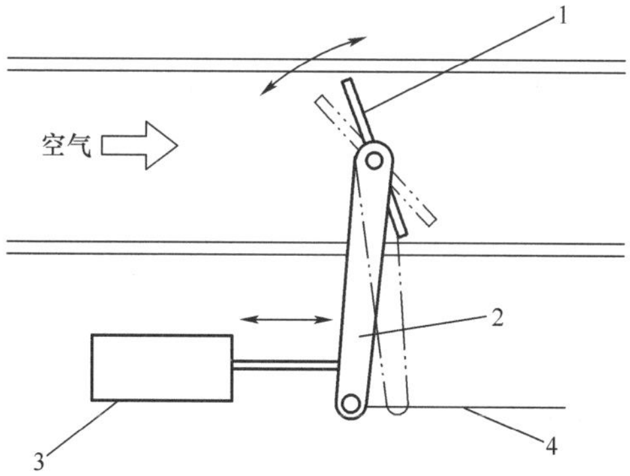

图1—5　节气门直动式

1—节气门　2—节气门操纵臂　3—怠速控制执行器　4—加速踏板拉杆

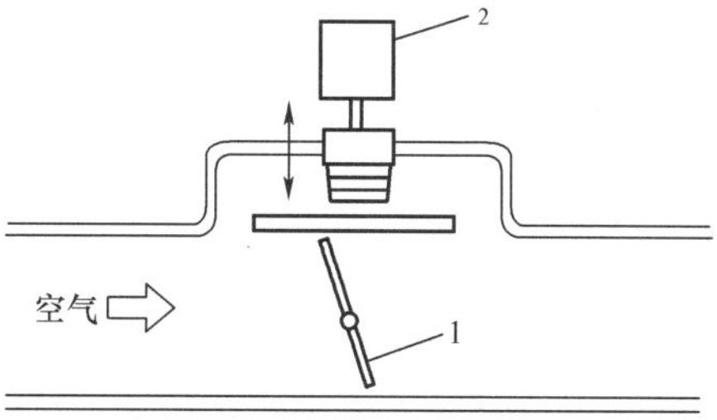

图1—6　旁通空气式

1—节气门　2—怠速控制执行器

2．按怠速控制阀的结构原理分类

（1）步进电动机式。以步进电动机为动力，电子控制器通过控制步进电动机的转动来驱动空气阀的开启和关闭。

（2）开度电磁阀式。以电磁阀通电产生的电磁力来驱动空气阀的开度。根据空气阀的运动方式不同，开度电磁阀又可分为直动式和转动式两种。

（3）开关电磁阀式。电磁阀部分与开度电磁阀并无大的差别，主要的不同点是其工作方式。开关式电磁阀只有打开和关闭两种状态，工作时阀以一定的频率开闭，通过阀的开闭比来控制怠速空气流量。

3．按空气阀的控制方式分类

（1）直接控制式。由电磁阀或步进电动机直接驱动空气阀，实现怠速空气量的控制。

（2）间接控制式。通常是由电磁阀控制膜片式辅助空气阀的气压，再由空气阀的动作来改变怠速空气通道的截面积。间接控制的怠速控制阀结构比较复杂，目前使用相对较少。

技能要求

一、发动机怠速不稳、易熄火故障诊断与排除

1．故障现象

发动机起动正常，但不论冷车或热车，怠速均不稳定，怠速转速过低，易熄火。

2．故障原因

（1）进气系统或真空系统漏气。

（2）空气滤清器堵塞。

（3）怠速控制阀或附加空气阀工作不良。

（4）空气流量计有故障。

（5）EGR 阀卡住，常开，不能关闭。

（6）怠速调整不当。

（7）油路压力太低。

（8）喷油器雾化不良、漏油或堵塞。

（9）火花塞不良。

（10）高压线漏电或断路。

（11）点火正时失准。

（12）气缸压缩压力过低。

3．故障诊断与排除

（1）先进行故障自诊断，检查有无故障码出现。如有，则按所显示的故障码查找故障原因。要特别注意会影响怠速工作的传感器、执行器（如冷却液温度传感器、节气门位置传感器、怠速控制阀等）有无故障。

（2）检查进气系统各管接头、各真空软管、废气再循环系统和燃油蒸气回收系统有无漏气。

（3）检查怠速控制阀的工作是否正常。对于脉冲电磁阀式怠速控制阀，可在发动机运转过程中拔下怠速控制阀接线插头。如果发动机转速无变化，说明怠速控制阀或控制电路有故障，应检修电路或更换怠速控制阀。

（4）怠速时逐个拔下各缸高压线，检查发动机转速的下降量是否相等。如果在拔下某缸高压线时，发动机转速基本不变，说明该缸工作不良或不工作，应检查该缸火花塞或喷油器有无故障，喷油器控制电路有无短路。

（5）检查高压火花。如火花太弱，则应检查点火系统。

（6）拆检各缸火花塞，检查电极是否磨损过甚或积炭，火花塞电极间隙是否正常。

（7）检查各缸高压线，如高压线外表有漏点或击穿的痕迹，或用万用表测量高压线，其电阻大于 25 kΩ，说明高压线损坏，应更换。

（8）检查燃油压力。怠速时燃油压力应为 250 kPa 左右。如燃油压力太低，则应检查油压调节器、电动燃油泵、燃油滤清器。

（9）按规定的程序调整发动机怠速。

（10）检查空气流量计。

（11）仔细听各缸喷油器在怠速时的工作声音。如果各缸喷油器工作声音不均匀，说明各缸喷油器喷油不均匀，应拆检、清洗或更换喷油器。

（12）检查气缸压缩压力，如压力低于 0.8 MPa，则应拆检发动机。

（13）检查、调整气门间隙。

如上述检查均正常，可拆检、清洗各缸喷油器。如发现某个喷油器雾化不良或有漏油，经清洗后仍不能恢复正常，则应更换该喷油器。最后检查发动机 ECU。

二、发动机冷车怠速不稳、易熄火故障诊断与排除

1．故障现象

发动机冷车运转时怠速不稳或过低，易熄火，热车后怠速恢复正常。

2．故障原因

（1）附加空气阀故障。

（2）怠速控制阀故障。

（3）冷却液温度传感器故障。

（4）喷油器雾化不良或堵塞。

3．故障诊断与排除

（1）进行故障自诊断，检查有无故障码。如有，则按显示的故障码查找故障原因。

（2）检查附加空气阀。拆下附加空气阀，检查在冷车状态下附加空气阀的阀门是否开启。如有异常，则应更换。

（3）检查怠速控制阀。熄火后拔下怠速控制阀线束插头，待发动机起动后再插上。如果发动机转速没有变化，说明怠速控制阀不工作，应检查控制电路或拆检怠速控制阀。

（4）检测冷却液温度传感器。

（5）拆检、清洗各缸喷油器，检查清洗后的喷油器工作情况，如有雾化不良、漏油或喷油量不符合标准，应更换。

三、发动机热车怠速不稳、易熄火故障诊断与排除

1. 故障现象

发动机冷车运转时怠速正常，热车后怠速不稳，怠速转速过低或熄火。

2. 故障原因

（1）怠速调整过低。

（2）水温传感器有故障。

（3）怠速控制阀有故障。

（4）火花塞工作不良。

（5）喷油器工作不良。

（6）电脑搭铁不良。

3. 故障诊断与排除

（1）进行故障自诊断，检查有无故障码。如有故障码，则按所显示的故障码查找故障原因。

（2）检查发动机的初始怠速转速。若过低，应按规定的程序予以调整。

（3）检查水温传感器。如果拔下水温传感器线束插头后，怠速不稳现象消除，则说明水温传感器有故障，应予以更换；或者测量水温传感器的电阻，如不符合标准值，应更换水温传感器。

（4）检查怠速控制阀是否工作。拔下怠速控制阀线束插头，若发动机转速无变化，则说明怠速控制阀工作不良，应检查控制电路和更换怠速控制阀。

（5）拆下各缸火花塞，检查火花塞电极是否良好，有无严重磨损或积炭，视情况更换或调整火花塞电极间隙。

（6）拆下各缸喷油器，在试验台上进行检查。若各缸喷油器雾化不良或喷油量不均匀，特别是怠速工况喷油量不均匀，应清洗或更换喷油器。

（7）测量各缸高压线，若电阻大于 25 kΩ，或高压线外表有漏电或击穿的痕迹，则应更换高压线。

（8）检查电脑搭铁线及发动机机体是否与搭铁接触良好。可在打开点火开关之后，测量电脑搭铁线（或故障诊断插座内的搭铁线、发动机机体）和蓄电池负极之间的电压。若该电压大于 1 V，说明电脑搭铁线或发动机搭铁接触不良，可检查搭铁线的接地端有无松动或锈蚀，也可重新引一条搭铁线。

四、发动机加速不良故障诊断与排除

1. 故障现象

踩下加速踏板后发动机转速不能马上升高，有迟滞现象，加速反应迟缓，或在加速过程中发动机转速有轻微的波动，或出现回火、放炮现象。

2. 故障原因

（1）点火提前角不正确。

（2）燃油压力过低。

（3）进气系统漏气。

（4）节气门位置传感器或空气流量计故障。

（5）喷油器工作不良。

（6）排气再循环系统工作不正常。

3．故障诊断与排除

（1）进行故障自诊断，检查有无故障码。空气流量计、节气门位置传感器等故障都会影响汽车的加速性能。按显示的故障码查找故障原因。

（2）检查点火正时。发动机怠速点火提前角为 10° ~ 15°。如不正确，应调整发动机的初始点火提前角。加速时点火提前角应能自动地加大到 20° ~ 30°。如果异常，应检查点火控制系统或更换电脑。

（3）检查进气系统有无漏气。测量进气管真空度。怠速时真空度应大于 66.7 kPa（500 mmHg）。如真空度太小，说明进气系统漏气，应仔细检查各进气管接头处以及各软管、真空管的好坏等。

（4）检查空气滤清器。如有堵塞，应清洗或更换。

（5）检查节气门位置传感器。对于开关量输出型节气门位置传感器，在节气门全闭时，怠速开关触点应闭合；节气门打开时，怠速开关触点应断开；节气门接近全开时，全负荷开关触点闭合。对于线性输出式节气门位置传感器，在节气门由全闭到全开变化时，其信号端子与接地端子间电阻值应连续增大，不应出现断续现象。如有异常，应按规定进行调整或更换。

（6）检查燃油压力。怠速时燃油压力应符合规定值，加速燃油压力上升 50 kPa 左右。如油压过低，应检查油压调节器、电动燃油泵。

（7）拆卸、清洗各喷油器。检查喷油器在加速工况下的喷油量。如有异常，应更换喷油器。

（8）检测空气流量计。如有异常，应更换。

（9）对于没有废气再循环系统的电控发动机，可以按下废气再循环阀上的真空管，并将其塞住，然后检查发动机的加速性能。如果此时加速性能恢复正常，则说明废气再循环系统工作不正常，再循环的排气量太大，影响了发动机的加速性能。对此应检查废气调节阀、三通电磁阀工作是否正常。如有异常应更换。

学习单元 3　点火系统故障诊断与排除

学习目标

1. 了解发动机点火系统高低压电路故障原因
2. 掌握发动机不同形式点火系统的故障诊断与排除方法
3. 能够诊断并排除发动机不能起动的故障

相关知识

汽油发动机的点火系统取消了传统的触电式断电器，采用无触点电子点火。目前汽车上使用的电子点火系统包括普通电子点火系统和微机控制点火系统。普通电子点火系统用点火信号发生器取代断电器触点产生触发或控制点火的信号，由多功能点火器控制点火线圈初级电流的通断。微机控制点火系统是由普通电子点火系统发展而来的，实现了对发动机各工况点火时间的最佳控制。

通常电子点火系统按点火信号发生器的类型不同分为磁感应式电子点火系统和霍尔式电子点火系统，主要由蓄电池、点火开关、信号发生器、点火器、点火线圈、分电器、高压线、火花塞等组成，如图1—7所示为霍尔式电子点火系统组成示意图。

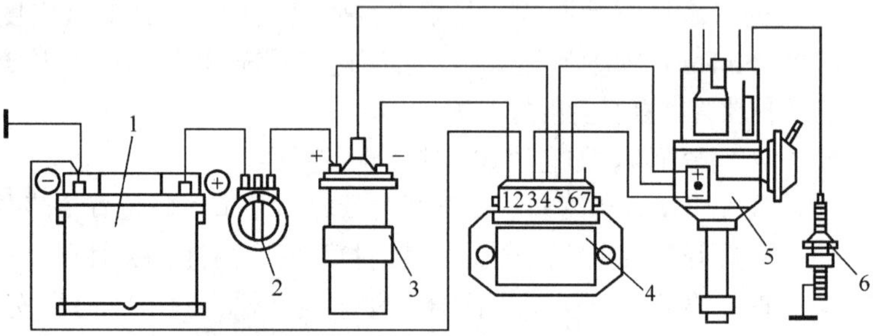

图1—7　霍尔式电子点火系统组成示意图

1—蓄电池　2—点火开关　3—点火线圈　4—点火器
5—内装霍尔信号发生器的分电器　6—火花塞

点火系统故障表现为高压线无火或者火弱，可分为低压电路故障、高压电路故障以及点火不正时故障。

点火系统故障多采用试火的方法进行判断：拔下任意分缸，插入一个备用火花塞，并将火花塞抵触到缸体上（如有正时灯，可将正时灯的感应夹直接夹在待测高压线上），起动发动机进行跳火试验，火花呈蓝白色或紫蓝色为正常。如果无火、火花很弱或火花发红，则表示点火系统有故障。

进行点火系统故障诊断时，可分别进行分缸线和中央高压线试火，以确定故障所在区域。若分缸线试火正常，则为火花塞故障或点火不正时；若分缸线火花不正常，则进行中央高压线试火。若中央高压线试火正常，则为高压电路故障；若异常，则为低压电路故障。

一、点火系统故障分析

1. 低压电路故障

（1）故障原因。低压电路故障主要是线路断路、短路或搭铁及元件损坏。

1）点火开关损坏（断路或搭铁）。

2）低压线路断路、搭铁或连接器接触不良。

3）点火线圈损坏（初级线圈断路、短路）。

4）分电器搭铁不良、搭铁线松动或断开、触发轮搭铁不良等。

5）点火控制器损坏、搭铁不良或连接器接触不良。

6）点火信号发生器（霍尔传感器、曲轴位置传感器）失效。

（2）故障诊断

1）用试灯或万用表等检测低压线路有无断路、短路、搭铁不良现象。

2）检查点火开关是否良好。

3）检查点火线圈。可采用试火法、测电阻法、换件比较法等。初级线圈电阻值一般为 1.3 ~ 1.7 Ω，次级线圈电阻值为 10.7 ~ 14.7 kΩ。同时应检查点火线圈绝缘性能。

4）检查点火控制器（点火器）。

2．高压电路故障

（1）故障现象

1）低压电路正常，中央高压线无火或火花很弱。

2）中央高压线火花正常，而分缸线无火。

3）分缸线火花均正常，发动机却难以起动。

（2）故障原因

1）点火线圈次级线路断路、插孔脏污、潮湿、漏电及性能下降等。

2）高压线漏电、阻尼式高压线端头烧损或防干扰插头损坏。

3）分电器盖漏电、窜电、破裂等。

4）分火头漏电、烧蚀、有裂纹等。

5）火花塞工作不良，如烧蚀、积炭、油污、裂纹、漏电及间隙不当、型号不符等。

（3）故障诊断。利用中央高压线和分缸线试火，若低压电路正常，中央高压线无火或火弱，故障主要在点火线圈和高压线；若中央高压线火花正常，而分缸线无火，故障主要在分电器盖、分火头和分缸线；若分缸线火花均正常，则故障在火花塞。

1）检测点火线圈（次级）的阻值和性能。可采用试火法和测阻值法进行检测。

2）检查高压导线。检查高压导线外表绝缘层是否破损漏电，测量每根高压线的电阻值，最大不得超过 25 Ω。

3）检查分火头。检查分火头是否有裂纹、漏电等，测量分火头电阻值是否符合规定。桑塔纳分电器分火头阻值为（1 ± 0.4）kΩ。

4）检查分电器盖是否漏电、窜电，有无裂纹等。

5）拆检火花塞，注意其电极间隙、型号是否相符，有无烧损现象。

3．点火正时不准

点火正时不准故障主要为点火错乱、点火过早或过迟。

（1）故障现象。发动机在起动时有发动迹象，并有回火、放炮现象出现。

（2）故障原因

1）分电器窜电，分缸线错乱或分电器盖错位 180°。

2）点火正时调整不当，配气正时变动或分火头自行错位。

3）分电器固定螺栓松动，分电器轴与离心调节板静配合松动严重等。

4）真空点火提前调节装置失效。

（3）故障诊断。若点火过早，熄火时发动机有反转趋势；若点火过迟，发动机转动无力并有回火、放炮现象。当点火次序不一致，即点火错乱时，也会出现规则回火、放炮现象。因此点火正时故障造成发动机不能起动时，必须检查和调整点火提前角。桑塔纳发动机点火正时的调整过程如下：

1）将发动机飞轮上的点火正时标记与飞轮壳上的标记对齐，使发动机一缸活塞处于压缩上止点，同时将凸轮轴带轮上的配气正时标记对正。

2）使汽油泵驱动轴和分电器相接的偏端部与发动机曲轴方向平行，并将分火头指向分电器壳上的第一缸标记。

3）固定分电器，安装分电器盖，按点火次序，顺分火头转动方向，插上各缸分缸线。

4）起动发动机并热车，进行无负载加速试验。突然打开节气门时，发动机应加速良好。如果加速不良且有突爆声，则为点火过早；如果加速不良且发闷，排气管有“突突”声，顺分火头转动方向转动分电器壳，点火推迟，反之，则点火提前。

5）路试检查。

二、不同形式点火系统的故障诊断与排除

1．霍尔式无触点点火系统常见故障的诊断与分析

霍尔式无触点点火系统电路如图 1—8 所示。

（1）简易法则判断霍尔式传感器故障。霍尔式无触点点火系统中比较重要

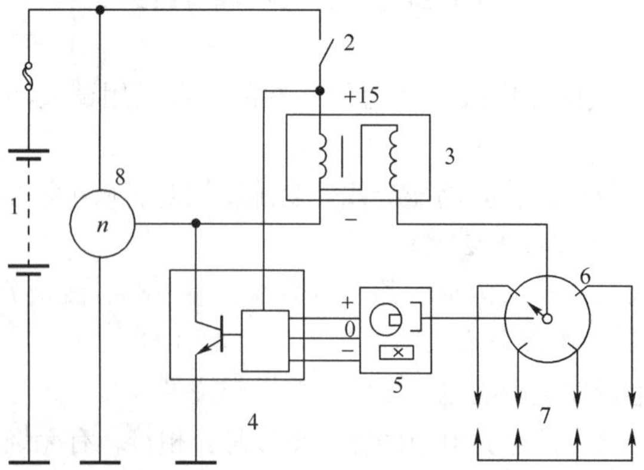

图 1—8　霍尔式无触点点火系统

1—蓄电池　2—点火开关　3—点火线圈　4—点火模块
5—霍尔传感器　6—分电器　7—火花塞　8—发动机转速表

的两个部件是电子点火器和霍尔式传感器。在实际维修中如何判断这两个部件是否有故障是十分重要的，下面介绍一种简易判断霍尔式传感器故障的方法。

关闭点火开关，从分电器上将霍尔式传感器的三孔插头拔下，拔下分电器上的中央高压导线，使其距机体 5 ~ 7 mm 试火，打开点火开关，在霍尔传感器插头上用一根导线间断地短接“ - ”和“ 0 ”两触点，观察中央高压导线试火火花。如果有火花跳出，一般说明故障为霍尔式传感器；如果没有火花，应进一步检查电子点火器及线路连接情况。

（2）发动机不能起动故障诊断与分析

1）故障现象。点火开关打至起动挡时，起动机能够带动发动机运转，但发动机没有着火迹象。

2）故障原因。当发动机因点火系统的故障不能起动时，故障可能出现在低压电路，也可能出现在高压电路。主要原因有霍尔式传感器故障、点火控制器故障、点火线圈故障、分火头故障、炭精触点故障、高压导线或火花塞故障、线路故障、点火正时不正确。

3）故障诊断与分析。发动机不能起动可采用高压导线对机体试火的方法进行诊断。具体方法如图 1—9 所示。

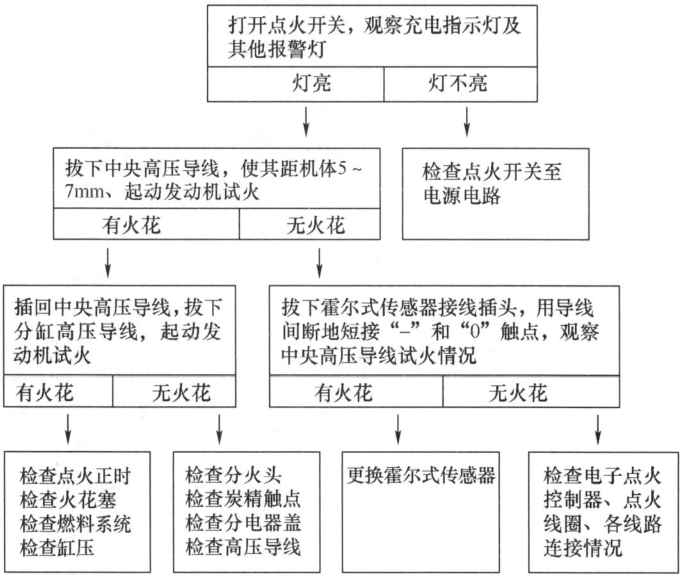

图 1—9　发动机不能起动的诊断方法

（3）发动机运转不稳诊断与分析

1）故障现象。发动机运转转速时高时低，出现抖动，严重时出现排气冒黑烟、排气管放炮或回火等现象。

2）故障原因。导致发动机运转不稳的点火系统故障原因有：点火正时调整不当；火花塞积炭严重；高压线路中（分火头、高压线、分电器盖）有漏电；点火线圈故障；点火提前调节装置故障。

3）故障诊断与分析。发动机工作时，如果点火线圈温度超出正常温度，用手接触烫手时，说明点火线圈工作欠佳，应予以更换。在点火线圈正常的情况下，发动机运转不稳，点火系统故障主要在高压部分，可按如图 1—10 所示方法进行诊断。

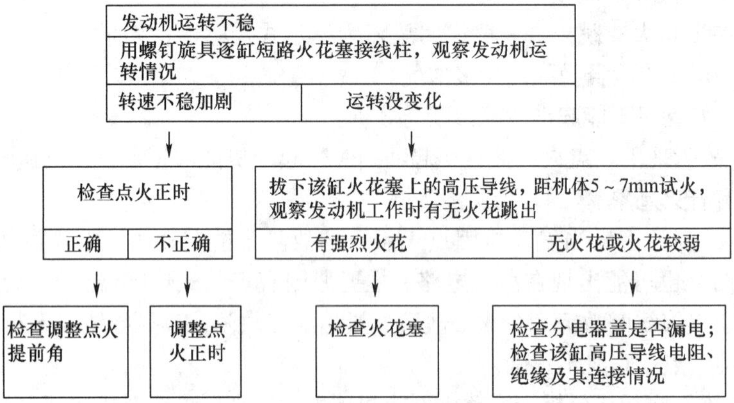

图 1—10　发动机运转不稳诊断方法

2．磁感应式无触点点火系统常见故障的诊断与分析

磁感应式无触点点火系统电路如图 1—11 所示。

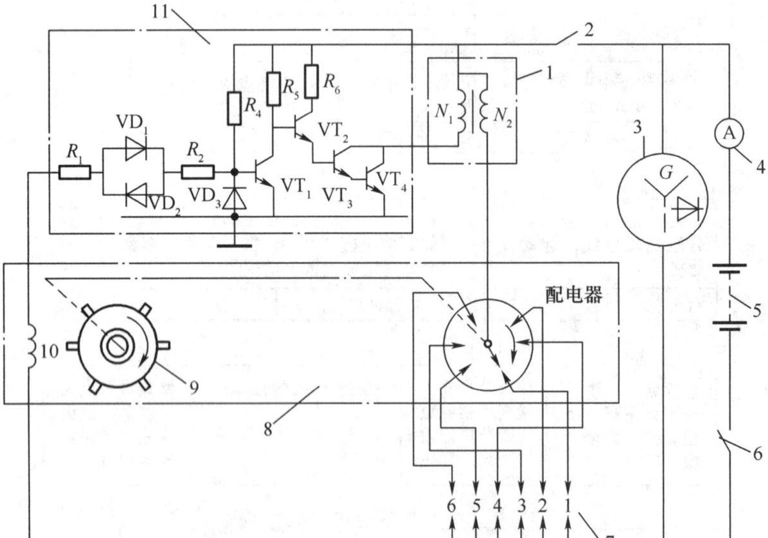

图 1—11　磁感应式无触点点火系统电路

1—点火线圈　2—点火开关　3—硅整流发电机　4—电流表　5—蓄电池
6—电源总开关　7—火花塞　8—无触点分电器　9—磁脉冲式点火信号发生器
10—传感线圈　11—电子点火器

发动机不能起动时，怀疑磁感应式无触点点火系统有问题，可将分电器上中央插孔的高压线拔出，使其端头距缸体 5 ～ 7 mm，然后起动发动机，观察线端是否跳火。如确认无火，则说明点火系统有故障，应予以检查。

首先检查电器线路中的导线连接情况和各插件的接触是否良好，因为这些部位的故障率远比点火信号发生器和电子点火器的故障率要高。如无问题应进一步检查点火信号发生器、电子点火器和高能点火线圈。

在确认点火信号发生器正常的基础上，可通过跳火试验法对电子点火器进行检查。将分电器盖拆下，并拔出分电器盖上的中央高压线，使其端头离开缸体 5 ~ 10 mm，接通点火开关，然后用螺钉旋具迅速地碰刮定子爪，以改变通过传感线圈的磁通而使其产生点火脉冲，触发点火电子组件。若每次碰刮时高压线端都能跳火，则说明点火电子控制组件完好，否则说明点火电子控制组件有故障，应予以更换。

3．微机控制点火系统的故障排除方法

微机控制点火系统主要由发动机控制单元（ECU）、点火器（有的发动机无点火器，点火控制电路在 ECU 内）、点火线圈、配电器及各组传感器组成。主要传感器有发动机转速传感器、曲轴位置传感器、凸轮轴位置传感器、爆燃传感器等。微机控制点火系统分为有分电器点火系统和无分电器点火系统。其中无分电器点火系统又有同时点火和单独点火（直接点火）之分。同时点火方式就是两个气缸共用一个点火线圈，即一个点火线圈由两个高压输出端分别与一个火花塞相连，对两个气缸同时点火。单独点火方式又称为直接点火，是在每个气缸的火花塞上配用一个点火线圈，单独对一个气缸点火。各种类型的微机控制点火系统在现代轿车上均有广泛应用。

微机控制点火系统与普通电子点火系统相比，在结构上多了一些传感器，在控制方式上由信号发生器直接控制点火器变为由电控单元 ECU 综合控制点火器。因此，在进行微机控制点火系统的故障诊断与排除时，应在普通电子点火系统故障诊断的基础上，增加传感器的检测与控制信号传输电路的检测。

微机控制的点火系统，其实只是发动机电子控制系统中占比例较小的一部分，车载的电控故障自诊断系统为故障诊断与排除带来了许多方便。因此，在进行微机控制点火系统的故障诊断与排除时，要充分利用电控单元的自诊断功能，快速地查找故障原因，及时排除故障。

需要指出的是微机控制的点火系统主要是利用信号来控制执行元件的，这些信号在传输过程中的衰减和失真，对控制结果会造成较大的偏差。针对这样的故障，有时还需要用到一些特殊的方法来加以检测与诊断。

微机控制点火系统故障诊断的一般程序与方法如下：

（1）调取故障码。调取故障码的方法较多，可以就车调取故障码，也可以借助一些检测设备如解码器等来获取存储在电控单元中的故障码。故障码为排除故障指明了方向，特别是信号断路或上下限超标等具有明显征兆的故障，简直就是“手到病除”。但也有部分故障是不具有故障码的，这就需要借助其他手段做进一步的诊断。

（2）元器件性能检测。根据故障码的提示，针对有故障的元器件，需要进一步明确到底是元器件损坏还是线路（接触不良）所造成的故障，因此需要对元器件做进一步的检测。元器件的检测与普通电子点火系统的元器件检测方法基本一致，线路故障可以通过万用表测量、观察插接器松旷情况等手段进行明确。

（3）故障模拟再现。对于某些间歇性故障，因受某种特殊环境因素的影响才会出现，当失去这种环境因素时检测，肯定检测不到故障。因此，应采用各种方法来模拟故障出现的环境因素，让故障再现。常用的模拟方法有振动法、加热法、水淋法、电器全部接通法、道路试验法等。

（4）波形分析。对于某些复杂的疑难杂症，往往要借助于高科技手段来记录、存储各元器件的工作波形，并与标准波形进行比对，最后综合各种因素来诊断故障。

技能要求

发动机不能起动故障的诊断与排除

1．故障现象

起动发动机时，起动机能带动发动机正常转动，有轻微着车征兆，但不能起动发动机。

2．故障原因

（1）进气管漏气。

（2）点火提前角不正确。

（3）高压火花太弱。

（4）冷起动喷油器不工作。

（5）电动燃油泵或油压调节器工作不良、燃油滤清器堵塞，导致燃油压力太低。

（6）冷却液温度传感器有故障。

（7）空气滤清器堵塞。

（8）进气流量计有故障。

（9）进气管压力传感器有故障或真空管脱落。

（10）喷油器漏油或堵塞。

（11）喷油控制系统有故障。

（12）排气管堵塞。

（13）发动机气缸压力过低。

3．故障诊断与排除

有着车征兆而不能起动，说明点火系统、燃油系统和控制系统虽然工作失常，但并没有完全丧失功能。这种故障的原因不外乎是高压火花太弱、点火正时不正确、混合气太稀、混合气太浓、气缸压力太低等。一般应先检查点火系统，然后再检查进气系统、燃油系统、控制系统，之后检查排气管是否堵塞，最后检查发动机气缸压力。

（1）进行故障自诊断，检查有无故障码。如果有故障码，则可按显示的故障码查找相应的故障原因。必须指出的是，显示的故障码不一定都与发动机不能起动有关系，有些故障码是发动机在以往的运行过程中留下的偶发性故障，有些故障码所表示的故障则不会影响发动机的起动性能。影响发动机起动性能的部件有曲轴位置传感器、凸轮轴位置传感器、冷却液温度传感器、空气流量计等。

理论上说，发动机起动期间，其喷油量不由空气流量计信号或进气歧管绝对压力传感器信号决定，但起动后便立即转为由空气流量计信号或进气歧管绝对压力传感器信号和发动机转速信号来决定基本喷油量，再加上一些修正而已。如果空气流量计信号或进气歧管绝对压力传感器信号出现错误，可能引起发动机在起动后瞬间不能平稳运转而导致起动失败，看起来就像有起动征兆，但不能起动。而发动机 ECU 判断空气流量计或进气歧管绝对压力传感器失效而记忆故障码时，一般均会启用故障失效保护功能或备用系统，这时发动机一般都可以起动。

（2）检查高压火花。除了检查分电器高压总线上的高压火花是否正常外，还要进一步检查各缸高压分线上的高压火花是否正常。若总线火花太弱，则应更换点火线圈；若总线火花正常而分线火花较弱或断火，则说明分电器盖或分火头漏电，应更换分电器盖或分火头。

（3）检查空气滤清器。如果滤芯堵塞，可拆掉滤芯再起动发动机。如此时发动机能正常起动，则应更换滤芯。

（4）检查进气系统有无漏气。对于采用空气流量计测量进气量的电控燃油喷射式发动机，在空气流量计之后的进气管道有漏气就会影响进气量计量的准确性，从而使混合气变稀。严重的漏气会导致发动机不能起动。检查中应仔细查看空气流量计之后的进气软管有无破裂，各种接头卡箍有无松脱，谐振腔有无破裂，曲轴箱强制通风软管是否接好。

此外，燃油蒸发回收系统和废气再循环系统在起动及怠速运转中是不工作的。如某种原因使它们在起动时就进入工作状态，也会影响起动性能。将燃油蒸发回收软管或废气再循环管道堵住，再起动发动机，如果发动机能正常起动，则说明该系统有故障，应认真检查。

（5）检查火花塞。火花塞电极间隙太大也会影响起动性能。火花塞的正常间隙一般为 0.8 mm，有些高能量的电子点火系统的火花塞间隙较大，可达 1.2 mm。如火花塞间隙太大，应按维修手册所示标准值进行调整。

（6）检查火花塞表面。如果发现火花塞表面只有少量潮湿的燃油，则说明喷油器喷油量少。此时，应先检查起动时电动燃油泵有无工作。可用一根导线将电动燃油泵的两个检测插孔短接，再起动发动机。如能起动，则说明电动燃油泵在起动时不工作，应检查控制电路。如果电动燃油泵工作而不能起动，应进一步检查燃油压力。如果燃油压力太低，应检查燃油滤清器、油压调节器及燃油泵有无故障。如果火花塞表面有大量潮湿的燃油，则说明气缸中已出现“呛油”现象，这也会造成发动机不能起动。在此种情况下可拆下所有火花塞，将其烤干，再让气缸中的燃油全部挥发，然后装上火花塞，重新起动。如果仍会出现“呛油”现象，则应拆卸喷油器，检查喷油器有无漏油。

（7）检查喷油量。喷油量太大或太小也可能是空气流量计或冷却液温度传感器故障引起的。如出现这种情况，应对照维修手册中有关数据测量这两个传感器。

（8）调整点火正时。如果点火提前角调大或调小后，发动机就能起动，则说明点火正时不正确，应将点火正时调整准确。

（9）检查冷起动喷油器有无工作。拔下冷起动喷油器线束插头，用测试灯或电压表测量。在起动时，线束插头内应有电压，若无电压，则应检查冷起动控制电路。

（10）检查排气管是否堵塞。拆下某一缸或两缸火花塞，同时将这一缸或两缸的喷油嘴插头拔下，不让其喷油起动发动机。如能起动，则说明排气管堵塞。也可直接拆下排气管，然后起动，如能起动则说明排气管堵塞。

（11）检查气缸压缩压力是否正常。若压力低于 0.8 MPa，则说明气缸压力低，应拆下发动机。

第三节　进气系统、排气系统、增压系统故障诊断与排除

学习单元 1　发动机进气系统、排气系统故障诊断与排除

学习目标

1. 了解发动机进气系统、排气系统的常见故障
2. 掌握发动机进气系统、排气系统故障的诊断方法
3. 能够诊断并排除发动机排放超标的故障

相关知识

一、发动机进气系统故障诊断方法

发动机进气系统本身的常见故障主要表现为脏污、磨损、漏气，以及相关系统对空气供给系统的干扰（真空能的改变、输入量或输入成分的改变）。其相关联的系统是曲轴箱通风系统、废气再循环系统、燃油蒸发系统、制动真空助力系统等。换句话说，如果空气供给系统不脏污、不磨损、不漏气，那么空气供给系统本身就正常。如果相关系统正常，那么对空气供给系统不产生影响，

诊断时必须考虑相关系统对空气供给系统的干扰。

1．空气供给系统机械部件故障的检查方法

（1）空气滤清器。空气滤清器的故障主要表现为脏污。采用拆除方法，如果故障现象减弱或消除，应更换空气滤清器。

（2）节气门。节气门的故障主要表现为脏污或磨损。先证明是怠速控制状态，如果怠速正常，则视为不脏污、不磨损，如果怠速不正常，诊断怠速控制系统，清洗、调整设定或更换。

（3）进气道、进气总管、进气歧管。进气道、进气总管和进气歧管的故障主要表现为漏气。对于漏气，可采用易燃的化油器清洗剂检查漏气部位，如果发动机转速有变化，表明漏气，漏气对信号会产生失真效应。

空气供给系统机械故障的检查方法很多，还可以通过试验方法确定故障。

2．空气供给系统传感器故障的检查方法

空气供给系统传感器本身的故障主要表现为无信号输出或输出信号失真。传感器自诊断功能是通过对信号进行监测和诊断，由电控单元软件实现的。当判断为故障时，采用故障码方式存储。出现故障码时，采用假设值（固定）、替代值（变化）、后备功能方法完成功用。空气供给系统传感器主要有四个信号，即空气流量计信号、节气门位置传感器信号、进气温度传感器信号、冷却液温度传感器信号，试验方法相同。试验目的是确定系统输入和输出的逻辑关系，确定输入信号对主系统或输出信号实现的功能。或通过改变试验条件，用不同规范对比方法确定信号输入是否正确。具体试验方法有开路法、短路法、旁路法、替代法等。

（1）开路法。断开传感器插接连接器，让信号线处于无信号输入状态，主系统（发动机）工作时，观察自诊断数据流或发动机输出变化现象。

（2）短路法。断开传感器插接连接器，人为给信号线输入一个干扰信号，主系统（发动机）工作时，观察自诊断数据流或发动机输出变化现象。

（3）旁路法。拆下传感器，人为触发或感知传感器，使输入信号失真，主系统（发动机）工作时，观察自诊断数据流或发动机输出变化现象。

（4）替代法。用已知正确的传感器来代替怀疑传感器，对比观察自诊断数据流或发动机输出变化现象。

空气供给系统的传感器既然是电子元件，那么一样可以采用测量方法进行诊断。测量仪器有试灯、万用表、示波器等。也可以通过故障码和数据流进行逻辑分析和诊断。空气供给系统是一个主动系统和感知系统。它提供进气量和信号，并为关联系统提供真空能和接口（输入），决定诊断的思维方式。

二、发动机排气系统故障诊断与排除

1．排气管冒黑烟的故障现象、原因、诊断与排除

（1）故障现象。发动机在运行过程中从排气管中排出黑色的燃烧不完全的废气，发动机加速无力，油耗增加。

（2）故障原因。喷油量过多，混合气过浓。

（3）故障诊断

在诊断与排除此故障时，应重点从发动机的控制系统和燃油系统中查找可能导致喷油量过多的故障。发动机控制系统和燃油系统中会导致喷油量过多的原因通常有以下几点：

1）水温传感器故障。水温传感器在不同温度下的电阻值大于标准值，会使电脑误认为发动机处于低温状态，从而进行冷车加浓控制，使油耗增加。应在不同温度下检测水温传感器的电阻值，并与标准值进行比较，也可以用电脑解码器来检测。它能在发动机运转中显示水温传感器传给电脑的信号所表示的水温数值，将这一数值与发动机实际水温相比较，就能直观地反映出水温传感器是否工作正常。对于有故障的水温传感器，应更换新件。

2）空气流量计或进气管压力传感器故障。空气流量计或进气管压力传感器的误差会直接影响喷油量，应检测空气流量计或进气管压力传感器，其数值应符合标准，检测结果如有异常，应更换空气流量计或进气管压力传感器。

3）燃油压力过高。应测量燃油压力。怠速时的燃油压力应为 250 kPa 左右，随着节气门的开启，燃油压力应逐渐上升。节气门全开时的燃油压力约为 300 kPa。若燃油压力能随节气门开度变化而改变，但压力始终偏高，则说明油压调节器有故障，应更换。若燃油压力不能随节气门开度变化而改变，则说明油压调节器的真空软管破裂或脱落，或燃油压力调节控制电磁阀有故障，使进气管真空度没有作用在油压调节器的真空膜片室上，导致油压过高。对此，应更换软管或电磁阀。

4）喷油器漏油或卡滞。应拆卸喷油器，检查各喷油器有无漏油或卡滞，如有异常，应清洗或更换喷油器。

5）氧传感器故障。氧传感器的信号电压失常，会影响发动机电脑的喷油量反馈控制（即闭环控制）过程。当氧传感器信号电压偏低时，会使发动机电脑误认为混合气过稀，从而增加喷油量，导致混合气过浓。有些车型的发动机电脑对氧传感器的工作状况十分敏感，氧传感器的信号稍有不正常时就会使故障警告灯亮起，此时可根据故障码的指示很快找到故障原因。但也有一些车型的发动机电脑对氧传感器的工作状况不太敏感，在氧传感器的信号电压失常时故障警告灯并没有亮，此时可试着拔下氧传感器的线束插头，切断氧传感器和电脑的连接线路，此时电脑会认为氧传感器的线路断路而使故障警告灯亮起，同时停止闭环控制，改为按开环控制的方式控制喷油量。如果在拔下氧传感器的线束插头后，发动机排气冒黑烟的故障消失，则说明氧传感器有故障，应更换。

2．排气管冒蓝烟的故障现象、原因、诊断与排除

（1）故障现象。发动机运行过程中出现排气管冒蓝烟现象，与此同时发现曲轴箱的润滑油容量不足，同时伴有火花塞积炭增加、动力不足、加速无力等现象。

（2）故障原因。发动机的机油进入气缸或排气管燃烧所致。

（3）故障诊断。机油进入发动机燃烧的原因有两个：一是发动机气缸磨损，致使活塞和气缸的配合间隙过大，或是由于活塞环磨损过甚、弹性下降而失去密封性，使油底壳内的机油穿过活塞环窜入燃烧室和混合气一起燃烧；二是气门导管油封失去密封性，致使气门室内的机油经进气门导管进入燃烧室燃烧，或经排气门导管进入排气管，在废气的高温作用下燃烧。如果在发动机出现排气管冒蓝烟的故障时，同时还伴有发动机动力不足、加速无力、气缸压缩压力明显低于标准等现象，则说明该发动机的气缸或活塞环有磨损，应检查气缸和活塞环的技术状况，根据其磨损的具体情况，更换活塞环或对发动机进行大修。如果在排气冒蓝烟的同时发动机动力良好，气缸压缩压力正常，则为气门导管油封漏油，只要拆下气缸盖，更换气缸导管油封即可，无须更换活塞环或对发动机进行大修。

3．排气管冒白烟的故障现象、原因和诊断排除

（1）故障现象。发动机运行过程中排气管出现冒白烟现象，同时伴有发动机运转不稳、冷却水消耗过大、发动机水温过高等现象。

（2）故障原因。燃油中含有水分或冷却水漏入气缸，经炽热后化为蒸汽，由排气管排出，这时称冒白烟。

（3）故障诊断

1）发动机气缸套有砂眼或裂纹。解决方法是更换气缸套。

2）汽油中有水。排除方法是更换汽油。

3）轿车的电喷发动机在排气管中装有三元催化反应器，在发动机的控制系统工作正常的情况下，混合气的浓度接近理论混合比，排气中的一氧化碳、碳氢化合物、氮氧化合物在经过排气管中的三元催化反应器时产生一定的化学反应，生成二氧化碳、氧气、氮气和水蒸气。因此其排气中的白烟是水雾，此现象在发动机冷车运转或气温较低时特别明显。检查时，可将手掌靠近排气管口，如果排气中的水雾会在手掌上结出一层水膜，或在排气管口有少许水滴滴出，说明发动机工作正常，无须修理。

4）发动机在冷车运转时冒白烟，待热车后变为冒黑烟，此现象表明发动机的控制系统或燃油系统工作不正常，导致混合气过浓。对此，应按混合气过浓故障进行检修。

5）发动机在运转中排气管有大量的水雾和水滴排出，同时还伴有发动机运转不稳、冷却水消耗过大、发动机水温过高等现象，则为发动机气缸盖变形或气缸垫密封不严，使冷却水进入发动机气缸，在燃烧后从排气管排出。此时应拆卸气缸盖，检查气缸盖下平面有无变形，如有变形，应进行修整或更换气缸盖，同时应更换新的气缸垫。

4．排气管烧红的故障现象、原因、诊断与排除

（1）故障现象。发动机运行中排气管出现烧红的现象，发动机无力，发抖。

（2）故障原因。发动机的个别气缸没有点火或点火不良。

（3）故障诊断。在诊断排气管烧红的故障时，首先应判别发动机在运转中是否有个别气缸不工作或工作不良的现象（如怠速发抖等）。如有，则应采用断缸检查等方法，找出不工作或工作不良的气缸，检查该缸的火花塞、高压线、点火线圈等有无故障。如果在怠速工况下各缸工作正常，还应检查在发动机高速运转时有无个别气缸不点火的现象（如高速运转中发抖等），此时应采用示波器检查高速时各缸的点火电压，如有高速不点火现象，其原因通常是点火线圈问题，应更换新的点火线圈。如果在怠速和高速时都没有个别气缸工作不良或不工作的现象，应检查点火提前角有无过小，如有，应予以调整。如果点火系统工作正常，则应检查发动机有无混合气过稀的现象（如动力不足，高速时进气管回火等），若混合气过稀，应检查燃烧油压力是否过低、电动汽油泵的工作是否正常、喷油器有无堵塞等。如果燃油系统工作正常，应进一步拆检排气管，检查排气管有无堵塞。特别要注意检查三元催化反应器有无堵塞现象，如堵塞应更换。

技能要求

发动机排放超标故障诊断与排除

1．故障现象

汽车排放 CO、HC、NO_x 等有害气体的量超过汽车设计时要求的这些气体的排放量或是尾气中的 O_2 和 CO_2 的含量与标准值相差较大。排放不合格时可能只有一种尾气超标，也有可能是两种或两种以上的尾气排放量均超标。

2．故障原因

（1）HC 化合物的排放量过大的常见原因。HC 的排放量比正常值高可能由下列条件中的一个或多个引起。

1）点火系统缺火或点火能量不足。这会造成混合气燃烧不充分，应检查点火系统。

2）点火时间不准确。检查或调整点火正时。

3）混合气过浓或过稀。用 CO 或 O_2 的含量来判定混合气过浓还是过稀：电控系统的传感器有故障或电脑（PCM）有故障均可能导致混合气过浓或过稀。

4）气缸密封性不良。检查气缸的压缩压力是否正常。

5）配气相位不正确。检查并调整配气相位。

6）三元催化转化器有故障。必要时进行修理或更换。

7）二次空气喷射控制系统存在故障。

8）燃油蒸发控制系统不能正常工作，造成混合气过浓。

（2）CO 的排放量过大的常见原因

1）混合气过浓。检查空气滤清器是否过脏，检查燃油系统的压力以及喷油器的工作性能，测试输入传感器的数据，检查喷油控制系统的运行状态。

2）喷油器有漏油的地方。应测试喷油器的密封性。

3）三元催化转换器存在故障。必要时进行更换。

4）二次空气喷射控制系统存在故障（如总是逆流泵入空气）。

5）燃油蒸发控制系统不能正常工作，造成混合气过热。

6）PCV 系统有故障、窜缸混合气过多，或机油受燃油污染。

（3）NO_x 的排放量过大的常见原因

1）EGR 系统不能正常工作。视情况进行修理。

2）检查点火提前角及点火正时控制系统。

3）输入传感器有故障导致混合气过稀。检查各传感器的输入信号。

4）燃烧室内有积炭。检查发动机压缩情况，看结果是否高于规定数值。

5）发动机工作温度过高。观察故障诊断仪上的发动机温度是否正常。

6）进气温度过高。应检查进气空气调温系统、增压中冷系统等。

7）点火提前角或正时异常，应检查配气正时记号、气门间隙、可变配气正时系统等。

8）增压发动机进气增压过大（如废气旁通阀卡在关闭位置等）。

（4）O_2 读数比正常值低，而 CO 读数比正常值高的常见原因。这种情况一般是由于混合气过浓引起的，应主要检查混合气过浓的原因。

1）喷油器有故障。检查喷油器是否密封不严，造成燃油泄漏。

2）燃油压力比正常值高。检查造成燃油压力过高的原因（如燃油压力调节器是否损坏）。

3）燃油喷射系统存在故障。检查相关的传感器和发动机控制模块。

4）曲轴箱强制通风系统存在故障，使过多的曲轴箱窜气与燃烧。

5）燃油蒸发控制系统不能正常工作，造成混合气过浓。检查相关元件的工作性能。

（5）O_2 读数比正常值高，而 CO 的读数比正常值低的常见原因。这种情况一般是由混合气过稀引起的，应主要检查混合气过稀的原因。

1）检查是否有真空泄漏、燃油压力是否过低、喷油器是否堵塞、控制系统是否有故障。

2）二次空气喷射控制系统常喷入不正常的空气。检查二次空气喷射控制系统的情况。

3）排气系统是否有泄漏的地方。检查排气系统的密封性。

3．故障诊断与排除

（1）用五气体废气分析仪检测发动机尾气排放，初步分析排放超标方面的原因，如混合气浓、混合气稀、气缸缺火等。

（2）进行故障码读取。检查 ECU 是否存储有与排放超标相关的故障码。如有，按故障提示进行检查。

（3）用专用诊断仪读取动态数据流，进一步分析故障原因。

（4）评定氧传感器好坏，结合观察氧传感器信号波形，与尾气排放分析结果对比，分析故障原因。

（5）对各执行器进行动作试验，并对其性能进行进一步检查，如检查喷油器的喷油量、密封性等。

（6）检查发动机机械部分的可能原因，如积炭、气缸密封性能等。

学习单元2　发动机增压系统故障诊断与排除

学习目标

1. 了解发动机增压系统的常见故障
2. 掌握发动机增压系统故障的诊断方法
3. 能够诊断、排除发动机增压的故障

相关知识

一、增压器的常见故障及原因

1. 增压器突然停止运转，其原因多为增压器轴承损坏，转子组烧坏，外界物体将涡轮、泵轮叶片打坏而卡死等。

2. 增压器涡轮或泵轮端“排油”。当增压器转子轴磨损严重，转子轴密封环失去作用，或操作不当造成润滑条件恶劣致使密封环磨损、拉伤而失效时，涡轮端或泵轮端出现“排油”故障。涡轮端“排油”，会使排气管、消声器产生大量油污和积炭，增大排气阻力，降低增压器的转速，使发动机动力下降；泵轮端“排油”，会使发动机进气管道存有大量机油，机油消耗加大，进气阻力加大，使发动机动力下降。

3. 增压器振动剧烈且有噪声，其主要原因是转子轴严重磨损，使轴承间隙加大，产生振动，涡轮与泵轮损坏或沾有油泥使转子动平衡被破坏而产生噪声和振动。若噪声明显表现出是金属摩擦，则是泵轮或涡轮叶片与壳体碰擦。

4. 增压器气喘，其原因是进气系统堵塞，如空气滤清器堵塞、进气道油灰沉积等原因，造成发动机增压压力下降且产生较大波动，在增压器泵轮端出现如气喘的异响，伴随发动机工作不稳、动力下降、排气管冒黑烟。

5. 增压器增压力下降。进气管道堵塞、轴承与轴磨损、涡轮或泵轮叶片变形或损坏等均会造成增压压力下降。

二、故障检修方法

1．外观检查

观察涡轮与泵轮以外排、进气连接法兰和接头有无裂纹、漏气等现象，特别要观察增压器“排油”现象是否严重。这点在压气机至进气管之间的橡胶管接头上最为明显。若该接头处仅表现为轻微地渗油，仍属正常现象。若此处漏油严重，表明增压器已不能再使用。此外发动机停机后，用听诊器可以听到增压器转子依靠惯性转动的声音，声音若持续 1 min 以上，表明增压器性能良好。

2．压气机泵轮部分检修

拆卸压气机与进气管道的连接，观察压气机叶轮和泵壳的摩擦情况、漏油情况以及叶片的损坏情况。若发现叶轮与泵壳有摩擦，而泵壳摩擦部位附着物较坚固，表明泵轮内有损坏；如果发现是外来物损伤了泵轮，或者泵轮轴漏油现象严重，均应对增压器进行维修。

3．旋转组件检修

若检查涡轮与泵轮没有明显损坏，用手迅速转动增压器转子，应旋转自如，无明显的研磨噪声和阻滞现象，否则表明轴已烧损。用千分尺检查转子轴轴向间隙以及涡轮端和泵轮端的径向间隙，其值不得超过标准范围。分解拆装旋转组件时，必须做好压气机叶轮、转子轴锁紧螺母的相对位置记号。更换压气机叶轮要做动平衡试验。安装涡轮端和泵轮端两密封环时，开口互成 180°，相对中间壳进油口成 90°。压气机叶轮锁紧螺母要按规定转矩拧紧。

4．涡轮机涡轮部分检修

从涡轮机出气口将排气管道拆除，检查涡轮叶片以及壳体摩擦情况、漏油情况和叶片损坏情况。若发现叶片与壳体有摩擦，而壳体上的附着物坚硬而牢固，可能是涡轮内有损坏，此时必须拆卸修理。若发现积油严重，则应观察油是从排气系统带来的，还是从涡轮中心排出的。若积油来自轴心且较严重，表明涡轮轴的密封环失效，应对增压器进行拆检维修。若积油来自排气系统，而叶轮上积油较多，应将涡轮拆卸清洗。

技能要求

一、发动机增压器运转噪声过大故障诊断与排除

1．故障现象

发动机工作时，增压器运转噪声过大。

2．故障原因

（1）因叶轮受到异物冲击或与壳体刮碰产生变形，使气体的运动变化而产生高频噪声。

（2）叶轮与壳体刮碰以及轴承润滑不良产生摩擦噪声。

（3）发动机到增压器间的排气管路不密封、漏气，产生噪声。

3．故障诊断与排除

（1）检查排气管路密封是否可靠。

（2）检查增压器的润滑是否良好。

（3）分解增压器，检查内部机件是否损伤。

二、发动机增压器过热故障诊断与排除

1．故障现象

发动机增压器温度过高。

2．故障原因

（1）发动机供油提前角过小，使排气温度过高，造成增压器转速过高，温度上升。

（2）喷油质量差，后燃严重，造成排气温度升高，导致增压器过热。

（3）润滑不良，润滑油压力不足，油温过高，供油量不足，带走的热量减少，使增压器温度升高。

（4）增压压力下降，导致空气流量减少，造成增压器温度升高。

3．故障诊断与排除

（1）检查发动机的供油正时和喷油质量。

（2）检查增压器润滑油供应是否正常。

（3）检查增压器的内部机件是否损坏。

三、发动机增压器异常损伤故障诊断与排除

1．故障现象

发动机增压器异常损伤。

2．故障原因

（1）润滑油不清洁。增压器的工作转速在 6 000 r/min 以上，它的轴承要求实现液体润滑，因此润滑油的清洁度对其使用寿命的影响非常大。

（2）润滑油压力低，供油量不足。增压器润滑油的压力通常在 200 kPa 以上，机油压力低会造成轴承供油不足，从而丧失液体润滑条件，引起轴承的异常磨损。

3．故障诊断与排除

在使用过程中要注意润滑油的清洁，经常检查和保养空气滤清器，保证润滑油的压力，压力不足时要及时进行故障排除。

四、发动机增压压力下降故障诊断与排除

1．故障现象

发动机增压器增压压力不足。

2．故障原因

（1）进气阻力增大，包括滤清器有脏物、中冷器有脏物及进气涡壳内有脏物等。

（2）压气机转速下降，包括涡轮有积炭、涡轮排气阻力增大、轴承磨损、转子与壳体有刮碰、海拔增加等。

3．故障诊断与排除

（1）清洁空气滤清器。空气滤清器堵塞后，压气机的进气阻力增加，导致增压压力下降。必须及时清洗增压发动机的空气滤清器，应经常检查滤清器的指示器，保持滤清器的清洁。

（2）清洗中冷器和压气机。中冷器和压气机的内部积有油泥、灰尘会增加

进气阻力，当中冷器进、出口压力差超过技术标准时，应清洗它的内部通道。

（3）压气机涡壳和叶轮上沾有油泥和灰尘时应分解清洗，并要定期清除积炭。增压器的内部积炭会增加转子的转动阻力，使增压器转速下降，增压压力降低。积炭通常积存在涡轮叶片、转轴、密封环等部位，一般是因密封不严，机油漏入烧结及燃油燃烧不完全所致。

（4）检查转子的轴向、径向间隙，消除刮碰现象。转子的径向间隙过大会丧失液体的润滑条件，转子的转动阻力将增大，转速降低；转子的轴向间隙过大或变形会产生刮碰现象，转子的转速也会下降，导致增压压力下降。

第四节　冷却系统故障诊断与排除

学习目标

1. 了解发动机冷却系统的常见故障及故障部位
2. 掌握发动机冷却系统故障的诊断方法
3. 能够诊断并排除发动机冷却液温度过高的故障
4. 能够诊断并排除发动机冷却液消耗异常的故障

相关知识

冷却系统的功用是使发动机得到适度的冷却，从而在最适宜的温度范围内工作。发动机冷却系统故障主要有冷却液温度过高（发动机过热）、冷却液温度过低或升温缓慢及冷却液消耗过多。

一、发动机冷却液温度异常的危害

1．发动机温度过高的危害

（1）发动机的充气系数下降。

（2）发动机燃烧不正常。

（3）机油变质。

（4）供油系统易发生气阻。

（5）点火系统工作不正常。

（6）其他一些不良影响。发动机温度过高，往往还会引起其他一些不良影响，严重时会烧蚀损坏活塞、轴瓦、气门、喷油嘴等机件。

2．发动机温度过低会引起的不良后果

（1）由于汽车发动机温度过低，造成混合气很难点燃或燃烧迟缓，从而降低发动机的功率以及增加燃料消耗。

（2）由于汽车发动机温度过低而增大了润滑油的黏度，运动机件的间隙不能进入润滑油而加剧零件磨损并增大了消耗功率。

（3）由于汽车发动机温度过低，没有汽化的燃料会冲刷摩擦表面的油膜而加剧零件磨损。

二、冷却系统常见故障部位、原因及其故障现象

冷却系统常见故障部位、原因及其故障现象见表1—4。

表1—4　　冷却系统常见故障部位、原因及其故障现象

序号	故障部位	原因	现象
1	百叶窗	叶片锈蚀	开闭不灵，通风量降低，发动机温度过高
2	散热器	破裂漏水，水垢堵塞	冷却效能降低，发动机经常“开锅”
3	散热器盖进、排气阀	工作失效	冷却液泄漏和溅出，冷却水蒸发过多
4	风扇叶	断裂、反装、传动带打滑	空气流量减少，水循环过慢
5	水泵	水封老化、密封圈磨损、轴承松旷	漏水，冷却液不足，发动机过热，轴承异响
6	节温器	阀门发卡、工作失效	水循环减慢或中断，发动机温度高
7	水温表及感应塞	工作失效	水温表指示不准或不指示
8	水套	锈蚀及水垢太多	散热不良，散热器经常“开锅”
9	分水管	锈蚀或损坏	漏水或堵塞
10	放水开关	损坏	漏水，使冷却水减少

三、发动机温度异常故障诊断与排除方法

1. 冷却液充足但发动机过热的故障诊断与排除方法

（1）先检查百叶窗的开度是否充足。若百叶窗开度不足，应检查连杆机构运动是否灵活。若开度足够，再检查风扇的转动情况。若风扇转速太低，则应检查风扇传动带是否因过松、粘有油污、磨损严重而造成打滑；检查硅油风扇离合器是否工作良好；检查电控风扇的热敏开关、直流电动机、控制电路工作是否良好。

（2）风扇转速正常，则应检查风扇的排风量。

（3）若风量充足，用手分别感觉散热器和发动机的温度。若散热器的温度低，而发动机温度高，说明冷却液循环不良。

（4）逐渐提高发动机的转速，观察散热器出水管是否被吸瘪。若出水管被

吸瘪，说明散热器堵塞严重，应清洗。

（5）若散热器出水管良好，则应拆下散热器的进水管，起动发动机试验冷却液应有力排出，否则说明水泵或节温器有故障。拆下节温器时，若排水量明显增多，则应进一步检查节温器；若排水量不变，则应进一步检查水泵的工作性能、气缸体内的水垢是否过多等。

（6）检查散热器各部温度是否均匀。如果散热器冷热极不均匀，则应检查散热器芯管是否堵塞。

（7）若以上检查正常，发动机温度过高的同时，其动力明显下降，则应检查点火时间是否准确，混合气是否过浓，进排气门间隙是否过大，燃烧室积炭是否过多等。

（8）对于长期未清洗水垢的发动机，应检查水套内水垢是否过多。检查方法是：将冷却液全部放出，再加满冷却液并计量注入的容积。若比规定值明显减少，则减少的容积即为水垢所占容积。

（9）若发动机及冷却液温度正常，而冷却液温度表指示冷却液温度过高，则应检查冷却液温度表、传感器及控制电路是否正常。

2．冷却液不足但发动机过热的故障诊断与排除方法

（1）在发动机运转时首先检查冷却系统外部是否漏水，可通过紧固或更换有关部件排除漏水故障。

（2）若外部不漏水，则应考虑为冷却系统内部漏水。若发动机运转时排气管排出大量的水蒸气，或拔出机油尺发现机油中有冷却液，则为水套破裂或气缸垫水道孔破损致使冷却液漏入曲轴箱、气缸或进排气道内。

3．发动机冷却液温度过低的故障诊断与排除方法

（1）检查百叶窗是否关闭自如或未装保温罩。

（2）冷车起动后打开水箱盖，使发动机加速，观察水流速度及流量。若水流速度很快，流量大，说明节温器常开或未装节温器，应更换或加装节温器。

（3）若水温表指示温度偏低，而用手触试散热器时感觉很烫，用温度计测量水温却正常，则说明水温传感器或水温表有故障。

（4）冷车起动发动机（装有电动风扇的车辆）。此时电动风扇不应运转；若此时电动风扇运转；说明温控开关失灵，应予以更换。

技能要求

一、发动机冷却液温度过高故障诊断与排除

1．故障现象

（1）发动机工作时，水箱沸腾，发动机动力性能下降。

（2）水温表指示水温高，水温报警灯闪亮。

2．故障原因

发动机温度过高有冷却系统与非冷却系统两方面的原因。

非冷却系统的原因包括：发动机方面的，如点火过迟、混合气过稀、润滑油不足、排气门间隙过大；底盘方面的，如离合器打滑、制动拖滞、底盘轴承过紧；使用方面的，如长时间顺风行驶、长时间使用低速挡、长时间大负荷运行、长时间超载、天气热。

冷却系统的原因包括：冷却系统水量不足，百叶窗关闭或开度不够；硅油风扇离合器处硅油泄漏，风扇传动带过松，风扇叶片装反或叶片变形；电动风扇的风扇电动机故障，双温开关及线路故障；节温器失效，主阀门打不开；散热器堵塞、冰冻、表面脏污；水泵锈蚀；冷却水道堵、漏、渗，水垢太多；缸垫烧蚀；水温传感器失效。

3．故障诊断与排除

（1）起动发动机，观察故障的不同症状，如回火、放炮、加速不良、发动机爆燃等。如果发动机有爆燃、回火、放炮现象，则应检查发动机的点火正时；如果发动机出现加速不良现象，则应检查供油系统；如果没有以上现象，则进行下一步。

（2）关闭点火开关，检查百叶窗是否关闭或开度不足。

（3）检查风扇

1）检查风扇传动带松紧度是否适当，可扳动发电机或动力转向泵进行调整。

2）检查风扇传动带是否过松、叶片是否变形、风扇离合器是否失效。对电控风扇，检查双温开关，将其短接后风扇立即转动，说明双温开关损坏；若风扇仍不转动，应检查线路熔断器、继电器、风扇电动机是否损坏。

（4）检查冷却液

1）检查液面高度是否符合要求。

2）检查冷却液质量，检查冷却液中锈皮或水垢是否过多。

（5）检查电路

1）检查指示系统，可用工具将感应塞中心极与发动机机体做搭铁试验。若搭铁后水温指示针摆动，则说明水温表良好；若水温指示针不动，则表明水温表有故障。

2）检查温控开关及装置。当散热器温度升到 93 ~ 98℃时，风扇开始转动；当散热器温度下降到 88 ~ 93℃时，风扇停止转动。否则应进行检修。

（6）检查散热器。检查散热器外部和内部清洁情况。散热器外部有泥土、油污或散热器因碰撞而变形，均影响流过的风量，导致发动机温度过高，应清洗或调整。散热器内部积有水垢将会影响冷却液传热，应用化学试剂清洗。

（7）检查节温器

1）用手触试发动机缸体、缸盖和小循环通水管，正常情况下温度差应不大，且很烫。如果触试缸盖至散热器的通水管和散热器上部感到不烫，触试散热器下部和下部通水管感到温度很低，则说明节温器大循环阀门打不开。

2）拆下节温器，将节温器悬挂在水中加热并放入温度计，检查阀门开始开启和完全开启时的温度以及全开时阀门的升程。

（8）检查水泵。检查水泵传动带的松紧度和水泵的泵水能力。

（9）检查发动机机械方面是否有故障。

发动机过热的诊断框图如图 1—12 所示。

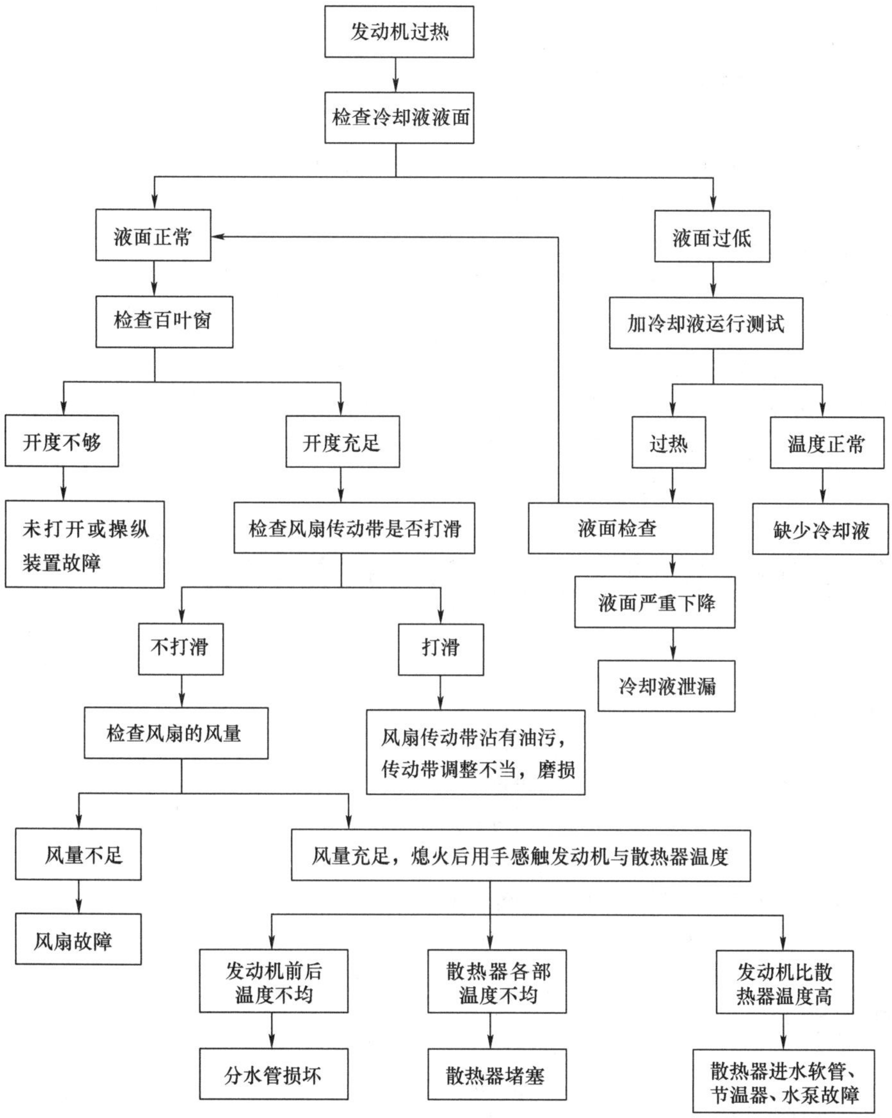

图 1—12　发动机过热诊断框图

二、发动机冷却液消耗异常故障诊断与排除

1．故障现象

（1）冷却液消耗过多，需经常补充。

（2）在停车位有水迹，停车后，明显看到有冷却液滴落到地面上。

（3）有时候发现在油底壳内有水。

2．故障原因

冷却系统是密封的，在正常情况下，不需要经常补充冷却液，否则说明有冷却液消耗异常。冷却液消耗异常的主要原因是系统有泄漏。具体原因如下：

（1）放水开关关闭不严。

（2）水泵水封损坏。

（3）气缸体变形或有裂纹。

（4）散热器泄漏。

（5）气缸衬垫烧蚀，冷却液漏到外部或油底壳内。

（6）系统管道老化泄漏或接头松动泄漏。

（7）缸体水堵不严。

（8）湿式缸套阻水圈密封不良。

3．故障诊断与排除

冷却液消耗异常时，应先检查外部有无泄漏痕迹，采用追踪寻源法找寻泄漏点，根据泄漏部位查明原因。如果外部无明显的泄漏痕迹，应检查润滑油中是否有水，如有水渗入，可能是气缸衬垫损坏、气缸盖或气缸体有裂纹、湿式缸套阻水圈密封不良等原因造成的。

第五节　润滑系统故障诊断与排除

学习目标

1. 了解发动机润滑系统的常见故障
2. 掌握发动机润滑系统故障的诊断方法
3. 能够诊断、排除发动机机油压力过低或过高的故障
4. 能够诊断、排除发动机润滑油消耗异常的故障

相关知识

一、润滑系统常见故障

发动机润滑系统一般由机油盘（油底壳）集滤器、滤清器、机油泵、限压阀、旁通阀、机油压力表、报警开关、报警器等组成。润滑系统常见故障有机油压力过低、机油压力过高、机油消耗异常、机油变质等。

二、润滑系统常见故障诊断与排除

1．机油压力过低故障诊断

行车中，应随时观察机油压力表或机油压力过低报警灯，若发现机油压力为零或报警灯闪亮，则应立即熄火，停车检查。

（1）拔出油尺，检查机油油量及品质。若机油液面低于“min”或“L”线

以下，说明机油量不足，应及时添加；若机油颜色无变化，而黏度降低，且有燃油味，说明机油中渗进了燃油；若机油呈乳浊状并有泡沫，说明机油中渗入了水分，应查明漏水部位并修复，再更换机油。

（2）检查机油压力表或传感器的工作状况。

（3）检查压力表、传感器的连接线是否松脱。若连接良好，则应将传感器导线拆下，并将之搭铁，接通点火开关，观察机油压力表的状态。

（4）若机油压力表的指针急速上升，说明机油压力表良好；若机油压力表指针不动，则应根据仪表控制电路进行检查。

（5）在仪表指示正常的的条件下，检查传感器工作是否良好。测量传感器的电阻值，其值应符合要求。

（6）上述检查正常，则应拧松压力传感器，起动发动机，观察从连接螺栓孔处机油流出的情况。若机油流出有力，则应进一步检查机油压力的示值是否准确；若机油流出无力，则应检查润滑系统工作部件的工作状况。

（7）若机油限压阀安装在发动机缸体的外部，可停熄发动机，拆卸并检查限压阀的状况。检查限压阀的调整弹簧是否太软、折断或调整不当；检查限压阀柱塞是否磨损严重，钢球密封是否不严。

（8）检查机油滤清器的滤芯是否堵塞，旁通阀是否卡滞或堵塞。

（9）拆下油底壳，检查机油集滤器网是否过脏，机油泵限压阀状况是否正常，各连接管路是否漏油，机油泵的工作性能是否良好等。

（10）若发动机已接近或超过大修间隔里程，则应检查曲轴主轴承、连杆轴承、凸轮轴轴承间隙是否过大，检查其他压力润滑部位的配合间隙是否过大等。

2．发动机机油消耗过大故障诊断

（1）若排气管明显冒蓝烟则为烧机油造成的。当踏下加速踏板发动机高速运转时，若排气管大量排蓝烟，同时机油加注口也冒出大量烟雾，说明活塞、活塞环与缸壁磨损严重，活塞环的端隙、边隙和背隙过大，活塞环开口转到同一处、粘环、活塞环装反、机油黏度过低等原因，造成机油窜入燃烧室而导致烧机油。应拆检活塞连杆组，更换活塞、活塞环。

（2）若发动机在较短时间冒蓝烟，而油底壳内机油未见减少，这是湿式空气滤清器油面过高或滤清器堵塞，使空气滤清器中的机油被吸入气缸所致，应及时清洗或更换滤芯。

（3）发动机大负荷运转时，若排气管大量排蓝烟，机油加注口无烟雾冒出，这是飞溅到气门杆上的机油沿气门杆与导管的间隙被吸入燃烧室的结果，应及时更换气门杆油封或气门导管。

（4）检查外部有无泄漏，特别是油底壳、曲轴前后端及凸轮轴后端油封是否漏油。曲轴前端油封破裂损坏、老化或曲轴带轮与油封接触面磨损，会引起曲轴前端漏油。曲轴后端的油封破裂损坏或后主轴承盖的回油孔过小，回油受阻，会引起曲轴后端漏油。及时更换老化破裂的油封。

（5）若发动机气缸盖罩、气门室盖、油底壳衬垫和发动机前后油封等多处有机油渗漏，应检查曲轴箱通风装置。清理曲轴箱通风管道，尤其是 PCV 阀处的积炭和结胶。因为曲轴箱通风不畅，会引起曲轴箱内压力升高，出现机油渗漏现象。

（6）对于采用空气压缩机的汽车，若从储气筒的放污螺塞处放出较多的机油，则为空气压缩机的活塞、活塞环与气缸壁磨损严重，应及时维修活塞、活塞环与气缸壁。

（7）若机油滤清器盖和一些管道接头处经过紧固后还是漏油，应注意机油压力是否过高，应检查机油限压阀是否失灵。

3．机油压力过高故障诊断

发现机油压力过高，应熄火查明原因，否则容易冲裂机油细滤清器盖或机油压力传感器。

（1）机油压力过高，应首先检查机油黏度是否过大，过大应更换合适的机油。

（2）检查限压阀是否调整不当（弹簧是否过硬）。对于新发动机应检查主轴承、连杆轴承或凸轮轴轴承是否间隙过小。

（3）如果机油压力突然变高，可首先检查机油滤清器滤芯是否堵塞，旁通阀弹簧压缩是否过多或强硬。若上述检查无问题，则一般为润滑系统油道堵塞。

（4）接通起动开关，机油压力表即有指示，应检查机油表和机油压力传感器工作是否良好。

技能要求

一、机油压力过低故障诊断与排除

机油压力过低，将使润滑效果降低，磨损增加，甚至危及机件的正常运转而使之烧坏。

1．故障现象

（1）发动机起动后，机油压力很快降低，机油警告灯闪亮。

（2）发动机运转过程中机油压力始终过低。

2．故障原因

（1）机油量没有达到规定容量。

（2）机油黏度变小。

（3）汽油或冷却水进入油底壳。

（4）机油集滤器脏、堵。

（5）机油滤清器脏、堵。

（6）机油泵磨损严重。

（7）限压阀调整弹簧弹力过低。

（8）油道堵塞、泄漏。

（9）发动机曲轴轴承或连杆轴承配合间隙过大，或凸轮轴轴承间隙过大。

（10）机油压力表、机油压力传感器及机油压力报警器工作不正常。

（11）发动机过热。

3．故障诊断与排除

（1）首先拔出机油尺，检查曲轴箱内机油油面。若机油油量正常，应检查机油表、传感器；若机油严重不足，能听到曲轴轴承和连杆轴承异响，应及时补充机油。

（2）检查机油黏度是否变小。用拇指和食指沾少许机油，两指拉开，两指间应拉有 2 ~ 3 mm 的油丝，否则即为机油过稀。检查机油中是否含有汽油或水分，若混杂有汽油或水分，则需进一步检查何处渗漏，并排除故障。

（3）通过水温表观察发动机是否过热。若过热，应查明原因并排除故障。

（4）检查机油传感器。接通点火开关，将其导线拆下，使端头与缸体接触，查看机油表指针，若能迅速上升“到头”，说明机油表良好，故障在传感器；若指针不动或上升不多，表明机油表失效或导线接地不良。

（5）拆下传感器（或压力开关）作短暂发动，若机油喷出无力，应检查机油滤清器、集滤器、机油泵等。

机油压力过低诊断框图如图 1—13 所示。

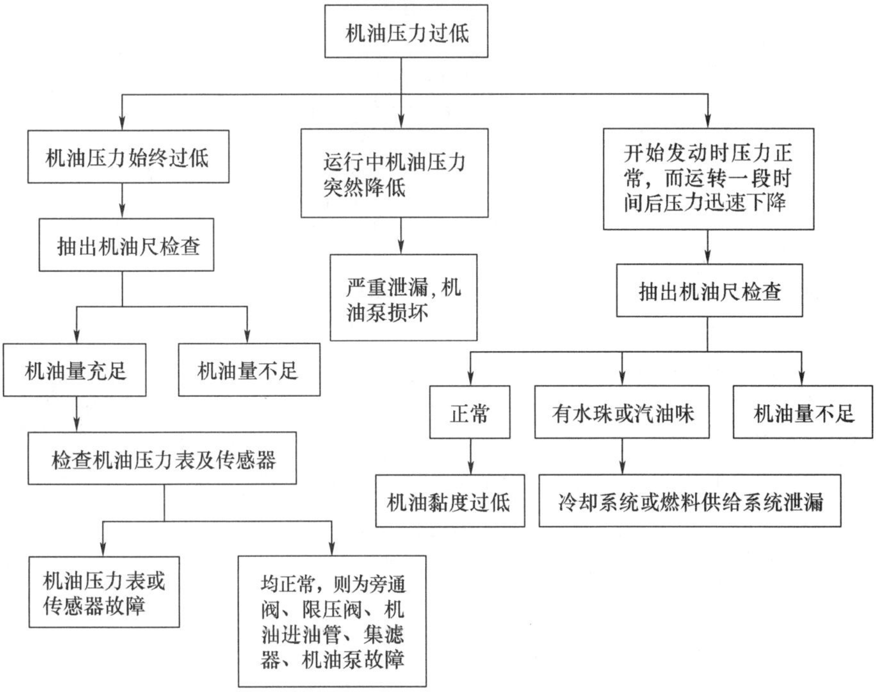

图 1—13　机油压力过低诊断框图

二、机油压力过高故障诊断与排除

机油压力过高，容易冲坏机油细滤器盖，也会冲坏机油压力传感器。

1．故障现象

发动机在运转时，机油压力表指示压力过高。

2．故障原因

（1）机油黏度过大。

（2）限压阀调整不当或被胶质卡死在关闭位置。

（3）气缸体主油道堵塞。

（4）机油滤清器滤芯堵塞且旁通阀开启困难。

（5）机油压力表失准或机油传感器失效。

（6）新装配的发动机曲轴轴承或连杆轴承间隙过小。

3．故障诊断与排除

（1）试车检查，根据故障征兆进行分析和诊断。

（2）检查油面高度，若油面正常，应检查机油黏度、牌号是否符合要求。

（3）检查油压指示系统装置。若接通点火开关就有压力指示，则说明油压表或传感器有故障，方法同前。

（4）检查、调整限压阀，对于与机油泵一体的限压阀，则应拆检机油泵。

（5）拆检发动机，检查、清洗润滑油道，并用压缩空气吹通；同时检查曲轴主轴承、连杆轴承、凸轮轴轴承等各配合间隙是否过小。

机油压力过高诊断框图如图 1—14 所示。

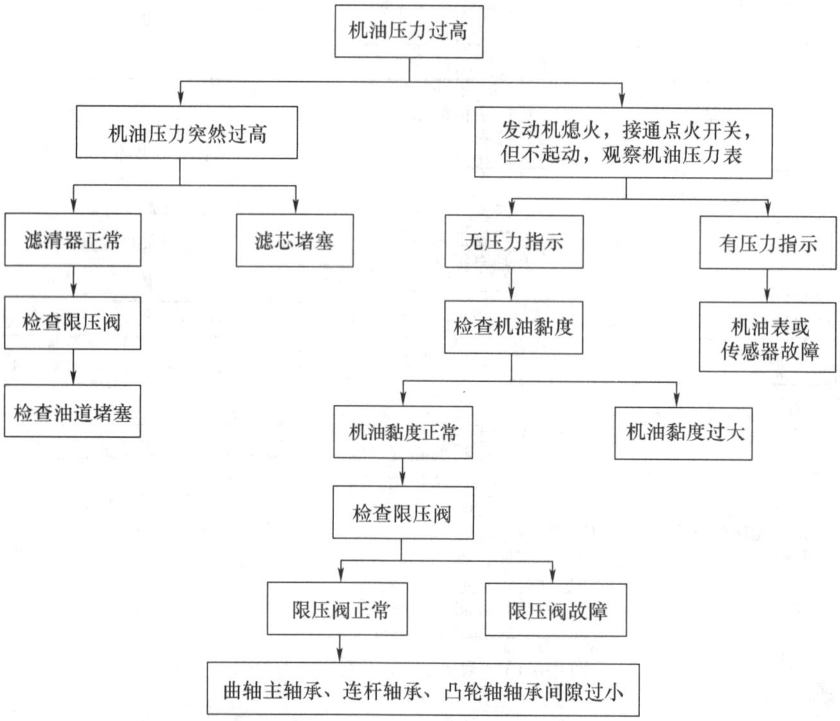

图 1—14　机油压力过高诊断框图

三、润滑油消耗异常故障诊断与排除

每次检查时都发现机油减少，平均消耗量超过 0.1 mL/100 km 即为机油消耗异常。

1．故障现象

（1）发动机或空气压缩机有漏油处。

（2）排气管排蓝烟，机油加注口脉动冒蓝烟。

（3）每天检查机油量，均有明显减少。

2．故障原因

（1）活塞与缸壁配合间隙过大。

（2）活塞环严重磨损使泵油现象严重。

（3）活塞环装反。

（4）气门导管磨损严重且气门油封损坏。

（5）曲轴箱通风不良。

（6）发动机曲轴后端漏油。

（7）发动机正时齿轮室盖处漏油。

（8）油底壳有裂纹。

3．故障诊断

（1）检查外部有无泄漏，特别是油底壳、曲轴前后端。

（2）查看排气管是否排蓝烟。

当踩下加速踏板发动机高速运转时，若排气管大量排蓝烟，机油加注口也冒出大量烟雾，说明活塞、活塞环、缸壁磨损过甚，应拆检活塞连杆组。

当发动机大负荷运转时，若排气管大量排蓝烟，机油加注口无烟雾冒出，这是飞溅到气门杆上的汽油沿气门杆与导管的间隙被吸入燃烧室的结果。

若发动机在较短时间冒烟，而曲轴箱机油并无明显减少，这是空气滤清器油面过高被吸入气缸所致，应检查曲轴箱通风。

机油消耗异常诊断框图如图 1—15 所示。

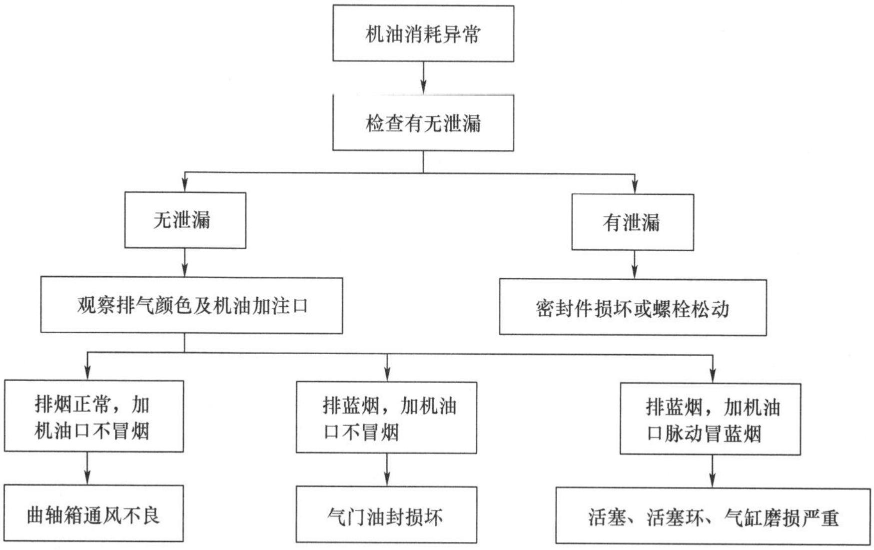

图 1—15　机油消耗异常诊断框图

第二章

汽车底盘检修

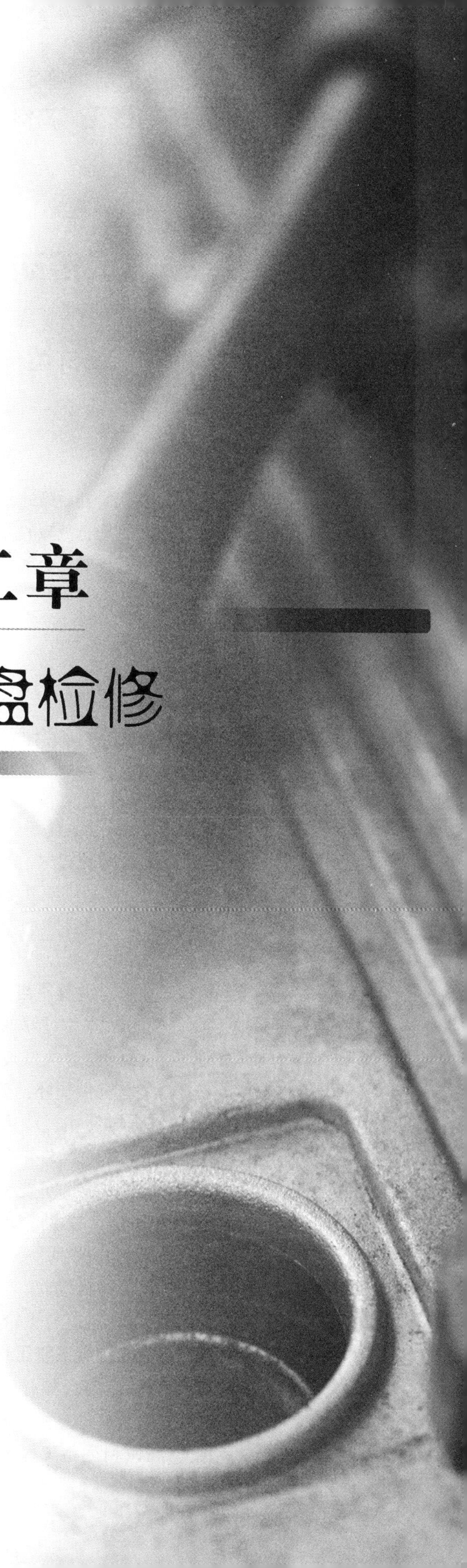

第一节　传动系统故障诊断与排除

学习单元 1　离合器故障诊断与排除

学习目标

1. 掌握离合器故障的原因及特征
2. 掌握离合器故障的诊断方法及程序
3. 能够诊断并排除离合器常见故障

相关知识

一、离合器故障的原因

汽车离合器是汽车传动系统中的关键部件之一。在实际使用中，离合器故障的主要原因包括有些零件磨损严重、损坏或装配、调整不当及液压系统故障。

1．配合间隙过大

配合间隙是汽车机械装配质量的重要指标，当离合器使用到一定阶段后，某些运动零件因自然磨损使间隙增大超出范围而导致离合器出现故障，如离合器分离不彻底、离合器接合不平顺等。

2．装配、调整不当

更换的摩擦片过厚或装反，双片离合器中间压盘限位螺钉调整不当，离合器踏板自由行程过大或过小，螺旋弹簧式离合器分离杠杆高度调整不一致等。

3．个别机件损坏、变形

在离合器使用过程中，频繁高强度地使用是离合器的一大特点，再加上驾驶员一些人为的操作不当等因素，必然会导致离合器一些零件的损坏或变形。如从动片严重翘曲或破裂，从动盘在变速器一轴上移动困难，分离杠杆内端不在同一平面内，个别分离杠杆或调整螺钉折断，膜片弹簧过软，离合器压盘变形，飞轮壳有裂纹等，从而引起离合器故障，无法正常工作。

4．紧固件松动

例如离合器盖与飞轮连接螺栓松动会导致离合器的打滑故障。

5．液压操纵系统工作不良

液压操纵离合器存在操作轻便舒适，摩擦阻力小，长期运行不会使踏板力显著增加，易实现系列化、标准化等优点，因此广泛用于要求结构紧凑、接合频繁、高速和远距离操纵的车辆上，但也存在着液压渗漏、管路老化、系统渗入空气、液压操纵系统主缸及工作缸工作不良等一些常见故障。

二、离合器故障的诊断方法及程序

离合器常见故障有离合器分离不彻底、离合器打滑、离合器接合不平顺、离合器异响等。当离合器出现故障时，可按以下顺序进行诊断：

1．故障诊断方法

通过故障现象或经过基本的试验判断故障类型。

（1）发动机怠速运转，若踩下离合器踏板时，挂挡困难或不能挂上挡位，挂上起步挡后踩下离合器踏板，起动发动机时，车辆移动，则可判断为离合器分离不彻底故障。

（2）挂低挡起步时，离合器踏板完全放开后，必须加大加速踏板行程才能起步，汽车加速行驶时，行驶速度不能随发动机转速升高而升高，负载上坡时，打滑较明显，则可判断为离合器打滑故障。

（3）汽车低挡起步时，按照正确操作规范执行，但离合器不能平稳接合，而且产生振抖，严重时整车产生振抖，则为离合器接合不平顺故障。

（4）汽车在行驶过程中，踩下离合器踏板时发出异响，放松踏板时异响消失，或踩下、放松离合器踏板时都有异响，离合器异响往往在发动机起动后、汽车起步前离合器接合和分离时产生，则可判断为离合器异响故障。

2．故障诊断程序

（1）根据故障类型及故障特点，按先简后繁、先外后内的原则分析并查找故障原因。

1）操纵机构方面。离合器自由行程，液压操作系统内有无空气、油液量或是否漏油，主缸、工作缸工作情况，分离轴承工作情况等。

2）离合器方面。更换的摩擦片、从动片有无严重翘曲或破裂，从动盘在变速器一轴上移动情况，分离杠杆内端高度，个别分离杠杆或调整螺钉是否折断，膜片弹簧是否过软，离合器压盘有无变形，双片离合器中间压盘限位螺钉调整等。

3）其他方面。变速器一轴与曲轴轴线同轴度，飞轮壳有无裂纹，发动机曲轴轴向间隙，离合器盖与飞轮连接螺栓是否松动等。

（2）确认故障并进行排除。若调整不当，则重新调整到位，如踏板自由行程、分离杠杆高度等。若零件损坏、变形或紧固件松动，则进行更换或重新紧固。若液压操纵系统工作不良，则进行修复。

技能要求

一、离合器分离不彻底故障诊断与排除

1．故障现象

（1）发动机怠速运转，踩下离合器踏板时，挂挡困难或不能挂上挡位，熄

火后则挂挡容易。

（2）挂上起步挡后踩下离合器踏板，起动发动机时，车辆移动。

（3）行驶中换挡困难，并伴有变速器打齿响声。

2．故障原因

（1）操纵机构方面。离合器自由行程过大，液压操作系统内有空气、油液不足或漏油，液压操纵系统主缸、工作缸工作不良，分离轴承座移动阻滞等。

（2）离合器方面。更换的摩擦片过厚或装反，从动片严重翘曲或破裂，从动盘在变速器一轴上移动困难，分离杠杆内端不在同一平面内，个别分离杠杆或调整螺钉折断，膜片弹簧过软，离合器压盘变形，双片离合器中间压盘限位螺钉调整不当等。

（3）其他方面。变速器一轴与曲轴轴线同轴度误差过大，飞轮壳有裂纹，发动机曲轴轴向间隙过大等。

3．故障诊断与排除方法

挂上起步挡，完全踩下离合器踏板，起动发动机。如果车辆静止不动，证明离合器分离正常。如果车辆移动，则确认是离合器分离不彻底故障。

离合器分离不彻底的实质问题是主、从动部分未完全离开或依然接触。主要原因有两个方面：一是分离操纵机构工作异常；二是离合器本身故障。依据具体车型，从这两个方面分析、判断。如单片式、双片式，杠杆操纵机构、机械拉索机构、液压操纵机构等离合器，尽管原理相同，但结构布置、运动关系等不尽相同，应具体情况具体对待。

离合器操纵系统不同，踏板自由行程调整方法也不同。对杆式操纵系统，用改变踏板拉杆长度的方法来调整踏板的自由行程；对拉索式操纵系统，可用改变拉索长度的方法来调整其自由行程。车型不同，踏板自由行程的标准值也不相同，如桑塔纳轿车离合器踏板的自由行程为 15 ~ 20 mm；帕萨特轿车为 6 ~ 13 mm，踏板总高度为 180.5 mm；捷达轿车离合器拉索具有自动补偿离合器自由行程的功能，是一种免维护、免调整的自动调整拉索。

液压操纵式离合器还有如下规律：

• 如果踏板踩动时有弹性，且离合器分离不彻底，则故障为液压系统有空气。

• 如果离合器踏板一次就可踩到底，说明液压主缸内液压油泄漏严重。

• 如果液压系统内无空气，但分离时必须踩两下踏板，则需清洗系统管道。

对新装复的离合器，如果出现离合器分离不彻底现象，应进行如下检查：

（1）踩下离合器踏板，如踏板沉重，多为更换的新从动盘摩擦片过厚而使离合器压紧弹簧过度压缩，预紧力过大，且离合器分离后压盘间隙不足，致使分离不彻底，可重新更换摩擦片。

（2）踩下离合器踏板，观察从动盘位置。若双片离合器从动盘前端面与中间压盘紧抵或单片离合器从动盘前端面与飞轮紧抵，而其后端与压盘有足够的间隙，则说明变速器一轴后轴承盖颈部过长，以致抵触从动盘花键毂，使从动盘不能后移。

（3）若上述检查正常，经调整后仍难以分离，则应检查从动盘是否装反。单片离合器从动盘毂多朝向飞轮，双片离合器两个从动盘毂相对或按规定安装。

（4）若以上各项均正常，则应检查和调整分离杠杆高度。具体离合器分离不彻底故障参照图 2—1 所示诊断流程进行诊断和排除。

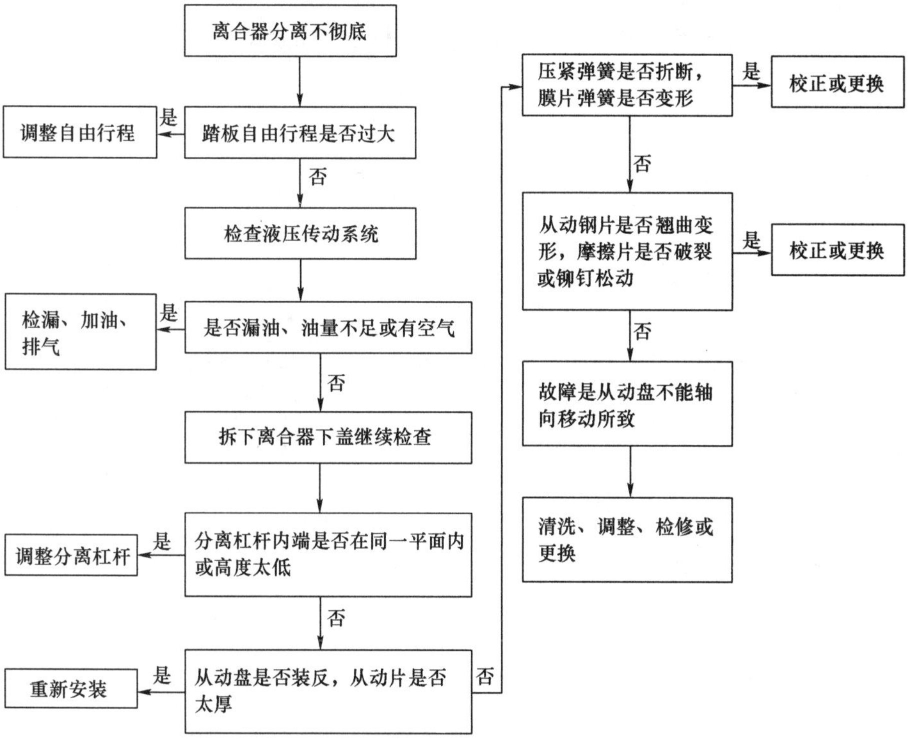

图 2—1　离合器分离不彻底故障诊断流程

二、离合器打滑故障诊断与排除

1．故障现象

（1）挂低挡起步时，离合器踏板完全放开后，必须加大加速踏板行程才能起步。

（2）汽车加速行驶时，行驶速度不能随发动机转速升高而升高，负载上坡时，打滑较明显，严重时会散发出因摩擦衬片过热而产生的焦臭味。

（3）车辆加速性能较差，但滑行性好。

2．故障原因

（1）操纵机构方面。自由行程过小或无自由行程；液压操纵系统不回油或回油不畅；分离叉不复位或卡滞等。

（2）离合器方面。膜片弹簧过软或破裂；从动片过薄、烧焦、硬化、表面不平或铆钉外露；飞轮及离合器压盘工作表面磨损严重等。

（3）其他方面。离合器盖与飞轮连接螺栓松动。

3．故障诊断与排除方法

拉紧驻车制动，起动发动机，踩下离合器踏板，挂起步挡，松开离合器踏板并踩下加速踏板，如果发动机迅速熄火，证明离合器不打滑，如果发动机熄火缓慢或不熄火，则确认是离合器打滑故障。

离合器打滑故障按图 2—2 所示的流程诊断并排除故障。

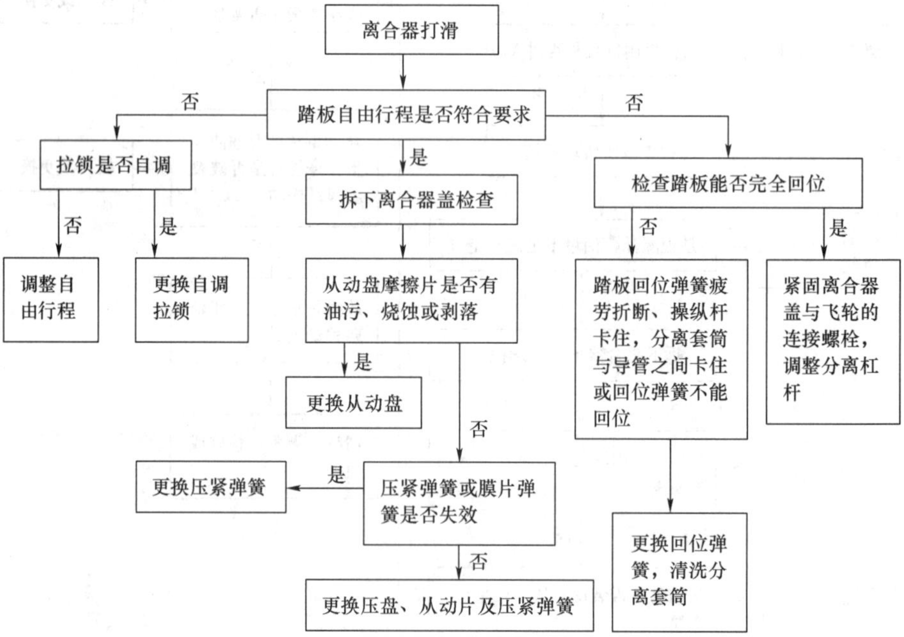

图 2—2　离合器打滑故障诊断流程

三、离合器接合不平顺故障诊断与排除

1．故障现象

汽车低挡起步时，按照正确操作规范执行，但离合器不能平稳接合，而且产生振抖，严重时整车产生振抖。

2．故障原因

（1）操纵机构。离合器拉索复位不畅或液压系统回油困难，分离轴承移动困难等。

（2）离合器方面。离合器摩擦工作面严重翘曲，离合器固定螺栓松动，变速器一轴与发动机曲轴同轴度差，膜片弹簧分离时高度不一致，从动盘减振弹簧折断，从动盘花键毂严重磨损等。

3．故障诊断与排除方法

（1）起动发动机，踩下离合器踏板，挂起步挡，松开驻车制动器手柄，缓慢松开离合器踏板并踩下加速踏板起步。若车辆起步平稳，则离合器正常；若起步过程中，车辆有明显振抖，甚至整车振抖，但车辆行驶后振抖消失，则确认故障是离合器发抖。

（2）离合器起步时有振抖现象，证明振抖与起步时需克服较大阻力。而且，在离合器振抖过程中，车辆运动状态是变速前进，即有间断冲撞，证明离合器在工作过程中静摩擦和滑动摩擦交替变换。实质问题就是静摩擦力矩可在短时间克服起步阻力，但因摩擦面积小而不能维持，摩擦的表面材料很快被剪切、滑动，又进入另一个小的摩擦面。根据以上分析，离合器振抖的原因主要是摩擦面翘曲，如飞轮、离合器压盘、从动盘表面翘曲，或螺旋弹簧式离合器的分离杠杆高度调整不一致，或个别弹簧折断、退火等。其故障诊断流程如图 2—3 所示。

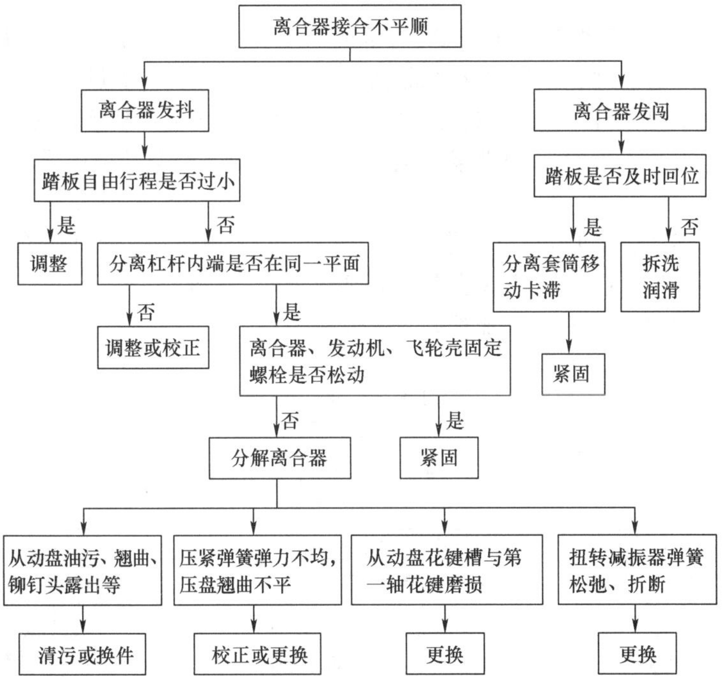

图 2—3 离合器接合不平顺故障诊断流程

四、离合器异响故障诊断与排除

1. 故障现象

汽车在行驶过程中，踩下离合器踏板时发出异响，放松离合器踏板时异响消失，或踩下、放松离合器踏板时都有异响。离合器异响往往在发动机起动后、汽车起步前离合器接合和分离时产生。

2. 故障原因

（1）操纵机构方面。分离轴承缺油、松散；液压系统回油不畅；踏板回位弹簧过软、折断；离合器踏板无自由行程等。

（2）离合器方面。飞轮、离合器压盘及从动片摩擦表面出现硬化层；从动摩擦盘花键毂与变速器一轴花键配合间隙过大；从动片减振弹簧退火或折断；离合器固定螺栓松动等。

（3）其他方面。发动机曲轴轴向间隙过大。

3．故障诊断与排除方法

发动机怠速运转，拉紧驻车制动器，变速器挂空挡，慢慢踩下离合器踏板，听响声变化；再慢慢放松离合器踏板，听响声变化；如此反复多次，均出现不正常响声，即为离合器异响。

异响规律如下：

（1）在车辆起步或离合器分离瞬间出现尖叫声，则故障为离合器摩擦表面出现硬化层。

（2）踩下离合器踏板时，感觉有沉闷的“咯噔”声，而且离合器踏板的自由行程难以调整，则故障是发动机曲轴窜动（曲轴的轴向间隙过大）。

（3）踩下离合器踏板就有“沙沙”声，则为离合器分离轴承异响。

（4）起动发动机后，不踩离合器踏板时有异响，踩下踏板后异响消失，则故障在变速器。

（5）起动发动机后，离合器有非常严重的金属摩擦声，且伴随有离合器分离不彻底和打滑现象，说明离合器从动摩擦盘方向装错。

离合器异响的故障诊断流程如图 2—4 所示。

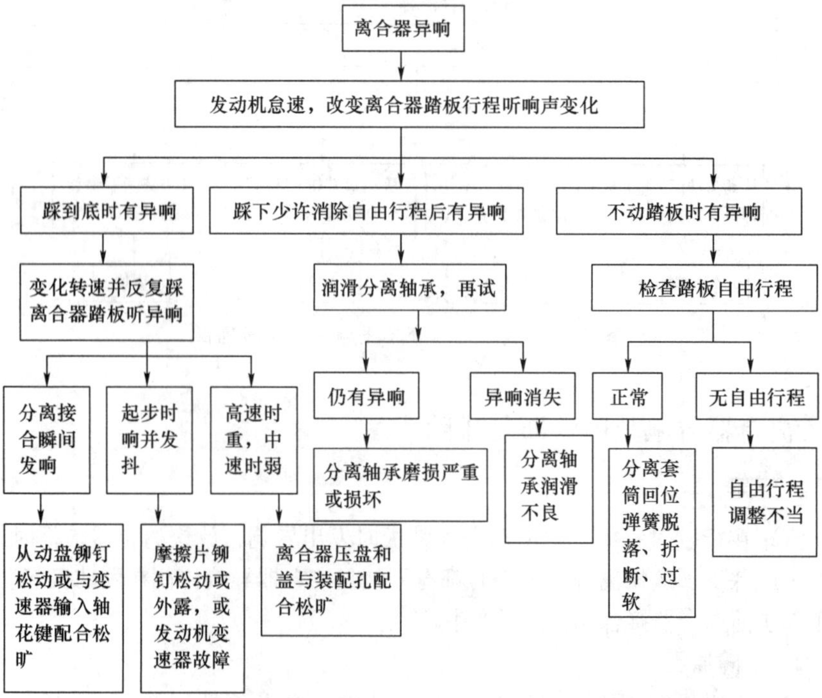

图 2—4　离合器异响的故障诊断流程

学习单元 2　手动变速器故障诊断与排除

学习目标

1. 掌握手动变速器故障的原因及特征
2. 掌握手动变速器的故障诊断方法及程序
3. 能够诊断并排除手动变速器常见故障

相关知识

手动变速器是汽车传动系统中使用最为频繁，也是最易出现故障的底盘总成之一。

一、手动变速器故障的原因及特征

车辆行驶过程中，手动变速器的频繁使用，必然会导致零件的过度磨损，再由于零件配合、变形损坏、驾驶员操作、润滑油等因素，造成手动变速器出现故障而无法正常使用。具体故障原因可归纳如下：

1．磨损

（1）操纵机构。机构各零件特别是拨叉过度磨损，使齿轮不能正常啮合；同步器接合套与拨叉轴轴向间隙太大等。

（2）齿轮变速机构。齿轮端的摩擦锥面磨损严重、端头有严重毛刺、严重锈蚀，造成变速叉轴移动困难；主轴的花键齿和滑动齿轮的花键槽磨损严重；齿轮轴向间隙过大等。

2．装配调整不当

操纵机构调整不当；齿轮与轴装配不当，自锁、互锁装置定位调整不当。

3．零件变形、损坏

（1）操纵机构。换挡拨叉变形，拨叉轴弯曲；变速杆定位销磨损松旷或折断。

（2）齿轮变速机构。挡位齿轮断裂；轴变形，弯曲；同步器失效散架；壳体裂纹等。

4．润滑不良、缺油

变速器内缺油，润滑油过稀、过稠或质量变坏；油封老化、破裂，导致渗漏；通气孔堵塞，造成箱内压力太大等。

5．驾驶操作不当

不按规程操作变速器，不切断动力强行挂挡，不按顺序换挡等。

综上所述，汽车变速器在使用中，常见的故障表现有跳挡、乱挡、换挡困难、异响及漏油等。这些故障的存在，不但使驾驶员操作困难，难以正常行驶，还可能直接造成零件的损坏，所以发现故障应及时排除。

二、手动变速器的故障诊断方法及程序

1．诊断方法

通过故障现象或经过基本的试验判断故障类型。

（1）车辆起步、加速、减速或上下坡时，变速杆自动跳回空挡位置，此类故障属于跳挡故障。

（2）离合器在工作良好的情况下，变速杆不能正常挂上挡位或者勉强挂上挡位后又很难退挡，齿轮发响，此类故障属于换挡、挂挡困难故障。

（3）在离合器分离彻底的情况下，车辆在起步或行驶中换挡时，挂不上所需挡位；虽能挂上所需挡位，但不能退回空挡；车辆静止时同时挂入两个挡位。此类故障属于乱挡故障。

（4）变速器工作时出现金属撞击声或变速器盖周边、壳体侧盖周边、加油口螺塞、第一轴油封（或回油螺纹）或各轴承盖等处有明显漏油痕迹，此类故障属于异响或渗漏故障。

2．诊断程序

（1）分析故障原因，确定故障部位。

1）操纵机构。自锁、互锁机构失效；操纵机构调整不当；拨叉弯曲、过度磨损，使齿轮不能正常啮合；同步器接合套与拨叉轴轴向间隙过大等。

2）齿轮变速机构。齿轮齿面磨成锥形，轴与轴之间不平行、不同轴，齿轮啮合不到位，轴承间隙过大；主轴的花键齿和滑动齿轮的花键槽磨损情况，在运转时上下摆动等。

3）其他因素。缺油、渗油；润滑油品质；离合器使用、驾驶员操作等。

（2）排除故障。按照由简到繁、先外后内的原则进行检查和排除。

技能要求

一、跳挡故障诊断与排除

1．故障现象

在车辆起步、加速、减速或上下坡时，变速杆自动跳回空挡位置。

2．故障原因

（1）操纵机构。自锁机构失效；操纵机构调整不当；拨叉弯曲、过度磨损，使齿轮不能正常啮合；同步器接合套与拨叉轴轴向间隙太大等。

（2）齿轮变速机构。齿轮齿面磨成锥形，轴与轴之间不平行、不同轴，齿轮啮合不到位，轴承间隙过大；主轴的花键齿和滑动齿轮的花键槽磨损严重，

在运转时上下摆动而引起跳挡等。

3．故障诊断与排除方法

（1）对故障车辆进行路试，确认并找出发生跳挡的挡位。按照正常的操作规程使车辆起步、升挡、降挡、加速、减速及在平坦、坡道（上、下坡）路况等工况下进行道路试验。如果变速器在某个挡位时出现自动退入空挡或发动机转速突然升高，则确认跳挡发生在这个挡位，如起步时跳挡、某个挡位跳挡、直接挡跳挡等。

（2）变速器的换挡动作是在操纵力的作用下使两个齿轮相对滑移而进入啮合状态（得到不同的传动比），并在自锁机构的作用下保持啮合位置的。滑移给退出挡位提供了空间。因此，变速器出现跳挡的主要原因有两个：一是自锁机构失效，使车辆在变速行驶或坡道行驶时自动退出挡位，如自锁弹簧折断、弹力不足，自锁钢球、凹槽磨损等；二是在齿轮啮合过程中有轴向推力而自动退出挡位，如齿轮啮合长度不足、倾斜啮合，齿轮轴向间隙过大，各轴之间同轴度、平行度、位置度差等，使齿轮产生楔形或锥形磨损，在啮合过程中产生轴向推力，使挡位脱离。

1）在发现某挡跳挡时，仍将变速杆换入该挡，然后拆下变速器盖看齿轮啮合情况，如啮合良好，应检查变速叉轴锁止机构。

2）检查操纵杆系是否松旷或严重磨损，变速器内拨叉是否弯曲变形，止推垫片是否严重磨损，若松旷或损坏严重，应及时调整或更换零件。

3）检查齿轮的啮合情况，如齿轮未完全啮合，用手推动跳挡的齿轮或齿套能正确啮合，应检查变速叉是否弯曲或磨损严重，以及变速叉固定螺钉是否松动，叉端与齿轮槽间隙是否过大。若变速叉弯曲应校正；如因变速叉下端磨损与滑动齿轮槽过度松旷时应拆下修理。

4）检查轴或轴承是否磨损严重，必要时应更换。

5）检查第二轴固定螺母，如松动需更换。

6）检查同步器工作情况，如有故障应修理或更换。

二、换挡、挂挡困难故障诊断与排除

1．故障现象

离合器在工作良好的情况下，变速杆不能正常挂上挡位或者勉强挂上挡位后又很难退挡，齿轮发响。

2．故障原因

（1）操纵机构。换挡拨叉变形、拨叉轴弯曲、自锁钢球直径过小、弹簧弹力过大、凹槽磨损、互锁机构故障、调整不当等。

（2）齿轮变速机构。同步器损坏、齿轮端的摩擦锥面磨损严重、端头有严重毛刺、严重锈蚀，造成变速叉轴移动困难；齿轮轴向间隙过大；变速器装配不良，各齿轮及轴的配合不符合技术标准等。

（3）其他。离合器不分离。

3．故障诊断与排除方法

换挡、挂挡困难应区分原因是离合器分离不彻底还是变速器故障。车辆行驶时挂某挡位困难，待车静止时，再挂该挡位，若挂挡仍困难，则为变速器故障，涉及该挡位的操纵机构、变速齿轮及轴，若挂挡变容易，则为离合器分离不彻底故障。

（1）检查变速杆有无损坏，调整是否正常，并视情况调整、校正或更换。

（2）查看齿轮齿端倒角是否过小、是否打齿变“毛”，若出现此类情况，应予更换。

（3）检查变速叉轴能否正常移动，变速叉及导块凹槽是否磨损过度，视情况修复或更换。

（4）检查锁止机构的钢球、凹槽磨损情况，视情况修复或更换。

（5）检查各同步器，失效则更换。

若上述各项均正常，则需检查变速器齿轮及轴的装配和配合情况，若不正常则重新装配。变速器换挡、挂挡困难故障诊断流程如图 2—5 所示。

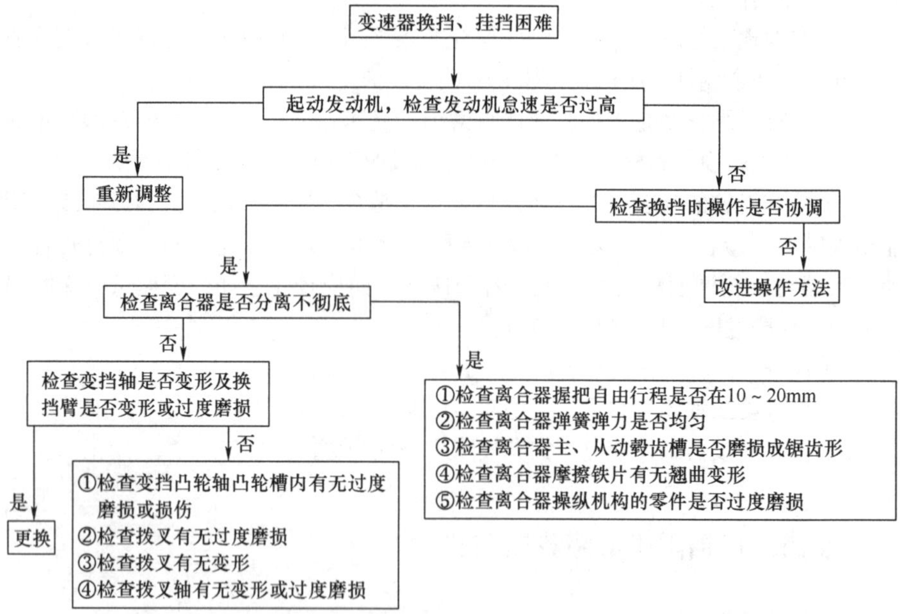

图 2—5　变速器换挡、挂挡困难故障诊断流程

三、乱挡故障诊断与排除

1．故障现象

（1）在离合器分离彻底的情况下，车辆在起步或行驶中换挡时，挂不上所需挡位。

（2）虽能挂上所需挡位，但不能退回空挡。

（3）车辆静止时同时挂入两个挡位。

2．故障原因

（1）互锁装置使用时间过长，拨叉轴、自锁钢球、互锁柱销等磨损严重，失去互锁作用。

（2）变速杆定位销磨损松旷或折断，失去控制作用。

（3）变速器拨叉轴弯曲、互锁销凹槽磨损，不能起定位作用。

（4）变速器拨叉弯曲或变速杆下端工作面磨损严重，使其不能正确拨动换挡导块而乱挡。

3．故障诊断与排除方法

（1）故障诊断。实际进行挂挡试验，确认乱挡形式。只要符合以下几种现象中的任一种，均属变速器乱挡。

1）不能挂上任何一个挡位，变速杆无挂挡感觉。

2）挂入某个挡位后却不能退出或变速杆退出但齿轮依然啮合，此时无法换入另一挡位。

3）车辆在静止时可同时挂两个挡，此时车辆无法起步，且发动机容易熄火。

分析乱挡故障时，应根据故障的具体表现进行。乱挡的分析重点一般集中在变速器的换挡操纵机构方面，但也应考虑到齿轮的啮合状况。根据变速器的换挡原理及运动关系，对几种乱挡表现分析如下：

1）换挡机构脱节，如换挡拉杆或拉索脱节，换挡拨销与销轴脱节，换挡拨销与拨叉脱离等。

2）自锁机构发卡而不能退回空挡，齿轮轴向间隙过大，啮合后使同步器的三个传力块弹出而阻止齿轮退出，或者换挡拨销头部磨损，拨叉槽磨损，拨销在退回时不能带回拨叉。

3）变速器的互锁机构失效。如互锁销或钢球磨损严重；互锁槽磨损严重；未安装互锁销或钢球。

（2）排除方法

1）摆动变速杆，若变速杆能成圈转动，则为定位销折断或脱出；若变速杆摆动幅度较大，则为定位销磨损严重。出现以上两种情况时均应更换定位销，并调整变速杆。

2）若变速器只能挂挡，不能退回空挡，变速杆可以转动引起错挡，则为变速杆下端球面或导块变速叉凹槽磨损严重。若变速杆摆动量过大，不能退回空挡位置，说明变速杆下端球形工作面已脱出导块凹槽或变速叉拨槽，必须对其进行焊补修复或更换。

3）若能同时挂入两个挡位，说明互锁销球磨损严重而失去互锁作用，必须予以更换。

4）若除空挡和直接挡外，其他挡位均不能正常工作，则应检查第二轴前端滚针轴承是否烧结而使一、二轴连成一体，若是应予以更换。

四、变速器异响故障诊断与排除

1．故障现象

变速器异响是指变速器内发出不正常响声，主要表现如下：

（1）变速器空挡异响。发动机怠速运转，变速器处于空挡时即有异响，踩下离合器踏板后响声消失，有的空挡异响不明显，但在汽车起步、离合器处于半接合状态时有强烈的金属摩擦声。

（2）直接挡工作无异响，其他挡均有异响。

（3）低速挡有异响，高速挡时响声减弱或消失。汽车在一挡、二挡、倒挡行驶时异响明显，高速挡（直接挡或超速挡）行驶时，响声减弱或消失。

（4）变速器个别挡有异响。汽车行驶时，只在某一挡位有异响。

（5）变速器各挡均有异响。汽车以各挡行驶时，变速器均有异响，车速越高，响声越大。

2．故障原因

（1）齿轮异响。齿轮磨损变薄，间隙过大，运转中有冲击；齿面啮合不良，如修理时没有成对更换齿轮；新、旧齿轮搭配不当，齿轮不能正确啮合；齿面有金属疲劳剥落或个别齿损坏折断；齿轮与轴上的花键配合松旷，或齿轮的轴向间隙过大；轴弯曲或轴承松旷引起齿轮啮合间隙改变。

（2）轴承响。轴承磨损严重；轴承内外座圈与轴颈孔配合松动；轴承滚柱破碎或有烧蚀麻点。

（3）其他原因发响。如变速器内缺油，润滑油过稀、过稠或质量变坏，变速器内掉入异物，某些紧固螺栓松动，里程表软轴或里程表齿轮发响等。

3．故障诊断与排除方法

（1）变速器发出金属干摩擦声，即为缺油和油的质量不好。应加油和检查油的质量，必要时更换油液。

（2）行驶时换入挡若响声明显，即为该挡齿轮轮齿磨损；若发生周期性的响声，则为个别齿损坏。

（3）空挡时响，而踏下离合器踏板后响声消失，一般为一轴前、后轴承或常啮合齿轮响；如换入任何挡都响，多为二轴后轴承响。

（4）变速器工作时发出突然撞击声，多为齿轮断裂，应及时拆下变速器盖检查，以防零件损坏。

（5）行驶时，变速器只有在换入某挡时齿轮发响，在其他情况完好的前提下，应检查啮合齿轮是否搭配不当，必要时应重新装配一对新齿轮。也可能是同步器齿轮磨损或损坏，应视情况修复或更换。

（6）换挡时齿轮相互撞击而发响，则可能是离合器不能分离或离合器踏板行程不正确、同步器损坏、怠速过大、变速杆调整不当或导向衬套过紧等。遇到这种情况，先检查离合器能否分离，再分别调整怠速或变速杆位置，检查导向衬套与分离轴承配合的松紧度。

如经上述检查并将不正常现象排除后，变速器仍发响，则应检查各轴轴承与轴孔的配合情况、轴承本身的技术状态等，如完好，再查看里程表软轴及齿轮是否发响，必要时予以修复或更换。

五、变速器漏油故障诊断与排除

1．故障现象

变速器盖周边、壳体侧盖周边、加油口螺塞、第一轴油封（或回油螺纹）或各轴承盖等处有明显漏油痕迹。

2．故障原因

（1）接合平面变形或加工粗糙。

（2）油封磨损、老化、变形。

（3）回油螺纹与轴颈的安装不同心，回油螺纹沟槽污物沉积严重或有加工毛刺阻碍回油。

（4）油封轴颈磨损成沟槽。

（5）加油口、放油口螺塞松动或螺纹损坏。

（6）壳体有铸造缺陷或裂纹。

（7）通气孔堵塞，造成压力太大。

（8）齿轮油加注过多。

3．故障诊断与排除方法

（1）如果漏油部位在变速器与发动机飞轮壳之间，则用手摸法试验。如果油品黏度大，则证明变速器漏油；如果油品黏度小，则为发动机漏油。

（2）变速器漏油主要有密封不良引起的漏油和通气孔堵塞、油量过多等引起的气压性漏油。判断应从油量、通气孔开始，再检查各结合部位的密封情况及壳体有无裂纹、砂眼等损伤。

六、变速器过热故障诊断与排除

1．故障现象

汽车在行驶中可听到金属摩擦声，行驶一段路程后，用手触摸变速器，有烫手的感觉。

2．故障原因

（1）齿轮油不足，齿轮油黏度过小或型号不对。

（2）齿轮啮合间隙过小。

（3）轴承装配过紧。

3．故障诊断与排除方法

（1）用手触摸变速器，变速器烫手说明变速器过热。

（2）检查油面和油质。必须按原厂规定的型号及油面高度（油量）加注润滑油，如帕萨特 1.8 T 轿车需加入 2.5 L 零件标号为 G50、API 等级为 GL-5、

SAE75W90 全合成润滑油。

（3）对于新修的变速器，应检查齿轮啮合间隙或轴向间隙是否过小、轴承是否过紧等。

学习单元 3　自动变速器故障诊断与排除

学习目标

1. 掌握自动变速器的分类及基本工作原理
2. 掌握帕萨特 B5 01N 自动变速器的结构及工作原理
3. 掌握自动变速器故障诊断与检测程序
4. 能够诊断并排除帕萨特 B5 01N 自动变速器常见故障

相关知识

一、自动变速器的分类

1．按汽车驱动方式分类

自动变速器按照汽车驱动方式的不同，可分为后驱动自动变速器和前驱动自动变速器两种。

这两种自动变速器在结构和布置上有很大的不同。后驱动自动变速器的变矩器和齿轮变速器的输入轴及输出轴在同一轴线上，因此轴向尺寸较大；阀板总成则布置在齿轮变速器下方的油底壳内。前驱动自动变速器除了具有与后驱动自动变速器相同的组成部分外，在自动变速器的壳体内还装有差速器，前驱动汽车的发动机有纵置和横置两种。纵置发动机的前驱动自动变速器的结构和布置与后驱动自动变速器基本相同，只是在后端增加了一个差速器。横置发动机的前驱动自动变速器由于汽车横向尺寸的限制，要求有较小的轴向尺寸，因此通常将输入轴和输出轴设计成两个轴线的方式，变矩器和齿轮变速器输入轴布置在上方，输出轴则布置在下方。这样的布置减小了变速器总体的轴向尺寸，但增加了变速器的高度，因此常将阀板总成布置在变速器的侧面或上方，以保证汽车有足够的最小离地间隙。

2．按前进挡的挡位数分类

自动变速器按前进挡的挡位数的不同，可分为 2 个前进挡、3 个前进挡、4 个前进挡三种，早期的自动变速器通常为 2 个前进挡或 3 个前进挡。这两种自动变速器都没有超速挡，其最高挡为直接挡。新型轿车装用的自动变速器基本上都是 4 个前进挡，即设有超速挡。现在还有了 6 个、7 个前进挡的自动变速器。

3．按齿轮变速器的类型分类

自动变速器按其齿轮变速器的类型不同，可分为普通齿轮式和行星齿轮式两种。普通齿轮式自动变速器体积较大，最大传动比较小，只有少数几种车辆使用。行星齿轮式自动变速器结构紧凑，能获得较大的传动比，为绝大多数轿车采用。

4．按变矩器的类型分类

一般都是采用结构简单的单级三元件综合式液力变矩器。这种变矩器又分为有锁止离合器和无锁止离合器两种。早期的变矩器中没有锁止离合器，在任何工况下都是以液力方式传递发动机的动力，因此传动效率较低。新型轿车自动变速器大都采用带锁止离合器的变矩器，这样当汽车达到一定车速时，控制系统使锁止离合器接合，液力变矩器输入部分和输出部分连成一体，发动机的动力以机械传递的方式直接传入齿轮变速器，从而提高了传动效率，降低了汽车的燃油消耗量。

5．按控制方式分类

自动变速器按控制方式不同，可分为液力控制自动变速器和电子控制自动变速器两种。液力控制自动变速器是通过机械的手段，将汽车行驶时的车速及节气门开度这两个参数转变为液压控制信号。阀板中的各个控制阀根据这些液压控制信号的大小，按照设定的换挡规律，通过控制换挡执行机构的动作，实现自动换挡。电子控制自动变速器是通过各种传感器，将发动机的转速、节气门的开度、车速、发动机温度、变矩器油液的温度等参数转变成电信号并输入电控单元，电控单元根据设定的换挡程序向换挡电磁阀、油液电磁阀等发出控制信号，从而实现自动换挡。

二、常见自动变速器工作原理

1．液力控制自动变速器传动系统的工作原理

液力控制自动变速器（AT）传动系统与手动变速器相比，在结构和使用上有很大的不同。手动变速器主要由齿轮和轴组成，通过不同的齿轮组合产生变速变矩；而 AT 传动系统是由液力变矩器、行星齿轮和液压操纵系统组成，通过液力传递和齿轮组合的方式来达到变速变矩。其中，液力变矩器是 AT 最具特点的部件，它由泵轮、涡轮、导轮等构件组成，它直接输入发动机动力，并传递转矩，同时具有离合作用。泵轮和涡轮是一对工作组合，它们就好似相对放置的两台风扇，一台风扇吹出的风力会带动另一台风扇的叶片旋转，风力成了动能传递的媒介，如果用液体代替空气成为传递动能的媒介，泵轮就会通过液体带动涡轮旋转，再在泵轮和涡轮之间加上导轮，通过反作用力使泵轮和涡轮之间实现转速差就可以实现变速变矩了。由于液力变矩器自动变速变矩范围不够大，因此在涡轮后面再串联几排行星齿轮来提高效率，液压操纵系统会随发动机工作的变化而自行操纵行星齿轮，从而实现自动变速变矩。辅助机构自动换挡不能满足行驶上的多种需要，例如停泊、后退等，所以还设有干预装置（即手动拨杆），标志P（停泊）、R（后位）、N（空位）、D（前进位），前进位中还设有“2”和“1”的附加挡位，用以起步或上斜坡。由于将其变速区域分成若干个变速比区段，只有在规定的变速区段内才是无级的，因此AT实际上是一种介于有级和无级之间的自动变速器。

液力自动变速器通常有两种类型：一种为前置后驱动液力自动变速器；另一种为前置前驱动液力自动变速器。液力自动变速器的电子控制是通过动力传动控制模块接收来自汽车上各种传感器的电信号输入，根据汽车的使用工况对这些信息进行处理以决定液力自动变速器运行工况。按照这些工况，动力传动控制模块向执行机构发出指令，并实现下列功能：变速器的升挡和降挡；一般通过操纵一对电子换挡电磁阀在通/断两种状态中转换；通过电子控制压力控制电磁阀来调整管路油压；变矩器离合器用以控制电磁阀的接合和分离时间。

自动变速器主要是根据车速传感器、节气门位置传感器以及驾驶员踩下加速踏板的程度进行升挡和降挡控制。

2. 电子控制自动变速器传动系统的工作原理

电子控制自动变速器（AMT）传动系统是在传统的固定轴式变速器和干式离合器的基础上，应用微电子驾驶和控制理论，以电子控制单元（ECU）为核心，通过电动、液压或气动执行机构对选换挡机构、离合器、节气门进行操纵，来实现起步和换挡的自动操作。AMT传动系统的基本控制原理是：ECU根据驾驶员的操纵（加速踏板、制动踏板、转向盘、选挡器的操纵）和车辆的运行状态（车速、发动机转速、变速器输入轴转速）综合判断，确定驾驶员的意图以及路面情况，采用相应的控制规律，发出控制指令，借助于相应的执行机构，对车辆的动力传动系统进行联合操纵。

AMT传动系统是对传统干式离合器和手动齿轮变速器进行电子控制实现自动换挡，其控制过程基本是模拟驾驶员的操作。ECU的输入有加速踏板信号、发动机转速、节气门开度、车速等。ECU根据换挡规律、离合器控制规律、发动机节气门自适应调节规律产生的输出，对换挡操纵、离合器、节气门开度三者进行综合控制。

换挡控制一般是在变速器上交叉地安装两个控制油缸。选挡与换挡由四个电磁阀根据ECU发出的指令进行控制。

离合器的控制是通过三个电磁阀实现的，通过油缸的活塞完成离合器的分离或接合。ECU根据离合器行程的信号判断离合器接合的程度，调节接合速度，保证接合平顺。

在正常行驶时，驾驶员直接控制加速踏板，其行程通过传感器输入到ECU，ECU再根据行程大小，通过步进电动机来控制发动机节气门开度。在换挡过程中，加速踏板行程与节气门开度并非完全一致，按换挡规律要求先减小节气门开度，进入空挡，在挂上新的挡位后，接合离合器，在传递发动机转矩增大的同时，节气门按一定的调节规律加大到与加速踏板对应的开度。

3．机械无级自动变速器（CVT）传动系统的工作原理

机械无级自动变速器（CVT）采用传动带和可变槽宽的带轮进行动力传递，即当带轮变化槽宽时，相应地改变驱动轮与从动轮上传动带的接触半径而进行变速。传动带一般有橡胶带、金属带、金属链等。CVT 是真正的无级变速，它的优点是质量轻、体积小、零件少。与 AT 比较，它具有较高的运行效率，油耗也较低。但 CVT 的缺点也很明显，就是传动带很容易损坏，不能承受过大的载荷，因此在自动变速器中使用率较低。

CVT 与 AMT 和 AT 相比，最主要的优点是它的速比变化是无级的，在各种行驶工况下都能选择最佳的速比，其动力性、经济性和排放与 AT 相比都得到了很大的改善。但是 CVT 不能实现换空挡，在倒挡和起步时还需要一个自动离合器，有的采用液力变矩器，有的采用模拟液力变矩器起步特性的电控湿式离合器或电磁离合器。CVT 采用的金属带无级变速器与 AT 一般所用的行星齿轮有级变速器相比，结构相对简单，在批量生产时成本较低。

4．双离合器自动变速器（DCT 或 DSG）的工作原理

双离合器自动变速器使用两个离合器，但没有离合器踏板。先进的电子系统和液压系统像控制标准自动变速器那样对离合器进行控制。但在双离合器变速器中，各离合器单独运转。一个离合器控制奇数挡（一挡、三挡、五挡和倒挡），另一个离合器控制偶数挡（二挡、四挡和六挡）。这样不需要中断从发动机到变速器的动力传送就可以换挡。驾驶员可以选择完全自动模式，从而将所有换挡工作交给计算机完成。在这种模式下，驾驶体验类似于普通自动挡车。由于双离合器变速器可以“逐渐退出”一个挡位并“逐渐接入”另一个挡位，因此减少了换挡冲击。更重要的是，换挡是在负载下完成的，因此可以始终维持动力输出，双轴构造使奇数挡和偶数挡分离。

在双离合器变速器的中央是一个由两个部分构成的变速器轴。普通的手动变速器将所有挡位的齿轮安放在一根输入轴上，与此不同的是，双离合器变速器将奇数挡齿轮和偶数挡齿轮分别安放到两根输入轴上。外轴是中空的，其中留有嵌套内轴的空间。外部的中空轴为二挡和四挡提供动力，而内轴为一挡、三挡和五挡提供动力。

一个离合器控制二挡和四挡，而另一个独立的离合器控制一挡、三挡和五挡。这就是可以实现瞬间换挡并保持连续动力传输的原因。

三、帕萨特 B5 01N 型自动变速器结构及工作原理

1．B5 01N 型自动变速器概述

上海帕萨特 B5 01N 型自动变速器是全自动的四挡变速箱，在选定的区域内所有的挡位都是自动切换的，换挡是通过一个电子液压器件和控制单元进行的。该自动变速箱外壳是一个整体式外壳，在投入使用的第一年一般不需要对变速箱进行维修，超过一年后，可对行星齿轮变速机构的阀体、片式离合器、片式制动器根据所诊断的故障进行维修或更换，B5 01N 型自动变速箱外观如图 2—6

所示。B5 01N 型自动变速箱由液力变矩器和变速箱组成。该自动变速箱有 4 个液压控制的前进挡。

图 2—6　B5 01N 型自动变速箱外观

自动变速箱只有在 P 挡或 N 挡时，发动机才能起动。对于装备自动变速箱的汽车，不能通过推动或牵引汽车来起动发动机，这是因为变速箱工作所需要的来自 ATF 油泵的工作油压只有在发动机运转时才能建立。装备自动变速箱的汽车当换挡杆位于 N 挡时，汽车可以被牵引。但牵引速度不能超过 50 km/h，牵引距离不能大于 50 km，如果距离更远，则需要将汽车前部抬起，这是因为发动机停止运转时，变速箱的旋转零部件将得不到润滑。

B5 01N 型自动变速器的控制模块 TCM 通过监控液压控制单元、车速传感器、多功能开关、节气门位置传感器、发动机转速传感器、换挡锁止电磁阀、数据传输接线器、线路控制开关、制动灯开关、低速挡开关、起动机保持继电器、制动开关、强制降挡开关、ATF 油温传感器及自动变速器挡位显示等信号，来准确地确定自动变速器的换挡时间与换挡品质。当上述某一系统发生故障时，TCM 将执行紧急运行模式（ERM）。此时变速器所有其他电控功能将无法起作用，变速器只能处于液力 3 挡接合状态，但 R 挡、1 挡依然可以使用。

2．B5 01N 型自动变速器结构及工作原理

B5 01N 型自动变速器结构紧凑、布局合理且传动效率高，如图 2—7 所示。变速器的壳体为整体式，内部结构包括行星齿轮、阀体、离合器及制动器等。B5 01N 型变速器各挡的传动比分别为：1 挡 2.714，2 挡 2.551，3 挡 1.000，4 挡 0.679。从理论上讲，变速器的每个挡位又分为液压和机械两种状态。由于装备了带有锁止离合器的液力变矩器，TCM 可根据车辆的负载、速度、挡位等状况控制锁止离合器电磁阀的动作，实现锁止离合器的接合与分离，但与变矩器内部打滑无关。当锁止离合器接合时，变速器的前进挡由液力变矩器的打滑方式变为机械直接驱动的方式。

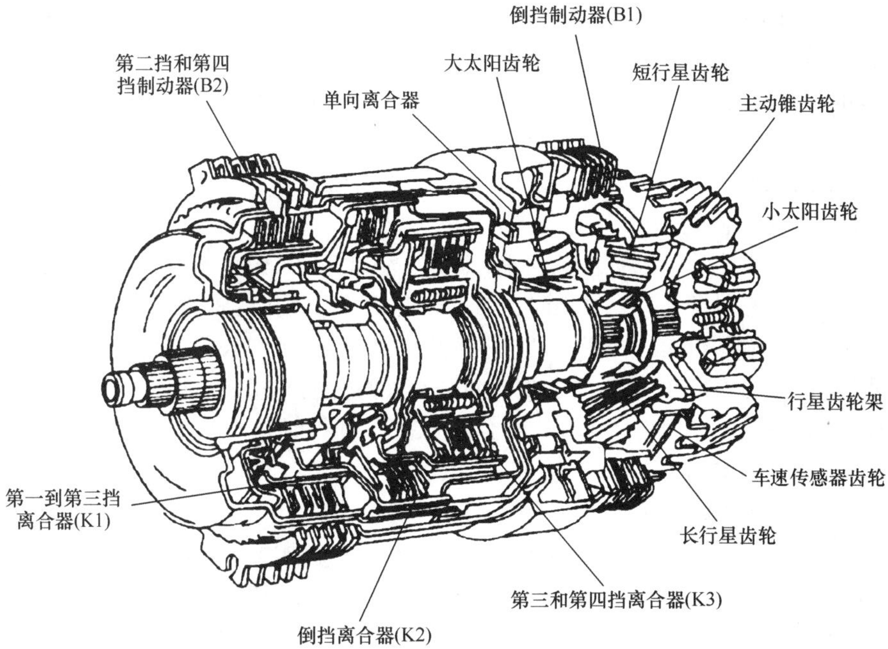

图 2—7　B5 01N 型自动变速器的结构

B5 01N 型自动变速器的机械结构部分主要由 1 个行星齿轮组、3 个离合器、2 个制动器及 1 个单向轮组成。其中行星齿轮组由 1 个小太阳齿轮、1 个大太阳齿轮、3 个短行星齿轮、3 个长行星齿轮、行星齿轮架及齿圈组成。变速器在工作时，阀体通过油压控制离合器、制动器的动作。离合器 K1 工作，就会驱动小太阳齿轮。离合器 K2 则是用来驱动大太阳齿轮的。离合器 K3 驱动行星齿轮架。制动器 B1 制动行星齿轮架。动力是通过齿圈输出的。

换挡杆有 P（驻车锁止）、R（倒挡）、N（空挡）、D（前进挡）、3、2、1 共 7 个位置，在换挡杆旁有带运动型指示灯的 ECO/SPORT（经济型 / 运动型）行驶方式的选择按钮，通过该按钮，驾驶员能够选择低耗油（经济型）和高功率（运动型）的两种换挡模式。选择经济型模式时 ECO 指示灯亮，选择运动型模式时 SPORT 指示灯亮。

换低挡开关与节气门拉索集成在一起，当加速踏板踩到使节气门全开时，该开关动作，控制单元发出指令使其向低一挡位强制切换。换挡杆位于 P、R 和 1 挡时将被机械锁止，按换挡手柄侧面的按键可以解除锁止。点火开关接通时，换挡杆锁止电磁铁将防止锁止的解除，为了从 P 切换到 R 以及从 N 切换到各行驶挡，必须踩下制动踏板，控制单元通过制动灯开关接收到制动踏板动作的信息后，操作电磁铁解除对换挡杆的锁止。

（1）液力变矩器的结构和原理。液力变矩器位于变速箱中，安装固定在发动机上。液力变矩器的泵轮（以发动机转速旋转）和涡轮（变速箱输入轴）存在转速差，该转速差简称为滑转。汽车起步时的转速差最大，液力变矩器在其最大的转矩范围内工作。随着速度的提高，泵轮和涡轮的转速逐渐接近。为了降低燃油消耗，即以更经济的方式行驶，动力传递可跨过液力变矩器，由发动机直接传递给变速器。当液力变矩器出现肉眼可见的损坏或功能故障时，应更换。

液力变矩器的液压动力传递路径如下：发动机→泵轮→涡轮→带有单向制动器的导轮→涡轮轴→片式离合器 K1、K2。

液力变矩器的机械动力传递路径如下：发动机→泵轮轴→片式离合器 K3。

当变速箱处于 1、2、3 挡时，与负载有关的发动机转矩通过液力变矩器以液力方式传输到行星齿轮变速机构中，片式离合器 K1 和 K2 通过涡轮轴与液力变矩器的涡轮连接在一起。3 挡时与负载有关的转矩跨过液力变矩器，通过泵轮轴以机械方式将动力传递到片式离合器 K3 上。4 挡时，转矩将通过泵轮轴和片式离合器 K3 以机械方式传递动力。

（2）行星齿轮变速机构的结构和工作原理

1）行星齿轮变速机构的结构。行星齿轮变速机构由 1 个行星齿轮组、3 个片式离合器、2 个片式制动器和 1 个单向自由轮组成，行星齿轮组又由 1 个小太阳齿轮、1 个大太阳齿轮、3 个短行星齿轮和 3 个长行星齿轮以及行星齿轮架和齿圈组成，结构如图 2—8 所示。片式离合器和片式制动器由阀体通过液压控制，用来完成液力变矩器和行星齿轮组之间的动力传递。若 K1 动作，则驱动小太阳齿轮。通过离合器 K2 来驱动大太阳齿轮。通过制动器 B2 制动大太阳齿轮、制动器 B1 制动行星架。通过齿圈将动力输出。

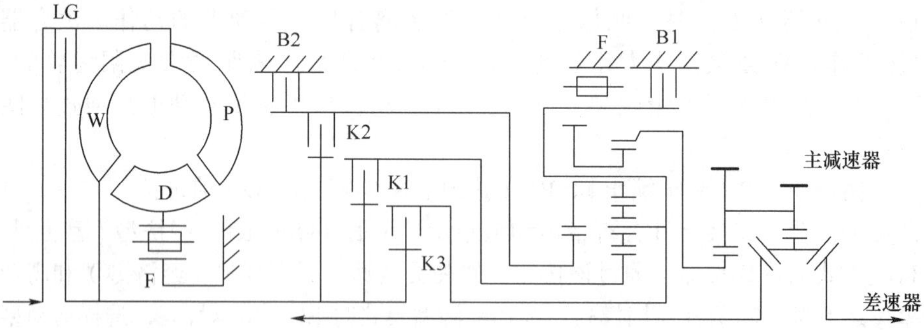

图 2—8 行星齿轮变速机构

LC—装在变矩器内的锁止离合器 B1—倒挡制动器 B2—2、4 挡制动器 K1—1、3 挡离合器 K2—倒挡离合器 K3—3、4 挡离合器 F—低速挡单向离合器

2）工作原理。换挡杆拉索通过多功能开关向控制单元提供换挡杆位置的信息，同时通过换挡杆拉索和一个杠杆机构使阀体中的手动阀门动作。这样，手动阀门被置于基本位置，即在换挡杆位于 D 挡上时 4 个挡可按程序自动换入。

控制单元按照其传感器（车速传感器、节气门电位计等）的输入信号控制阀体中的电磁阀。电磁阀驱动阀体上的换挡阀，换挡阀将 ATF 压力油提供给换挡元件（片式离合器和片式制动器），通过换挡元件，发动机转矩将被传输到行星齿轮组上。

ATF 油泵为月亮型齿轮泵。它由液力变矩器的泵轮驱动向阀体和换挡元件提供 ATF 油。

手动阀门由换挡杆驱动，将含有压力的 ATF 油提供给阀体中的换挡阀。通过手动阀可以在控制单元出现故障时换入倒挡、手动 1 挡和液力 3 挡。在无控制单元的情况下，车辆可以在这 3 个挡位上行驶。

换挡杆位于 D 挡时，离合器 K1、K2 通过手动阀体中的手动阀门操纵，控制单元通过电磁阀 EV4 使离合器 K2 分离，在单向自由轮的控制下，1 挡在发动机不超速的情况下运转，行星齿轮架固定不动。其动力传递路径为：泵轮→涡轮→涡轮轴→片式离合器 K1 →小太阳轮→短行星齿轮。长行星齿轮驱动齿圈，动力总是通过齿圈输出。

换挡杆位于 D 挡或手动 2 挡，变速器处于 2 挡时，通过手动阀门向片式离合器 K1 和 K2 提供油压，通过电磁阀 EV4 使片式离合器 K2 分离，片式制动器 B2 由电磁阀 EV2 控制并使大太阳轮制动。其动力传递路径为：泵轮→涡轮→涡轮轴→片式离合器→小太阳齿轮→短行星齿轮→长行星齿轮→行星齿轮架。长行星齿轮围绕大太阳齿轮滚动并驱动齿圈。

换挡杆位于 D 挡或手动 3 挡，变速器处于液力 3 挡时，通过阀体中的手动阀门，片式离合器 K1 和 K2 闭合，小太阳轮和大太阳轮被同时驱动，由于两个太阳轮有不同的直径，因此行星齿轮组被锁住，行星齿轮组作为整体一起转动。在无控制单元的情况下，当换挡杆位于 D 挡或手动 3 挡位置时，变速器仍可在 3 挡上以液力形式驱动车辆。其动力传递为：泵轮→涡轮→涡轮轴→片式离合器 K1、K2 →整个行星齿轮组整体旋转→齿圈→输出轴。

换挡杆位于 D 挡，变速器处于机械 3 挡时，控制单元操纵电磁阀 EV3 使片式离合器 K3 闭合。动力经泵轮、泵轮轴、K3 直接驱动行星齿轮架。片式离合器 K1、K2 由手动阀门控制，这样行星齿轮组被锁定，如同一个刚性元件那样工作，动力直接通过片式离合器 K3 进行传递。其动力传递路径为：泵轮→片式离合器 K3 →行星齿轮架→行星齿轮组。

换挡杆位于 D 挡，变速器处于机械 4 挡时，控制单元操纵电磁阀 EV1 和 EV4 使片式离合器 K1 和 K2 分离，同时通过电磁阀 EV3 使片式离合器 K3 闭合，通过电磁阀 EV2 使制动器 B2 闭合，这样经过 K3 的动力驱动行星齿轮架绕大太阳轮旋转，此时大太阳轮被制动。其动力传递路径为：泵轮→片式离合器 K3 →行星齿轮架。长行星齿轮围绕大太阳轮转动并驱动齿圈。

换挡杆位于 R 挡时，通过阀体中的手动阀门，供给片式离合器 K2 和片式制动器 B1 压力，片式离合器 K2 驱动大太阳轮，片式制动器 B1 使行星齿轮架锁止，其他的控制功能都被切断。其动力传递路径为：泵轮→涡轮→涡轮轴→片式离合器 K2 →大太阳轮→长行星齿轮驱动齿圈。

换挡杆位于手动 1 挡时，通过手动阀门使变速器挂入 1 挡，手动阀门操纵片式离合器 K1 和片式制动器 B1 闭合，其他的控制功能都被切断。其动力传递路径为：泵轮→涡轮→涡轮轴→片式离合器 K1 →小太阳齿轮→短行星齿轮→长行星齿轮驱动齿圈。片式制动器 B1 制动行星齿轮架，因此在手动 1 挡时车辆可以实现加速和超速行驶。

（3）B5 01N 型自动变速器电气元件。帕萨特 B5 自动变速箱主要的电气元件由控制单元 J217、车速传感器 G68、节气门电位计 G69、ATF 油温传感器 G93、换低挡开关 F8、巡航控制装置 J213、锁定换挡杆电磁线圈 N110、电磁阀 N88 ~ N93、多功能开关 F125 及 V.A.G1551（或 V.A.G1552）诊断插头组成。

1）控制单元。控制单元安装在右侧座椅前方搁脚空间的地毯下面。控制单元 J217 处理来自传感器的信息并且根据收到的信息控制执行元件工作。控制单元配备了一个自诊断系统并能连接上故障阅读仪（V.A.G1552）进行快速数据传送。在行驶过程中，控制单元有故障或电源有故障以及电磁阀有故障时，变速箱将在紧急状态下继续工作。

2）传感器

①节气门电位计 G69。节气门电位计 G69 位于进气道旁边，与节气门安装在一起并且由节气门驱动。其作用是持续为控制单元提供关于节气门位置的信息。在变速箱工作时，换挡点、主油压和换挡过程的最优化功能是根据节气门信息来进行控制的。节气门电位计有副滑动环，它可以用来替代装备在电喷系统中的怠速和全负荷开关。节气门电位计的结构如图 2—9 所示。

②车速传感器 G68。车速传感器 G68（见图 2—10）位于变速箱壳体顶部的右侧，它属于磁脉冲式传感器，通过脉冲轮的齿轮获得车速信息。车速传感器提供车速信号给控制单元用于换挡，并且使换挡过程平稳。

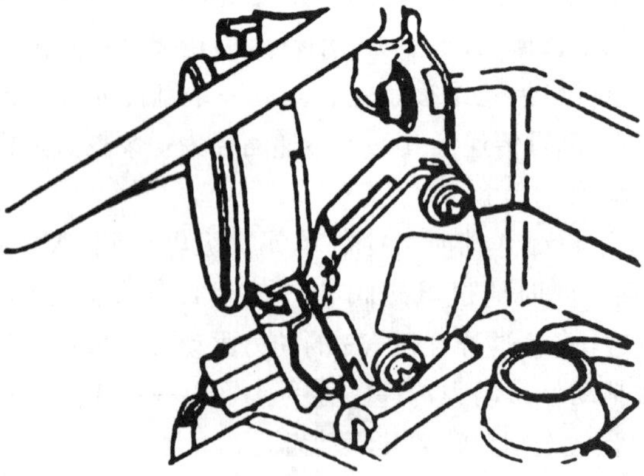

图 2—9 节气门电位计

图 2—10 车速传感器

③多功能开关 F125。多功能开关 F125 位于变速箱壳体旁，由换挡杆驱动并完成以下功能：

a. 将换挡杆位置提供给控制单元。

b. 接通倒车信号灯。

c. 挂行驶挡位时阻止发动机起动。

d. 接通或切断巡航控制系统的信息。

④换低挡开关 F8。换低挡开关 F8 与节气门拉索做成一体并且安装在发动机舱的横隔板上，当踩下加速踏板并超过节气门全开点时，换低挡开关便动作。开关动作时，将在较高状态的换挡点上强制换挡并且从高挡换至低挡。

⑤ ATF 油温传感器 G93。ATF 油温传感器 G93 位于阀体旁，处于 ATF 油中。ATF 油温传感器始终监测 ATF 油温，当油温超过限定值时，换挡过程将在发动机较高转速下进行，通过提高发动机转速来减小液力变矩器滑转以降低 ATF 油温。ATF 油温一下降，将再次恢复正常的换挡模式。

⑥制动灯开关 F。制动灯开关 F 安装在制动踏板旁。对于换挡杆锁止功能来讲，它需要制动踏板动作的信息。

3）执行元件

①阀体上的电磁阀 N88 ~ N93。变速箱阀体用螺栓紧固在变速箱壳体底部，在变速箱阀体中有 6 个电磁阀 N88 ~ N93，它们由控制单元控制并通过换挡阀将来自 ATF 油泵的油压直接分配给换挡元件。电磁阀 EV1 ~ EV4 用于向片式离合器和片式制动器提供油压，EV5 和 EV7 在换挡期间起作用，调节阀 EV6 调节阀体中的主油压。调节阀根据挡位、运动型 / 经济型的选择、负荷和车速通过调整调节阀中的电流来确立主油压。给调节阀一个小电流，则可得到一个较高的油压。

②换挡杆锁定电磁线圈 N110。电磁线圈的一端接 15 号线（火线），来自制动踏板的信息经控制单元后用于控制电磁线圈的另一接地端。当踩下制动踏板时，电磁线圈的接地端被断开，换挡杆锁定功能被解除。

③发动机起动机闭锁器与倒车灯继电器 J226。发动机起动机闭锁器与倒车灯继电器位于中央接线板上左侧，是一个组合式的继电器，继电器上标有编号“175”。倒车灯继电器用于倒车灯的开与关。换挡杆只有在 P 挡或 N 挡时，起动继电器才能使发动机起动。

④巡航控制系统 J213。巡航控制系统 J213 的控制开关 E45 安装在转向柱开关上，由控制单元供电，进入巡航的前提条件是汽车处于前进挡行驶并且车速大于 30 km/h。

4）故障诊断插头。自动变速箱故障诊断插头位于换挡杆前面的饰盖下面。K 导线用于控制单元和 V. A. G1551/1552 之间的快速数据传送。L 导线用于故障显示，并以故障码和测试灯的形式显示故障。

四、自动变速器故障诊断与检测程序

自动变速器故障诊断与检测程序：初步检查→故障码检查→手动换挡试验→机械系统试验→液压系统试验→电控系统试验→查对常见故障及原因→排除方法。

1. 根据故障现象，判断故障类型。

2. 读取故障码，排除故障码所指的故障。

3. 进行自动变速器和发动机的常规检查，主要项目有：检查变速器油的液面高度和品质；检查并调整加速踏板拉索和节气门位置传感器；检查换挡手柄连接杆系及挡位开关；检查并调整发动机怠速；检查其他与自动变速器有关的零部件；检查电控系统各连接线的接触情况。

4. 进行失速试验，检查发动机、变矩器、自动变速器内部机械技术状况。

5. 进行手动换挡试验，确定故障是在电控部分还是在自动变速器内部。

6. 进行时滞试验，检查自动变速器内部离合器、制动器的磨损情况。

7. 做油压测试，检查油泵、调压器和油路压力。

8. 进行道路试验，检查自动换挡点、异响、振动、打滑及发动机制动情况。

9. 综合各种试验结果，分析、判断故障原因、部位。

技能要求

汽车自动变速器在使用中，随着技术状况的下降会出现一系列故障。帕萨特 B5 01N 型自动变速器常见的故障有汽车不能行驶、自动变速器换挡冲击大、自动变速器打滑、自动变速器不能升挡、自动变速器无前进挡、自动变速器无超速挡、自动变速器无倒挡、自动变速器跳挡频繁、自动变速器无发动机制动、液力变矩器离合器无锁止、自动变速器不能强制降挡等。

一、汽车不能行驶故障诊断与排除

1．故障现象

无论操纵手柄位于倒挡、前进挡或前进低挡，汽车都不能行驶；冷车状态下起动汽车能行驶一小段路程，但热车状态下起动汽车不能行驶。

2．故障原因

换挡操纵手柄及手动阀摇臂之间的连杆或拉锁松脱，使手动滑阀保持在空挡或停车位置；自动变速器油底壳被撞坏，自动变速器漏油使液面过低；油泵进油滤网堵塞或油泵损坏；主油路严重损坏。

3．故障诊断与排除方法

（1）检查自动变速器内有无液压油。方法是拔出自动变速器的油尺，观察油尺上有无液压油。若无液压油，说明油已漏光。此时应检查油底壳、液压油散热器、油管等处有无破损。若有严重漏油处，应修复后重新加油。

（2）检查自动变速器操纵手柄与手动阀摇臂之间的连杆或拉索有无松脱。

如有松脱，应予以装复，并重新调整好操纵手柄的位置。

（3）拆下主油路测压孔上的螺塞，起动发动机，将操纵手柄拨至前进挡或倒挡位置，检查测压孔内有无液压油流出。

（4）若无液压油流出，应打开油底壳，检查手动阀摇臂轴与摇臂间有无松脱，手动阀阀芯有无折断或脱钩。若手动阀工作正常，则说明油泵损坏。对此，应拆卸分解自动变速器，更换油泵。

（5）若测压孔内只有少量液压油流出，油压很低，应打开油底壳，检查油泵进油滤网是否堵塞。若无堵塞，说明油泵损坏或主油路严重泄漏，应拆卸分解自动变速器，进行检修。

（6）若冷车起动时主油路有一定的油压，但热车后油压即明显下降，说明油泵磨损过度。

（7）若测压孔内有大量液压油喷出，说明主油路油压正常，故障出在自动变速器中的输入轴、行星排或输出轴。

汽车不能行驶故障诊断流程如图 2—11 所示。

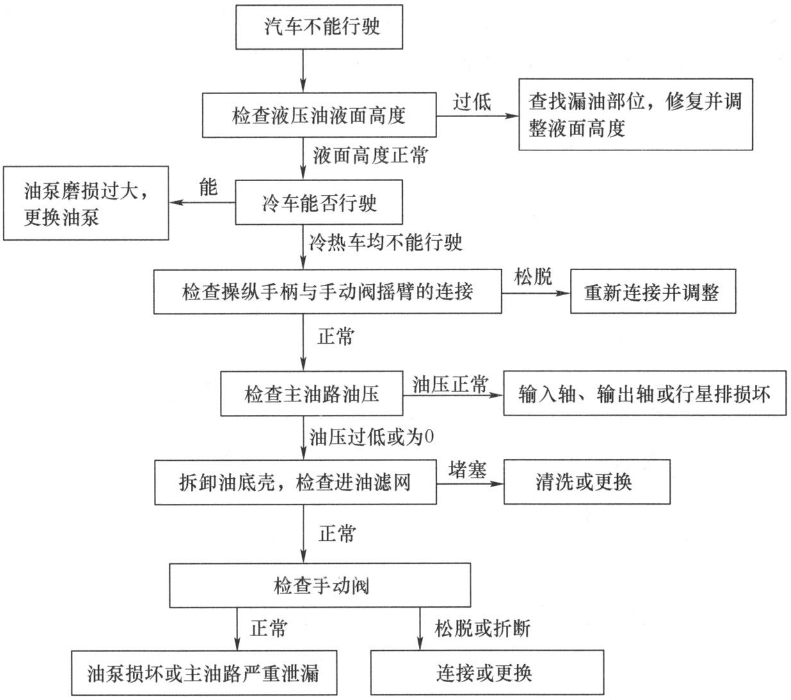

图 2—11　汽车不能行驶故障诊断流程

二、自动变速器换挡冲击大故障诊断与排除

1. 故障现象

起步时，换挡手柄从 P 或 N 挡挂入 D 或 R 挡时，汽车振动大；行驶中，自动变速器升挡瞬间产生振动。

2．故障原因

发动机怠速过高；节气门拉索或节气门位置传感器调整不当，主油路油压高；升挡过迟；真空式节气门阀真空软管破损；主油路调压阀故障，使主油路油压过高；减振器活塞卡住，不起减振作用；单向阀球漏装，制动器或离合器接合过快；换挡组件打滑；油压电磁阀故障；电控单元故障。

3．故障诊断与排除方法

（1）检查发动机怠速；检查、调整节气门拉索和节气门位置传感器；检查真空式节气门阀的真空软管。路试检查自动变速器升挡是否过迟，升挡过迟是换挡冲击大的常见原因。

（2）检测主油路油压。如果怠速时主油路油压高，说明主油路调压阀或节气门阀存在故障；如果怠速油压正常，而起步冲击大，说明前进离合器、倒挡及高挡离合器的进油单向阀损坏或漏装。

（3）检查换挡时主油路油压。正常情况下，换挡时主油路油压瞬时应有下降。若无下降，说明减振器活塞卡住，应拆检阀体和减振器。

（4）检查油压电磁阀的工作是否正常；检查电控单元在换挡瞬间是否向油压电磁阀发出控制信号。如果电磁阀本身有问题则应更换；如果线路存在问题则应修复。

具体诊断流程如图 2—12 所示。

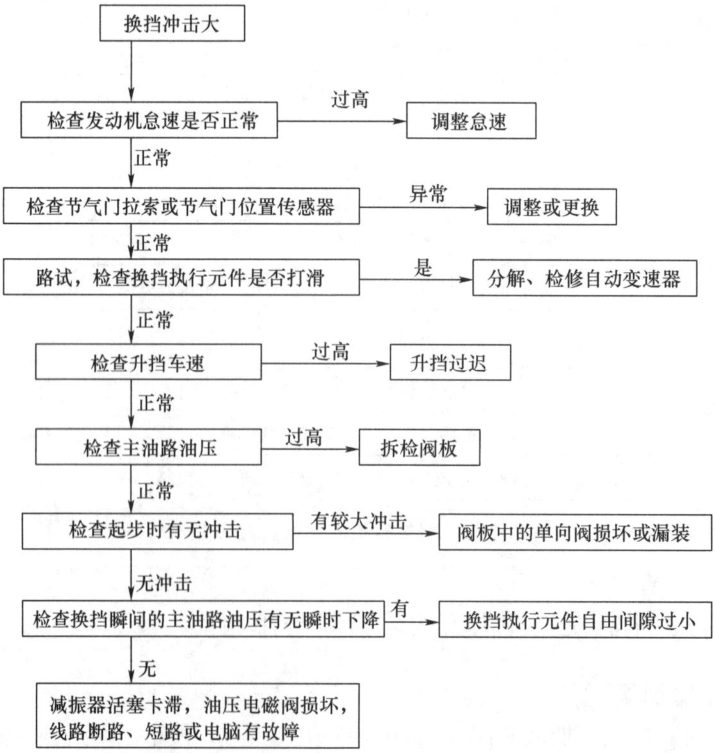

图 2—12　自动变速器换挡冲击大故障诊断流程

三、自动变速器打滑故障诊断与排除

1．故障现象

起步时踩下加速踏板，发动机转速上升很快但车速升高缓慢；上坡时无力，发动机转速上升很高。

2．故障原因

液压油油面太低；离合器或制动器磨损严重；油泵磨损严重，主油路漏油造成主油路油压低；单向超越离合器打滑；离合器或制动器密封圈损坏导致漏油；减振器活塞密封圈损坏导致漏油。

3．故障诊断与排除方法

（1）检查液压油油面高度和油的品质。若液压油变色或有烧焦味，说明离合器或制动器的摩擦片烧坏，应拆检自动变速器。

（2）路试检查。若所有挡都打滑，原因出在前进离合器。若换挡手柄在 D 位的 2 挡打滑，而在 S 位的 2 挡不打滑，说明 2 挡单向超越离合器打滑。若不论在 D 位、S 位的 2 挡时都打滑，则为低挡及倒挡制动器打滑。若在 3 挡时打滑，则为倒挡及高挡离合器故障。若在超速挡打滑，则为超速制动器故障。若在倒挡和高挡时打滑，则为倒挡和高挡离合器故障。若在倒挡和 1 挡打滑，则为低挡及倒挡制动器打滑。

在前进挡或倒挡都打滑，说明主油路油压低。此时应对油泵和阀体进行检修。若主油路油压正常，原因可能是离合器或制动器摩擦片磨损过度或烧焦，更换摩擦片即可。

具体诊断流程如图 2—13 所示。

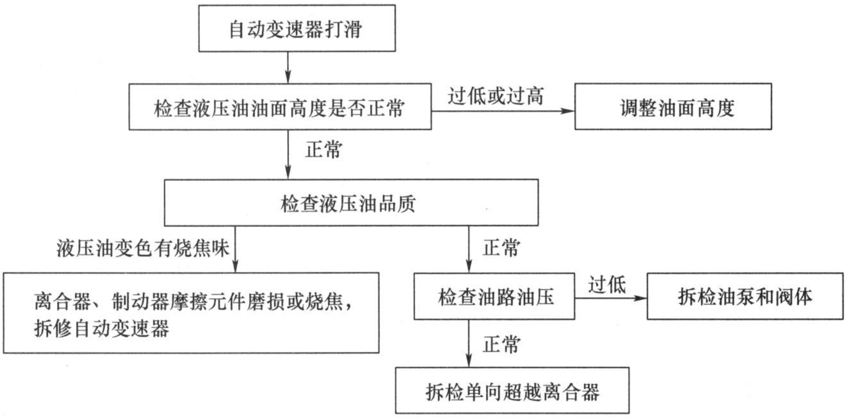

图 2—13　自动变速器打滑故障诊断流程

四、自动变速器不能升挡故障诊断与排除

1．故障现象

行驶途中自动变速器只能升 1 挡，不能升 2 挡及高速挡；或可以升 2 挡，

但不能升 3 挡或超速挡。

2．故障原因

节气门拉索或节气门位置传感器调整不当；调速阀存在故障；调速阀油路漏油；车速传感器故障；2 挡制动器或高挡离合器故障；换挡阀卡滞或挡位开关故障。

3．故障诊断与排除方法

对于电控自动变速器，应先进行故障诊断。检查调整节气门拉索和节气门位置传感器；检查车速传感器；检查挡位开关信号。测量调速阀油压，如果车速升高后调速阀油压为 0 或很低，说明调速阀有故障或漏油。如果控制系统无故障，应拆检调速阀，检查换挡执行组件是否打滑，用压缩空气检查各离合器、制动器油缸或活塞有无泄漏。具体诊断流程如图 2—14 所示。

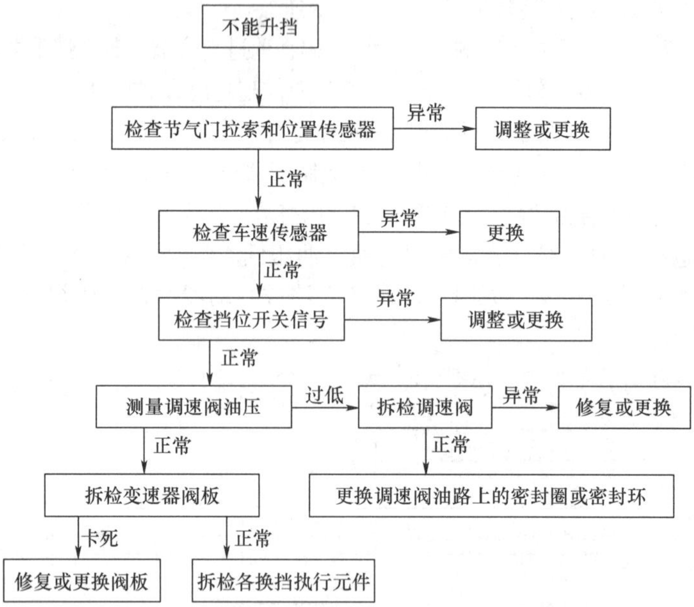

图 2—14　自动变速器不能升挡故障诊断流程

五、自动变速器无前进挡故障诊断与排除

1．故障现象

倒挡正常，但在 D 位时不能行驶；在 D 位时汽车不能起步，在 S、L 位（或 2、1 位）时可以起步。

2．故障原因

前进挡离合器打滑；前进单向超越离合器打滑；前进挡离合器油路泄漏；换挡手柄调整不当。

3．故障诊断与排除方法

检查换挡手柄位置，如有异常，应按规定程序重新调整；测量前进挡主油路油压，若油压太低，拆检自动变速器，更换前进挡油路上的各处密封圈；检查前进挡离合器，如果摩擦片烧损或磨损过度应更换；若主油路油压和前进挡离合器均正常，应拆检前进单向超越离合器。具体诊断流程如图 2—15 所示。

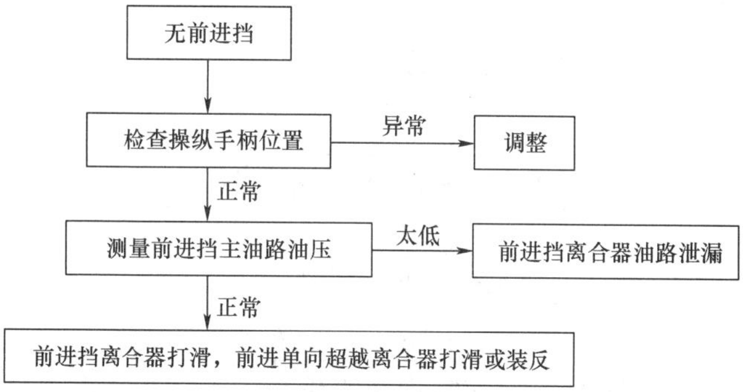

图 2—15　自动变速器无前进挡故障诊断流程

六、自动变速器无超速挡故障诊断与排除

1．故障现象

汽车行驶中，不能从 3 挡升入超速挡；车速已达到超速挡工作范围，采用松加速踏板几秒钟再踩下的方法，自动变速器也不能升入超速挡。

2．故障原因

超速挡开关故障；超速电磁阀故障；超速制动器打滑；超速行星排上的直接离合器或直接单向超越离合器故障；挡位开关故障；液压油温传感器故障；节气门位置传感器故障；3 ~ 4 换挡阀卡滞。

3．故障诊断与排除方法

（1）对电控系统自动变速器应进行故障诊断，检查有无故障码输出。

（2）检查液压油温传感器电阻值；检查挡位开关和节气门位置传感器的输出信号。挡位开关信号应与换挡手柄的位置相符，节气门位置传感器输出电压应与节气门的开度成正比。

（3）检查超速挡开关。在 ON 位时，超速挡开关触点应断开，指示灯不亮；在 OFF 位时，超速挡开关触点应闭合，指示灯应亮。否则检查超速挡电路或更换超速挡开关。

（4）检查超速挡电磁阀的工作情况。打开点火开关，不起动发动机，按下 O/D 开关，超速挡电磁阀应有接合声音。若无接合声音，应检查控制电路或更换电磁阀。

（5）用举升器举起车辆，使四轮悬空。起动发动机，使自动变速器在 D 挡工作，检查在无负荷状态下自动变速器升挡情况。如果能升入超速挡，并且车速正常，说明控制系统工作正常。如果不能升入超速挡是因为超速制动器打滑，说明在有负荷情况下不能升入超速挡。如果能升入超速挡，而升挡后车速提不高，发动机转速下降，说明超速行星排中直接离合器或直接单向超越离合器故障。如果在无负荷情况下不能升入超速挡，说明控制系统存在故障，应拆检阀体，检查 3 ~ 4 换挡阀。

具体诊断流程如图 2—16 所示。

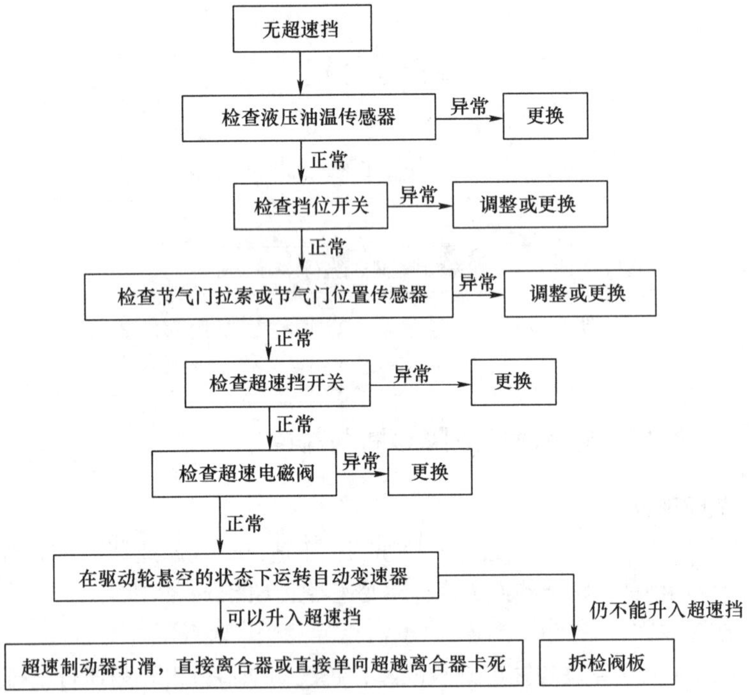

图 2—16　自动变速器无超速挡故障诊断流程

七、自动变速器无倒挡故障诊断与排除

1．故障现象

汽车在 D 挡能行驶而在倒挡不能行驶。

2．故障原因

换挡手柄调整不当；倒挡油路泄漏；倒挡及高挡离合器或低挡及倒挡制动器打滑。

3．故障诊断与排除方法

（1）检查并调整换挡手柄位置。检查倒挡油路油压。若油压太低，说明倒挡油路泄漏，应拆检自动变速器。

（2）如果倒挡油路油压正常，应拆检自动变速器，更换损坏的离合器或制动器摩擦片或制动带。

具体诊断流程如图 2—17 所示。

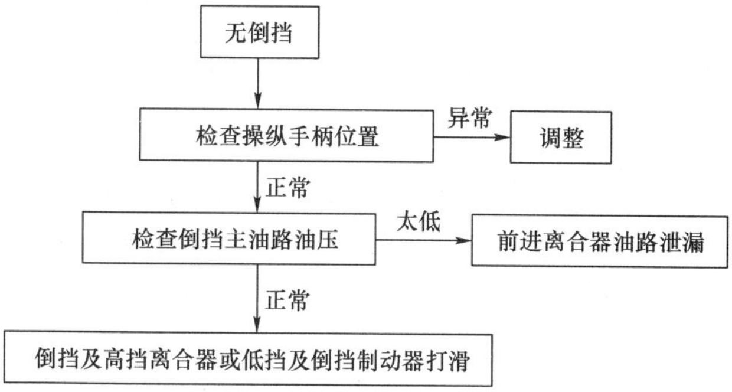

图 2—17　自动变速器无倒挡故障诊断流程

八、自动变速器跳挡频繁故障诊断与排除

1．故障现象

汽车行驶中，自动变速器出现突然降挡现象，降挡后发动机转速升高，并产生换挡冲击。

2．故障原因

节气门位置传感器故障；车速传感器故障；控制系统电路故障；换挡电磁阀接触不良；电控单元故障。

3．故障诊断与排除方法

对电控自动变速器进行故障诊断。

（1）检查节气门位置传感器；检查车速传感器。

（2）拆下自动变速器油底壳，检查电磁阀连接线路端子情况；检查控制系统各接线端子电压。

具体诊断流程如图 2—18 所示。

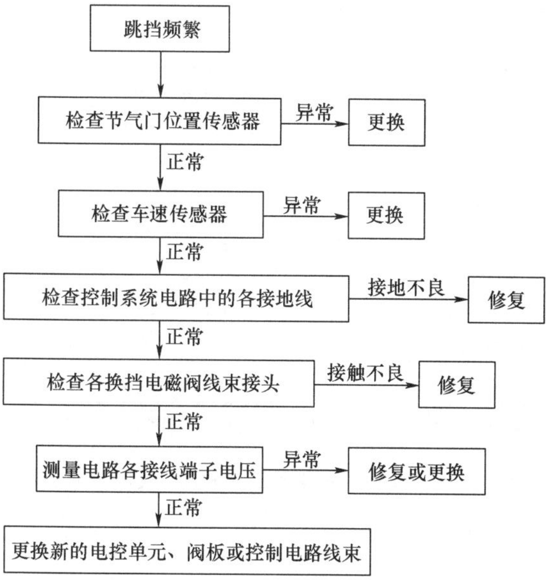

图 2—18　自动变速器跳挡频繁故障诊断流程

九、自动变速器无发动机制动故障诊断与排除

1．故障现象

汽车行驶中，当换挡手柄位于2、1或S、L挡位时，松开加速踏板，发动机转速降至怠速，但汽车减速不明显；下坡时，自动变速器在前进低挡，但不能产生发动机制动作用。

2．故障原因

换挡手柄位置调整不当；挡位开关调整不当；2挡强制制动器打滑或低挡及倒挡制动器打滑；控制发动机制动的电磁阀故障；阀体故障；自动变速器故障。

3．故障诊断与排除方法

（1）对电控自动变速器进行故障诊断。路试检查自动变速器有无打滑现象。

（2）如果换挡手柄在S位时没有发动机制动作用，而在L位时有发动机制动作用，说明2挡强制制动器打滑。如果换挡手柄在L位时没有发动机制动作用，而在S位时有发动机制动作用，说明低挡及倒挡制动器打滑。

（3）检查控制发动机制动作用的电磁阀是否存在故障。拆检阀体，清洗所有控制阀。

（4）检查电控单元各接线端子电压，如果正常，再检查各个传感器电压。更换新的电控单元重新试验，如果故障消失，说明电控单元损坏。

具体诊断流程如图2—19所示。

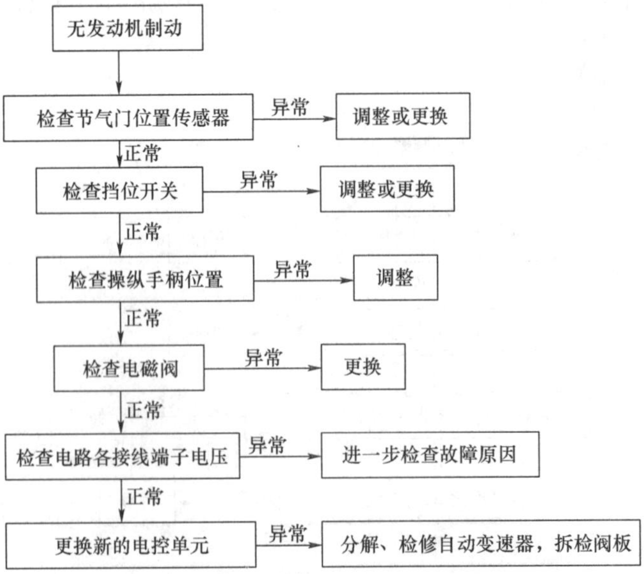

图2—19　自动变速器无发动机制动故障诊断流程

十、液力变矩器离合器无锁止故障诊断与排除

1．故障现象

汽车行驶中，车速、挡位已经满足离合器锁止条件，但锁止离合器仍没有锁止作用；油耗增大。

2．故障原因

节气门位置传感器、液压油温度传感器故障；锁止电磁阀和控制阀故障；变矩器中锁止离合器损坏。

3．故障诊断与排除方法

检查节气门位置传感器及液压油温度传感器；检查锁止电磁阀；检查、清洗锁止控制阀。若控制系统无故障，则应更换变矩器。

具体诊断流程如图 2—20 所示。

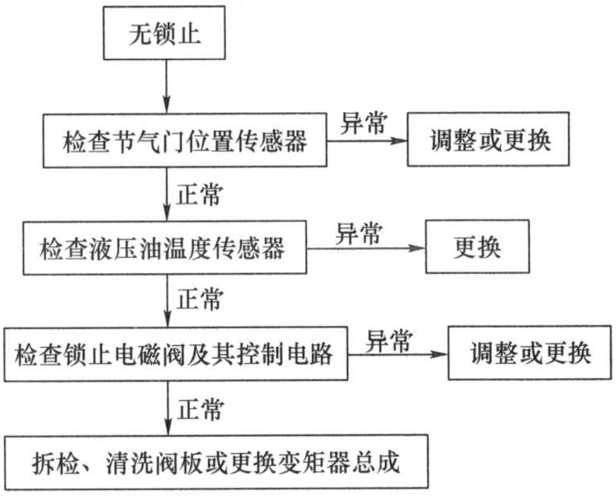

图 2—20 液力变矩器离合器无锁止故障诊断流程

十一、自动变速器不能强制降挡故障诊断与排除

1．故障现象

汽车以 3 挡或超速挡行驶时，突然把加速踏板踩到底，自动变速器不能立即降低一个挡位，汽车加速无力。

2．故障原因

节气门拉索或节气门位置传感器调整不当；强制降挡开关损坏；强制降挡电磁阀短路或断路；强制降挡阀卡滞。

3．故障诊断与排除方法

（1）检查节气门拉索、节气门位置传感器的安装情况。

（2）检查强制降挡开关。在加速踏板踩到底时，强制降挡开关触点应闭合；松开加速踏板时，强制降挡开关触点应断开。如果加速踏板踩到底时，强制降挡开关触点没有闭合，可用手动开关。如果按下开关后触点能闭合，说明开关

安装不当，应重新调整；如果按下开关后触点不闭合，说明开关损坏。

（3）检查强制降挡电磁阀工作情况。拆卸阀体，分解清洗强制降挡控制阀，阀板若有问题，应更换阀板总成。

具体诊断流程如图 2—21 所示。

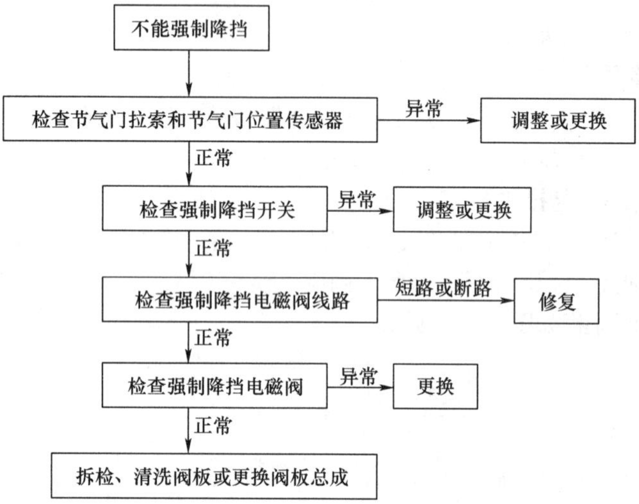

图 2—21 自动变速器不能强制降挡故障诊断流程

学习单元 4 万向传动装置故障诊断与排除

学习目标

1. 掌握万向传动装置故障的原因及特征
2. 掌握万向传动装置的故障诊断方法及程序
3. 能够诊断并排除万向传动装置常见故障

相关知识

汽车经常在复杂的道路上行驶，传动轴便是在角度和长度不断变化的情况下传递转矩的部件，万向节轴承磨损和花键松旷，各连接处的松动，传动轴的弯曲变形、不平衡等，均可导致异响和振抖。

一、万向传动装置故障的原因及特征

万向传动装置异响和振抖，通常包括传动轴异响、中间支承总成异响、万向节和伸缩节（花键轴副）异响并伴有振抖。

1．传动轴异响及振抖原因

（1）传动轴弯曲、轴管凹陷。传动轴装配时未将标记对正或传动轴万向节叉和花键轴与轴管焊接时歪斜，破坏了元件的动平衡。

（2）传动轴上的平衡片失落或未进行动平衡补偿。

（3）装配时，同一传动轴的两个万向节叉不在同一平面。

（4）中间支承橡胶圆环磨损、松旷，紧固方法不当，或吊架固定螺栓及万向节凸缘盘连接螺栓松动，使传动轴位置发生偏斜。

（5）传动轴花键轴与套管叉的花键磨损严重，间隙过大。

2．中间支承总成异响原因

（1）中间支承轴承脱层、有麻点、磨损严重或缺少润滑油。

（2）中间支承轴承隔离圈散架，滚珠轴承损坏。

（3）中间支承橡胶圆环损坏或橡胶圆环隔套装配方法不当（过紧或过松、偏斜）致使滚动轴承承受附加载荷。

（4）中间支承架安装不正确，与车架固定的螺栓松动或松紧不一致及车架变形等。

3．万向节和伸缩节异响原因

（1）由于长期缺少润滑油，引起万向节轴颈磨损、轴承磨损或损坏，造成松旷，使万向节游动角度过大。

（2）连接件的固定螺栓松动，包括万向节凸缘盘连接螺栓松动。

（3）伸缩节花键副因磨损严重，或传动轴过短以致花键啮合长度不足，导向作用差，造成松旷。

（4）车辆经常用高速挡走低速，行驶中车体本身发生抖动对万向节和伸缩节造成损坏性的冲击。

（5）变速器第二轴、中间传动轴及主减速锥齿轮的花键轴与凸缘花键槽磨损严重。

二、万向传动装置的故障诊断方法及程序

1．根据故障现象及特点确定故障类型

（1）在万向节与伸缩节及中间支承部分技术状况良好的情况下，传动轴在中、高速行驶时出现异响，且车速越高，响声越大。严重时车身及转向盘发生振抖，甚至握转向盘的手有麻木感。若此时脱挡滑行，振抖更为强烈。则可判断为传动轴异响及振抖。

（2）汽车行驶时产生一种连续的“嗡”或“呜”的响声，车速越快，响声越严重，有时也出现“咯愣、咯愣”的响声，滑行时减弱或消失。则可判断为中间支承总成异响。

（3）汽车起步或车速突然改变时，传动装置发出“嘎”一声；当汽车减速时，响声更为明显，发出“哗啦、哗啦”的响声。则可判断为万向节和伸缩节

异响。

2．分析查找故障原因

（1）万向节。万向节间隙过大、配合过紧或装配不良。

（2）传动轴。输出轴与其支承磨损过大，紧固不良；传动轴弯曲（弯曲度大于 0.5 mm），轴管凹陷，花键配合不良；传动轴装配不当等。

（3）中间支承。中间支承有损伤且装配不良；支承轴承磨损松旷等。

3．确认并排除故障

根据故障现象，通过试验，最终确认故障点并加以排除。

技能要求

一、万向传动装置异响故障诊断与排除

1．故障现象

（1）起步和换挡时有撞击声响，行驶时始终有异响，特别是在高速挡位作低速行驶时更为明显。

（2）起步无异响，行驶中有“哗啦、哗啦”的金属撞击声，或是连续的“呜”声响。

（3）行驶中有随车速增大而增大的周期性异响，且伴随车身振抖（车速 50 km/h 以上时）。

2．故障原因

（1）万向节配合过紧或装配不良，中间支承有损伤且装配不良。

（2）万向节间隙过大，输出轴与其支承磨损过大，紧固不良。

（3）传动轴弯曲（弯曲度大于 0.5 mm），万向节定位安装不良，轴管凹陷，花键配合不良等。

3．故障诊断与排除方法

（1）对于故障现象第一种情况，先起步再改变车速，若起步时出现“咣当”声或响声杂乱，而在缓坡路向后倒车时又发出“嘎巴”的断续声响，则可判断为滚针轴承损坏所引起的，予以更换即可排除；若起动或加、减速行驶中出现明显撞击声，低速时更为明显，则可判断为轴承松旷或缺油所引起的，应针对故障原因予以排除；若行驶中突然出现一种金属撞击声，则是传动轴紧固不良所引起的，可在停车后用手推万向节来证实，然后予以修复或更换。

（2）对于故障现象第二、三种情况，可在行驶中注意察听，若脱挡滑行中出现有规律的清脆响声，低速更为明显，则应判断为万向节轴承装配过紧；若行驶中出现连续的“呜”声响，且随车速而加强，则应判断为轴承安装不良或缺油所引起的；若行驶中响声杂乱而无规则，时而出现金属撞击声，则应判断为万向节叉等速排列遭到破坏；若行驶中出现浑浊沉闷的连续响声，

空挡滑行响声加强，则应判断为中间支承轴承散架所引起的，可拆卸后更换予以排除。

具体诊断流程如图 2—22 所示。

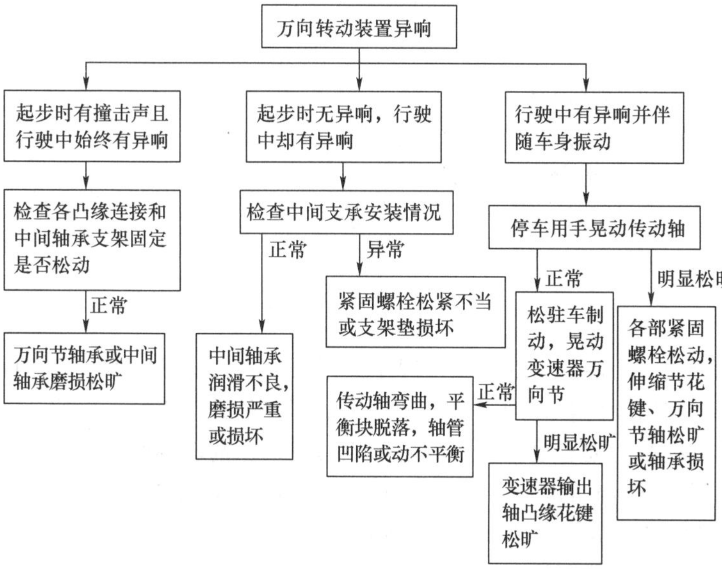

图 2—22　万向传动装置异响故障诊断流程

二、传动轴振抖故障诊断与排除

1．故障现象

车速超过中速出现异响，车速越高响声越大，达到一定速度时车身振抖，车门、转向盘等强烈振响。若此时空挡滑行，降到中速时振抖消失，但传动轴异响仍然存在。

2．故障原因

（1）车轮或轮胎动不平衡。

（2）传动轴弯曲或平衡片脱落。

（3）汽车超载。

（4）传动轴或万向节装配不当。

（5）发动机、变速器或传动轴橡胶支承件失效等。

3．故障诊断与排除方法

（1）检查车辆是否超载，若超载则进行卸载。

（2）按拆卸分解时的记号装配，以保持原有装配关系，如有必要，可作动平衡处理。

（3）校正传动轴，无法校正的应予以更换。

学习单元 5　驱动桥故障诊断与排除

学习目标

1. 掌握驱动桥故障的原因及特征
2. 掌握驱动桥故障的诊断方法及程序
3. 能够诊断并排除驱动桥常见故障

相关知识

汽车行驶时，驱动桥的受力情况十分复杂。各传递动力的零件，由于接近最终传动，其所受的各种应力远远大于传动系统的其他部位。以后轮为驱动的汽车，其驱动桥壳要承受相当一部分的载质量；以前轮为驱动的轿车，半轴暴露在外，两端万向节的防尘套长期使用后的老化等都会影响驱动桥的技术状况，造成驱动桥的各种故障，而影响汽车的正常使用。

一、驱动桥故障的原因及特征

1．后桥壳和半轴套管

存在裂纹；各部螺纹损伤超过 2 牙；桥壳与半轴套管轴承孔磨损严重；滚动轴承与桥壳配合松旷等。

2．半轴

存在裂纹；花键扭转变形、磨损；弯曲变形等。

前驱半轴内、外万向节磨损松动及损坏；防尘套老化、破裂及卡箍松动失效等。

3．主减速器

主减速器齿轮啮合间隙过大、过小，主、从动齿轮磨损或调整不当；主、从动齿轮轴承磨损而松旷；主动齿轮轴紧固螺母松动或调整不当；双级减速器圆柱主、从动齿轮磨损严重；从动齿轮铆钉或螺栓松动；圆柱从动齿轮固定螺栓松动等。

4．差速器

齿轮啮合间隙过大、过小；行星齿轮在十字轴上运动阻滞甚至卡住，行星齿轮与半轴齿轮不配套（如单独更换齿轮）等。

5．润滑不良

缺少润滑油或使用的润滑油牌号与要求不符；油封磨损或装配不当；衬垫损坏或螺栓松动导致接合面不严密；齿轮油油量过多，通气塞堵塞，放油螺塞松动；壳体有裂纹等。

6．轴承

轴承装配过紧或过松；轴承轴颈磨损严重而出现凹槽、散架等。

二、驱动桥的故障诊断方法及程序

驱动桥常见的故障有异响、发热、漏油等，其中异响与车辆的行驶状况关系很大。具体的故障诊断流程如下：

1．根据故障现象、特点及部位判断故障类型

异响故障可通过异响出现时机，响声特点，试验与转速、负荷变化之间的关系进行确定；驱动桥发热及漏油故障，可直接触摸和观察相关部位来确认故障。

2．分析产生故障的原因，查找并确认故障点

（1）异响故障主要有主减速器齿轮响、差速器响、半轴和半轴套管响、轴承响等。

（2）驱动桥过热故障主要有轴承装配过紧，齿轮啮合间隙过小，齿轮过度磨损，缺少润滑油或使用的润滑油牌号与要求不符等。

（3）驱动桥漏油故障主要有油封磨损或装配不当、轴承轴颈磨损严重而出现凹槽、衬垫损坏或螺栓松动导致结合面不严密、齿轮油油量过多、通气塞堵塞、放油螺塞松动、壳体有裂纹等。

3．彻底排除故障，并复查

根据故障现象，检查可能的故障点，确定并排除故障，最后复试。

技能要求

一、驱动桥异响故障诊断与排除

1．故障现象

（1）主减速器齿轮响。汽车起步时，有“咣、咣”的声响；行进中突然抬起加速踏板，或脱挡滑行时，能听到“咣当”的撞击声；汽车在加速或减速时，主减速器处出现连续的“嗯、嗯”声，同时驱动桥有发热现象；车辆行驶时，驱动桥发出间断的“哽、哽”声，且随车速的提高而增大。

（2）差速器响。汽车直线行驶或空挡滑行驶时，响声较轻或无响声，而挂挡转弯时响声严重，转弯越急响声越大；汽车直线行驶且速度较慢时，有“嗞、嗞”的齿面摩擦声音；转弯时，出现“嗯”的响声，车速越快，响声越大；有时有“咯叭、咯叭”的响声或“哨、哨”的金属撞击声。

（3）半轴和半轴套管响。半轴或套管弯曲，两者相互碰撞，轻微时出现“呲哽、呲哽”的碰擦声，严重时产生“咕隆”的撞击声；花键磨损与半轴齿轮配合间隙过大，将出现“咯哨”的碰撞声；半轴花键损坏，会出现“咔、咔”

的响声，甚至无法传递动力。

（4）轴承响。轴承响是一种杂乱而连续的响声。汽车行驶时，驱动桥发出一种连续的“喀拉、喀拉”的响声，车速越快，响声越大；车辆行驶中发出“嗯、嗯”的响声或发出一种连续“咕咚、咕咚”响声，车速越快，响声越大。

2．故障原因

（1）主减速器齿轮响。

1）啮合间隙太大，主、从动齿轮磨损或调整不当；主、从动齿轮轴承磨损而松旷；主动齿轮轴紧固螺母松动或调整不当；双级减速器圆柱主、从动齿轮磨损严重；从动齿轮铆钉或螺栓松动；圆柱从动齿轮固定螺栓松动（汽车起步时，有“刚、刚”的声响；行进中突然抬起加速踏板，或脱挡滑行时，能听到“刚当”的撞击声）。

2）啮合间隙过小，主、从动齿轮装配间隙过小；啮合间隙不均匀；润滑油不足、变质、润滑不良（汽车在加速或减速时，主减速器处出现连续的“嗯、嗯”声，同时驱动桥有发热现象）。

（2）差速器响。齿轮啮合间隙小；行星齿轮在十字轴上运动阻滞甚至卡住，行星齿轮与半轴齿轮不配套（如单独更换齿轮）。

（3）半轴和半轴套管响。半轴弯曲、扭曲、折断；差速锁止装置使用不当而打坏半轴齿轮或造成花键损坏；半轴花键磨损松旷等。

3．故障诊断与排除方法

驱动桥异响故障的诊断流程如图2—23所示。

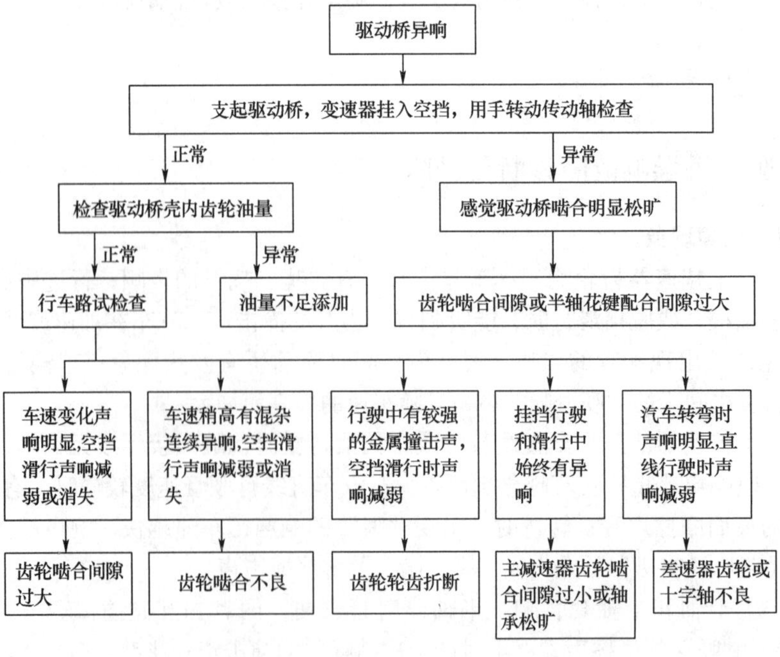

图2—23　驱动桥异响故障的诊断流程

二、驱动桥过热故障诊断与排除

1．故障现象

车辆行驶一段路程后，用手触摸驱动桥，若感到烫手（不能忍受），则为过热。

2．故障原因

轴承装配过紧；齿轮啮合间隙过小；齿轮过度磨损；缺少润滑油或使用的润滑油牌号与要求不符。

3．故障诊断与排除方法

具体诊断流程如图 2—24 所示。

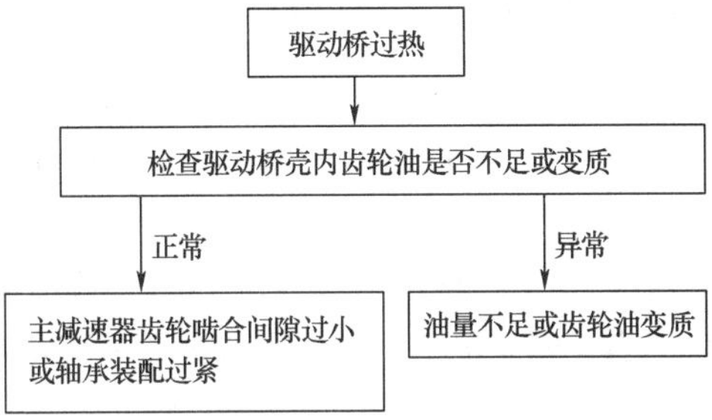

图 2—24　驱动桥过热故障诊断流程

三、驱动桥漏油故障诊断与排除

1．故障现象

齿轮油封或衬垫向外渗漏。

2．故障原因

油封磨损或装配不当；轴承轴颈磨损严重而出现凹槽；衬垫损坏或螺栓松动导致接合面不严密；齿轮润滑油油量过多，通气塞堵塞，放油螺塞松动；壳体有裂纹等。

3．故障诊断与排除方法

驱动桥漏油能直观地看到所泄漏的油迹，根据分析出的原因，对症排除。

第二节　行驶系统故障诊断与排除

学习单元 1　车轮故障诊断与排除

学习目标

1．掌握车轮故障常见类型及轮胎使用注意事项

2. 掌握车轮动平衡检测方法

3. 能够诊断并排除车轮及轮胎常见故障

相关知识

车轮（包括轮胎）是车辆行驶的关键部件之一。良好的车轮性能是汽车实现安全、有效行驶功能的根本保障，但由于在行驶过程中车轮受到各种交变载荷的影响，再加上如磨损、气压等自身性能下降的原因，使得车轮会出现各种各样的故障，导致无法正常地行驶。因此，一旦出现问题，应及时查找原因并排除。

一、轮胎常见故障类型、原因及诊断

1．胎面故障

（1）单边磨损（俗称“偏磨”）的原因：车轮过分外倾或内倾，这往往是由车轮定位不良造成的。

诊断：校正机械不良，维持标准气压。必要时，将前后轴轮胎定期调换。需要注意的是，不可因为互调而把子午线轮胎与斜交轮胎混装在同一轴上。

（2）制动造成的局部磨损：必要时校正制动系统。

诊断：行车时要避免紧急制动。

（3）胎面橡胶块被削掉的原因：在路上行驶时，路面锋利的异物可能会削掉胎面橡胶块，并有可能伤及钢丝环带或胎体帘子布层。

诊断：在路上行驶时避免碾压异物。

2．胎唇故障

轮胎边起鼓包是指由于不正确的轮胎安装而导致的胎唇损坏。由于不正确使用装胎设备还可能造成胎唇处的钢丝弯曲变形甚至断裂，伤及橡胶。

诊断：在拆装轮胎时正确使用轮胎安装设备，涂轮胎专用润滑油，以及正确安装轮辋。

特别警示：断裂或弯曲变形的胎唇钢丝可能在充气或拆胎时造成爆裂，导致事故。

3．轮胎爆胎

（1）快速漏气而导致的爆胎。轮胎在被割破或与外界异物严重撞击时立刻完全泄气，可能会导致爆胎。

诊断：行驶时尽量避开坑洼地，尤其是在高速行驶时更要避开路上的不明障碍物。

（2）慢性漏气导致的爆胎。造成慢性漏气的原因主要有三点：

1）汽车行驶时，轮胎扎钉或被割破造成气密层破损，从而导致慢性漏气。

2）扎钉或被割破造成气密层破损后进行修补，但修补不良也会造成轮胎慢性漏气。

3）安装轮胎时没有按正确操作流程检查漏气并安装，造成气压不足。例如，没有更换新的气门嘴，装胎以后没有检查气门嘴气门芯、胎唇和钢圈凸缘的结合部是否漏气等，由于安装问题导致气压不足。

诊断：要防患于未然，重点检查部位包括胎面、胎边及胎唇。胎面要检查是否有不良修补，是否有扎钉、被割破等情况；胎边要检查是否有被割破、扎透情况；胎唇要检查是否有损坏。如果胎面、胎边和胎唇都完好无损，那么还应检查气门嘴，看是否有老化、断裂现象。再检查轮辋是否有问题。另外轮胎安装不正确，安装后出现慢性漏气，也会导致爆胎。

在安装无内胎轮胎时，为安全起见，最好更换气门嘴。

4．胎侧故障

胎边直条凹陷：由胎边帘子布接头引起的。胎体接头是胎体材料（涤纶帘子线）在接合部位的重叠，是为了获得胎体两部分之间坚固的接合。接头部分是对于胎体局部的加强，当轮胎充气时，接头区域比没有接头的区域空气膨胀少，从而造成胎边局部凹陷。事实上，并非所有的胎边直条凹陷都会影响轮胎的安全使用。一般来说，胎体帘子线导致的凹陷在轮胎两侧出现的位置相对应，这也是判断是不是由帘子线接头问题带来的正常凹陷的办法。

除了正常的胎边直条凹陷外，其他情况下出现的凹陷就要引起足够重视。其中可能是由轮胎胎边割破、轮胎胎边撞击破损或橡胶退化造成的轮胎故障。

诊断：不要让轮胎接触碳氢化合物、溶剂或某些酸性物质。这些物质一旦接触轮胎的橡胶部分，短时间内就会使橡胶产生化学变化，导致轮胎出现膨胀、软化、发黏等现象。

5．内部故障

轮胎鼓包甚至有缺胶、漏气是胎体帘子线过度拉伸而导致的断裂所致。汽车在行驶过程中，轮胎胎肩或接近胎肩的胎边部位因强烈撞击外界异物，如坑洞、路缘、大的石块等，轮胎在轮辋凸缘和冲击物之间产生严重挤压带来变形。

诊断：检查轮胎。检查轮胎胎边鼓包的步骤如下：

第一步，在轮胎充气情况下，用粉笔在轮胎胎边鼓包处作双竖线记号，目的是确定鼓包范围并为轮胎放气后进行检查做好准备。

第二步，在轮胎放气后、拆胎前，在对应鼓包位置的轮辋凸缘边上检查是否有黑色橡胶残留，以此判断轮胎是否受到过撞击，注意不一定每次都能发现有黑色橡胶印痕。

第三步，检查胎唇部分。当轮胎撞击外界异物时，胎唇容易在冲击物和轮辋凸缘之间的挤压下产生伤痕。

第四步，在光线好的地方检查气密层，看是否有撞击挤压带来的伤痕。严重情况下，气密层甚至有被压破的可能。有鼓包的轮胎要及时修补或更换。

二、轮胎使用维护注意事项

1. 轮胎检查每月至少一次。在轮胎冷却情况下检查气压，包括备胎胎压在内。

2. 如果发现气压减少过快，要及时查明原因，而不是简单地去轮胎店充气。充气气压必须按照轿车生产厂家指定的气压值。在车辆用户手册、轿车驾驶座车门旁边的标贴、车厢驾驶座旁的储物抽屉、油缸盖小门处，都可以找到车辆轮胎正常的胎压值。

3. 胎面花纹沟所剩深度 1.6 mm 位置设有磨损指示标志。当轮胎磨损至此磨损指示标志时，轮胎必须更换。使用超过磨损指示标志的轮胎在湿地行驶是很危险的，因为排水性能已大大降低，会严重影响湿地抓地力。

4. 定期检查车轮定位和动平衡。尤其是当发觉车辆过度抖动时，这可能意味着车轮定位不良或不平衡。

这些情况不仅会缩短轮胎寿命，而且影响车辆的操控性，危及行车安全。

在轮胎磨损不均匀情况下，如胎肩磨损快于胎面其余部位，可尝试进行轮胎调位。第一次调位时可将前后轮交叉进行，即前方左轮换至后方右轮处，前方右轮换至后方左轮处。此后每行驶 1 万公里后，为平衡前后轮磨损，可以将前轮轮胎换至后轮处。

5. 在换胎时尤其需要注意的是，同一车轴上的轮胎规格、结构、厂牌、花纹等都应统一。而且如果单独换胎，要保证与同一轴上的另一条轮胎基本一致的花纹沟槽深度，否则可能引起车辆跑偏。

三、车轮动平衡检测方法

车轮动平衡检测的常用方法有就车式检测法和离车式检测法两种。以下以离车式动平衡机检测车轮动平衡为例分析具体的操作方法。

1．车轮检测前

（1）对被检测的车轮进行清洗，清除泥土、砂石。

（2）拆除旧平衡块。

（3）检测车胎气压，使其达到标准值（普桑车胎气压为 0.21 ~ 0.25 MPa）。

（4）选择合适的锥套，将车轮装上动平衡机，并用快装、快卸螺母将其锁紧。

2．开始检测

（1）闭合电源，检查指示装置指示是否正确。

（2）用平衡机上的检测尺测量轮辋到机身的距离并输入控制装置。

（3）用大卡尺测量轮辋的宽度及轮辋直径的数值并输入控制装置。

（4）放下防护罩，按下起动键，开始检测。

（5）当车轮自动停转后从指示装置上读出车轮内外不平衡位置和不平衡量。

（6）用手慢慢转动车轮，当动平衡机指示装置上的信号灯全亮时，停止转动。

（7）根据动平衡机上显示的不平衡量，在轮辋上边缘垂直于驱动轴中心位置的点上敲上合适质量的平衡块。

（8）重新起动动平衡机进行平衡试验，直到动不平衡量小于 5 g，机器显示合格为止。再次起动动平衡机进行复检。

（9）复检合格后，取下车轮，切断电源，结束测试。

技能要求

一、车轮发热及异响故障诊断与排除

1．故障现象

（1）车辆行驶一定里程后，轮毂轴承外侧发烫，严重时会出现轴承润滑脂熔化流出。

（2）车辆行驶中，在车轮处发出“咯咯”声。车辆在转弯或遇到坑洼不平时发出“吭吭”的金属撞击声。

2．故障原因

（1）轴承预紧度过大或间隙过小、油封过紧。

（2）轮毂轴承外圈走外圆（与承孔配合无过盈量）。

（3）使用的润滑脂不符合要求。

（4）车轮制动器拖滞。

（5）轴承疲劳磨损严重。

（6）轴承磨损后轴向尺寸减小，使轮毂靠近内侧，制动器发响。

（7）悬架机构中的减振器胶套破损或脱落。

3．故障诊断与排除方法

如果发现前悬架系统有异常噪声，应进行如下检查：检查球节和转向横拉杆端头润滑情况，如果润滑不足，更换球节和外转向横拉杆；检查悬架部件是否损坏，如果有损坏，更换损坏的悬架部件；检查控制臂衬套或转向横拉杆端头是否磨损，如果有磨损，更换控制臂衬套或转向横拉杆；检查稳定轴连杆是否松动，如果过松，需要紧固稳定轴连杆；检查车轮螺栓是否松动，如果过松，紧固车轮螺栓；检查悬架螺栓或螺母是否松动，如果有松动，紧固悬架螺栓或螺母；检查支柱减振器或支柱座是否磨损，如果有磨损，更换支柱减振器，并紧固支柱座螺栓；检查支柱弹簧是否错位，如果有错位，需要将支柱弹簧调整到合适位置。

二、轮胎异常磨损故障诊断与排除

轮胎主要的故障是不正常磨损。如果轮胎充气气压不正确或车辆有其他机械问题，会使轮胎出现不规则磨损，从而加快轮胎的正常磨损。这些磨损包括气压不足导致的胎肩过度磨损、气压过高导致的轮胎胎面中央部分过度磨损，另外还有车辆操纵或悬挂系统不良造成的胎面羽毛状磨损等。

1．故障现象

（1）胎肩磨损。

（2）正中磨损。

（3）单侧磨损。

（4）胎面开裂。

（5）羽毛状磨损。

（6）锯齿状磨损。

（7）波浪状磨损。

（8）碟片状磨损。

2．故障原因（与上述故障现象分别对应）

（1）轮胎长时间气压不足。

（2）轮胎长时间气压过高。

（3）前轮外倾角超差或前束调整不当。

（4）轮胎充气不足、超速或质量问题。

（5）多为前束调整不当所致。

（6）长期超载情况下频繁使用制动而未按期换位。

（7）车轮旋转质量不平衡；轮毂、轴承等原因使轮胎端面圆跳动过大；转向、悬架系统松旷。

（8）车轮动不平衡量大；轮毂、轴承等原因使轮胎径向圆跳动超差；转向、悬架系统连接松旷等。

3．故障诊断与排除方法

如果汽车轮胎异常或严重磨损，应进行如下检查：检查前轮和后轮定位，如果定位不符合规定，应对前后轮重新定位；检查前后轮前束是否过大，如果前束过大，应对前后轮前束进行调整；检查弹簧是否折断或下垂，如有此现象，应更换弹簧；检查轮胎是否不平衡，如果轮胎动不平衡，应平衡轮胎；检查支柱减振器是否磨损，如果磨损，更换支柱减振器；检查轮胎气压是否过低，如果过低，应将轮胎充至合适的压力。

学习单元 2　悬架故障诊断与排除

学习目标

1. 掌握悬架故障常见原因及特征
2. 掌握电控悬架故障的诊断方法及程序
3. 能够诊断排除悬架常见故障

相关知识

悬架技术状况变差，会影响汽车的平顺性，增加汽车的冲击载荷，加剧汽车零部件的损坏，更重要的是会破坏车轮正常的运动学力学关系，造成汽车的操纵性能、制动性能变差，对行车安全构成潜在的危险。因此，一旦发现悬架出现异常，就必须查出故障原因并及时排除，这样才能确保汽车高效、安全地正常行驶。

一、悬架故障常见原因及特征

1．非独立悬架故障原因

钢板弹簧弹力衰退、断片和减振器失效。

钢板弹簧定位、固定不好形成应力集中及中心螺栓或 U 形螺栓固定力矩不符导致钢板弹簧弹力衰退、断片。

减振器故障为缺油和减振器失效。

2．独立悬架故障原因

转向节及其支承、定位杆系的铰销磨损过大，杆系变形、有裂纹；悬架弹簧弹力衰退、断裂；减振器失效；橡胶消声垫损坏、润滑不良等。

二、电控悬架故障的诊断方法及程序

以丰田车系为例：

1．初步检查（功能检查）

（1）汽车高度调整功能的检查

1）检查轮胎气压是否正常（前后分别为 0.23 MPa 和 0.25 MPa）。

2）检查汽车高度（下横臂安装螺栓中心到地面的距离）。

3）将高度控制开关从 NORM 转换到 HIGH，如图 2—25 所示，车身高度应升高 10 ~ 30 mm，所需时间为 21 ~ 40 s。

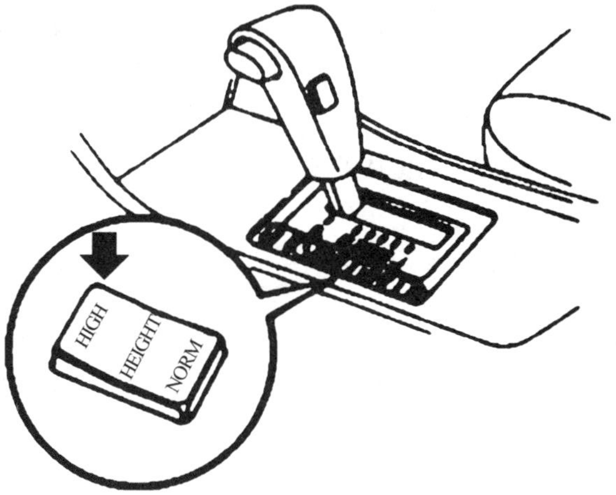

图 2—25　高度控制开关

（2）溢流阀检查

1）将点火开关置于 ON 的位置，将高度控制连接器的 1、7 端子短接，使压缩机工作，如图 2—26 所示。

2）等压缩机工作一段时间后，检查溢流阀是否放气，如图 2—27 所示。

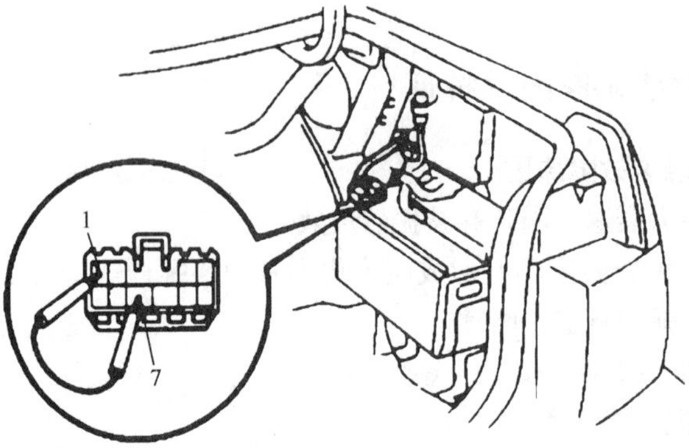

图 2—26　控制连接器端子

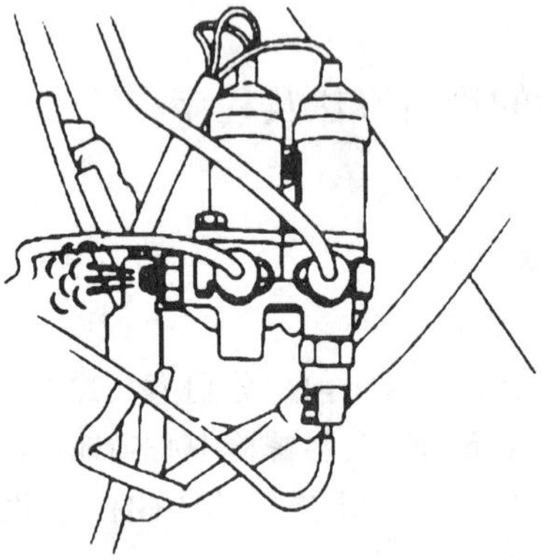

图 2—27　检查溢流阀

3）如果不放气，说明溢流阀堵塞、压缩机故障或有漏气的部位。

4）检查结束后，关闭点火开关，清除故障码。

（3）漏气检查

1）将高度控制开关置于 HIGH 的位置。

2）发动机熄火。

3）在管子的接头处涂抹肥皂水，如图 2—28 所示。

2．故障诊断

（1）指示灯检查

1）将点火开关置于 ON 位置，LRC 指示灯（SPORT 指示灯）和 HEIGHT 指示灯（NORM 和 HI 指示灯）应点亮 2 s，如图 2—29 所示。

2）如果 NORM 指示灯以 1 s 的间隔闪亮时，表明 ECU 中存在故障码。

3）如果出现故障，应检查相应电路。

（2）读取故障码

1）将点火开关置于 ON 位置，跨接 TDCL 或检查连接器的 T_c 和 E_1 端子，如图 2—30 所示。

2）从 NORM 指示灯的闪烁规律读取故障码，如图 2—31、图 2—32 所示。

如果高度控制 ON/OFF 开关置于 OFF 位置，会输出故障码 71，这是正常的。

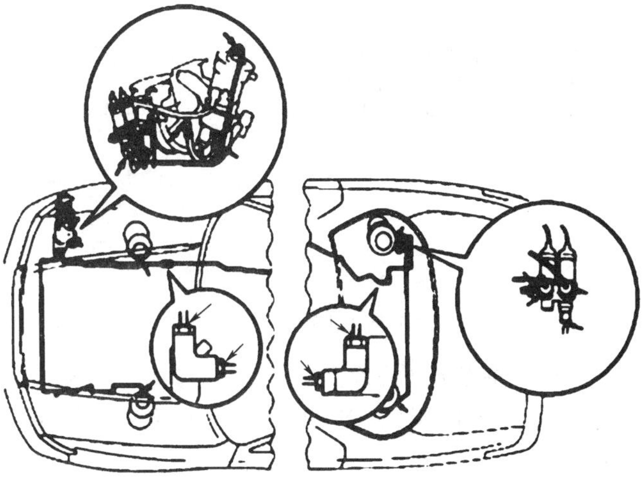

图 2—28　管子的接头处涂抹肥皂水

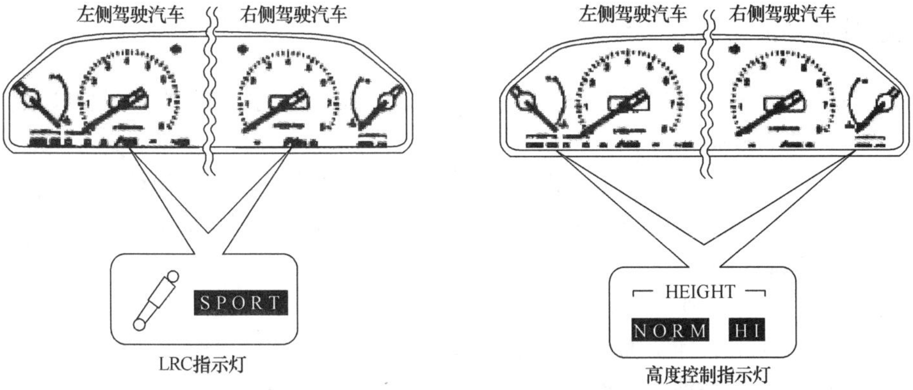

图 2—29　LRC 指示灯（SPORT 指示灯）和 HEIGHT 指示灯位置

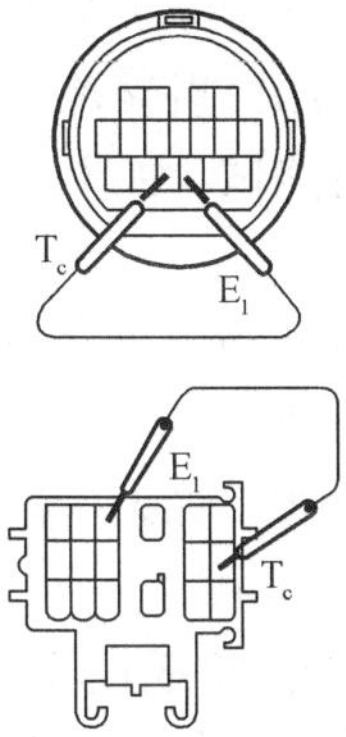

图 2—30　检查连接器端子

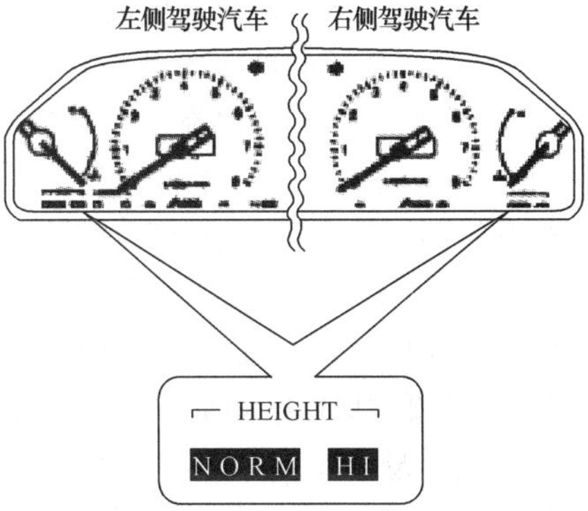

图 2—31　读取故障码

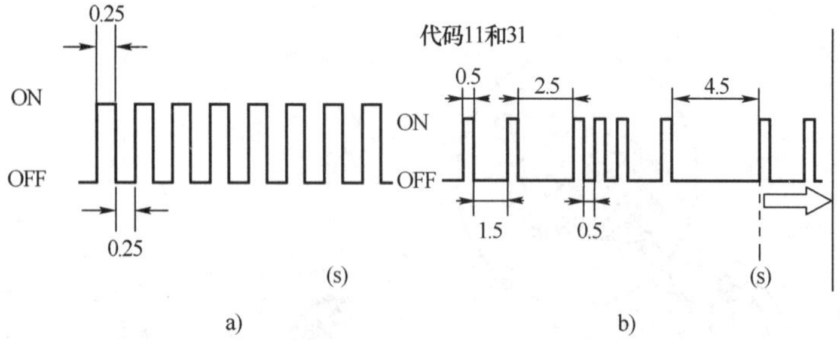

图 2—32　故障码闪烁规律

a）正常代码（无故障）b）故障码

（3）清除故障码。将点火开关置于 OFF 位置，拆下 1 号接线盒中的 ECU-B 熔丝 10 s 以上；或将点火开关置于 OFF 位置，跨接高度控制连接器的端子 9 与端子 8 10 s 以上。

技能要求

悬架振动故障诊断与排除

悬架出现故障的实质是外力对车辆的冲击振动与车辆的自由振动发生共振。

1．故障现象

（1）车辆行驶中，当车速超过一定值后，整个车身出现严重振动。

（2）当车辆低速行驶，遇到路面凹坑时，整个车身出现严重振动。

2．故障原因

（1）车轮动不平衡量超标。

（2）悬架和转向系统各件之间的连接间隙过大。

（3）减振器漏油或失效。

（4）车辆转向系统各部分间隙过大。

3．故障诊断与排除方法

（1）初步检查。悬架系统发生故障时涉及转向、轮胎等多个系统。在诊断悬架问题时，要综合考虑这些因素。有些故障，如轮胎磨损异常，可能是驾驶员驾驶习惯不良造成的，所以在维修之前必须先进行路试。如果有条件，应请驾驶者一起路试，然后进行以下检查：

1）检查轮胎压力是否合适，磨损是否均匀。如果压力不符合规定，应将轮胎充至合适的压力。

2）检查转向柱与转向机之间的连接是否过松或磨损。如果过松，紧固中间轴夹紧螺栓，必要时更换中间轴。

3）检查前后悬架系统、转向机和连杆等零件是否过松或损坏。如果过松，对前后悬架系统、转向机装配架、连接法兰夹紧螺栓进行紧固，必要时可更换前后悬架系统、转向机以及中间轴。

4）检查轮胎圆度。执行自由跳动测试，配装轮胎。

5）检查轮胎是否失衡，车轮是否有变形，车轮轴承是否有磨损或装配过松。如果失衡，要平衡车轮。如果车轮变形，必须更换车轮。如果车辆轴承有磨损或装配过松，应更换车轮轴承。

6）检查动力转向泵蛇形带张紧度。如果张紧度不符合要求，张紧动力转向泵蛇形带。

7）检查动力转向系统是否泄漏，检查动力转向泵液面。如果发现有泄漏，应修理漏油位置，并执行动力转向机测试。如果转向泵液面过低，应添加动力转向液。

（2）轮胎异常或严重磨损。如果汽车轮胎异常或严重磨损，应进行如下检查：

1）检查前轮和后轮定位。如果定位不符合规定，应对前后轮重新定位。

2）检查前后轮前束是否过大。如果前束过大，应对前后轮前束进行调整。

3）检查弹簧是否折断或下垂，如有此现象，应更换弹簧。

4）检查轮胎是否平衡。如果轮胎动不平衡，应平衡轮胎。

5）检查支柱减振器是否磨损。如果磨损，更换支柱减振器。

6）检查轮胎气压是否过低。如果过低，应将轮胎充至合适的压力。

（3）摆动或方向性差。如果发现摆动或方向性差，应进行如下检查：

1）检查轮胎是否匹配。如果发现轮胎不匹配，应更换轮胎。

2）检查球节和转向横拉杆端头是否润滑不足。如润滑不足，需加足润滑油。

3）检查支柱减振器是否磨损。如有磨损，更换支柱减振器。

4）检查稳定轴连杆是否过松。如过松，紧固稳定轴连杆。

5）检查弹簧是否折断或下垂。如有此现象，更换减振弹簧。

6）检查转向装置预紧力。如不符合标准数据，调整执行齿条预紧力。

7）检查前轮和后轮定位。如定位不符合规定，应对前后轮进行定位。

（4）轮胎摆振、摇振或颤动。如果发现轮胎摆振、摇振或颤动，应进行如下检查：

1）检查轮胎或车轮是否平衡。如果不符合要求，需要平衡轮胎。

2）检查轮毂跳动是否过大。测量轮毂法兰跳动，必要时更换轮毂。

3）检查制动鼓或制动盘是否失衡。如果失衡，应调整制动器，必要时更换制动盘或制动鼓。

4）检查转向横拉杆端头是否磨损。如发现磨损，应更换转向横拉杆。

5）检查下球节是否磨损。如果有磨损现象，更换下球节。

6）检查车轮跳动情况。测量车轮跳动量，如跳动量过大，应更换车轮。

7）检查在承载条件下轮胎和车轮总成的径向跳动。如径向跳动过大，应重新配装轮胎和车轮总成。

（5）前悬架系统有异常噪声。如果发现前悬架系统有异常噪声，应进行如下检查：

1）检查球节和转向横拉杆端头润滑情况。如果润滑不足，更换球节和外转向横拉杆。

2）检查悬架部件是否损坏。如果有损坏，更换损坏的悬架部件。

3）检查控制臂衬套或转向横拉杆端头是否磨损。如果有磨损，更换控制臂衬套或转向横拉杆。

4）检查稳定轴连杆是否松动。如果过松，需要紧固稳定轴连杆。

5）检查车轮螺栓是否松动。如果过松，紧固车轮螺栓。

6）检查悬架螺栓或螺母是否松动。如果过松，紧固悬架螺栓或螺母。

7）检查支柱减振器或支柱座是否磨损。如果有磨损，更换支柱减振器，并紧固支柱座螺栓。

8）检查支柱弹簧是否错位。如果有错位，需要将支柱弹簧调整到合适位置。

学习单元3　行驶系统异响故障诊断与排除

学习目标

1. 掌握行驶系统异响故障常见原因及特征
2. 掌握行驶系统异响故障的诊断方法
3. 能够诊断并排除行驶系统异响故障

相关知识

一、行驶系统异响故障常见原因及特征

行驶异响在汽车上涉及传动、行驶和转向三个系统，因此故障范围比较广，故障点也较多，但不管是什么原因导致的汽车行驶异响，其实质主要是由于系统零件配合松旷、损坏、润滑不良及一些定位参数的改变等方面引起的故障情况。以下主要分析引起行驶系统异响的原因。

1. 悬架螺旋弹簧弹力不足或断裂。
2. 稳定杆、上下摆臂变形。
3. 各铰接点磨损、配合松旷。
4. 车轮定位参数不当。
5. 轮胎变形、动不平衡。
6. 轮毂轴承过松或过紧、缺少润滑。
7. 减振器故障：衬套磨损和泄漏。

二、行驶系统异响的特征与规律

1．振动的响声

往往会引起汽车横向或纵向抖动。

2．敲击的响声

响声较清脆，有明显的节奏特征。与零件间隙、润滑条件、工作温度的关系较大。

3．摩擦的响声

一般响声较长，声音平直，无明显的节奏。如果是旋转元件与固定元件之间的响声，响声的大小随作用力的大小变化而变化，而且随作用速度的快慢，响声的大小和持续的长短也不一样。

4．金属与非金属之间的响声

其响声声音较“闷”。

5．纯金属之间的响声

响声纯正，有穿透力，回音较大。

6．软金属之间的响声

响声多为“钝”音，且回音小，但响声较大。

三、行驶系统异响故障的诊断方法

1. 根据异响现象和特点确定异响区域或部位。

（1）传动系统异响。一般响声出现在驾驶员操作动力总成的传动路线结构上，随车辆行驶速度的改变、方向的改变和负荷的改变而变化。

（2）悬架异响。响声无明显规律，一般与车速及路面状况有关，伴随车辆振抖、转向盘抖动、行驶跑偏等。

（3）车轮异响。具体响声来自车轮，有轴承松紧异响、制动时响声等。

2. 针对不同的异响特征，检查相关部位或区域的结构配合、零件磨损程度、润滑状况等，确定故障产生的原因和故障点。

3. 遵循故障发生现象及规律，找出确切的故障点排除并复检。

技能要求

一、诊断并排除行驶制动时异响故障

1．故障现象

车辆在行车过程中，踩下制动踏板，在车轮部位出现明显的异响。

2．故障原因

（1）制动片、制动鼓磨损超限或损坏。

（2）制动鼓开裂、变形。

（3）制动钳固定螺栓松动。

（4）制动活塞与制动片间隙不当。

（5）制动片滑动销与制动钳的配合间隙大。

3．故障诊断与排除方法

根据异响故障特点来判断故障。

（1）若异响声音尖而长，非常刺耳，无论是紧急制动还是缓慢减速，响声均存在，一般为制动片与制动盘（鼓）磨损或损坏。

（2）若响声尖而短，有时会在一声较大的响声后出现尖声，主要为制动钳的固定螺栓松动。

（3）若响声尖而短，制动时背面钢板与制动钳活塞之间产生钢与钢的干摩擦，主要原因为制动活塞与制动片间隙不当。排除方法为在制动片背面涂上少许润滑膏。

（4）若响声不尖而且短，制动片在制动时滑动产生响声，主要为制动片滑动销与制动钳的配合间隙大导致。

二、诊断并排除悬架振动异响故障

1．故障现象

车辆行驶中，当车速超过一定值后，整个车身出现严重振动、异响。

2．故障原因

（1）车轮动不平衡量超标。

（2）悬架和转向系统各零件之间的连接间隙过大。

（3）减振器漏油或失效。

3．故障诊断与排除方法

（1）检查轮胎压力是否合适，磨损是否均匀。如果压力不符合规定，应将轮胎充至合适的压力。检查轮胎圆度，执行自由跳动测试，配装轮胎。检查轮胎是否失衡，车轮是否有变形，车轮轴承是否有磨损或装配过松。如果失衡，要平衡车轮。如果车轮变形，必须更换车轮。如果车辆轴承有磨损或装配过松，应更换车轮轴承。

（2）如果异响伴随轮胎异常或严重磨损，应进行如下检查：检查前轮和后轮定位，如果定位不符合规定，应对前后轮重新定位；检查前后轮前束是否过大，如果前束过大，应对前后轮前束进行调整；检查弹簧是否折断或下垂，如有此现象，应更换弹簧；检查轮胎是否动不平衡，如果轮胎动不平衡，应平衡轮胎；检查支柱减振器是否磨损，如果磨损，更换支柱减振器。

（3）检查前后悬架系统、转向机和连杆等零件是否过松或损坏，如果过松，对前后悬架系统、转向机装配架、连接法兰夹紧螺栓进行紧固，必要时可更换前后悬架系统。

如果发现前悬架系统有异常噪声，应进行如下检查：检查球节和转向横拉杆端头润滑情况，如果润滑不足，更换球节和转向横拉杆；检查悬架部件是否损坏，如果有损坏，更换损坏的悬架部件；检查控制臂衬套或转向横拉杆端头是否磨损，如果有磨损，更换控制臂衬套或转向横拉杆；检查稳定轴连杆是否松动，如果过松，需要紧固稳定轴连杆；检查车轮螺栓是否松动，如果过松，紧固车轮螺栓；检查悬架螺栓或螺母是否松动，如果有松动，紧固悬架螺栓或螺母；检查支柱减振器或支柱座是否磨损，如果有磨损，更换支柱减振器，并紧固支柱座螺栓；检查支柱弹簧是否错位，如果有错位，需要将支柱弹簧调整到合适位置。

学习单元 4　行驶跑偏故障诊断与排除

学习目标

1. 掌握行驶跑偏故障的常见原因及特征
2. 掌握四轮定位的检测方法
3. 能够诊断并排除行驶跑偏故障

相关知识

一、行驶跑偏故障常见原因及特征

造成汽车行驶跑偏的根本原因是汽车车轮的相对位置不正确，两侧车轮受到的阻力不一致。

1．车轮的定位参数

（1）外倾角。不管采用正外倾角还是负外倾角，由于车轮内侧和外侧转动的半径不一致，而车轮转速相同，必然造成车轮内外磨损不均匀。

（2）前束角。前束角的作用主要是消除由于车轮外倾所产生的轮胎侧滑。

（3）主销后倾角。其作用是增加直线行驶的稳定性，影响汽车的偏行，转向后使转向盘自动回正。

（4）内倾角、包容角和摩擦角。内倾角的作用是转向后使车轮自动回正，并使转向轻便。包容角用来诊断悬架系统结构定位是否失准或悬架系统是否变形。摩擦角是指轮胎与地面接触时的全反力与法线间的最大夹角，是车轮能否保持稳定的重要依据。

2．造成车轮的相对位置不正确的因素

（1）轮胎的影响

1）轮胎压力。轮胎气压不等会使轮胎变得大小不一样，滚动起来必然会跑偏。

2）轮胎花纹。两侧的轮胎花纹不一样或花纹一深一浅不一样高。汽车长时间没有做车轮动平衡会导致车轮轮胎出现较为严重的磨损，如果左右车轮的磨损量不同，也会出现车身倾斜，使左右两侧外倾角不一致而导致汽车行驶跑偏。

最好是全车都使用同一种型号的轮胎，最起码前轴及后轴的两个轮胎必须是一样的，而且花纹深度必须一样，超过磨损极限必须更换。

（2）底盘或车架变形的影响。底盘或车架的变形会使左右两轴的长度不相等，导致汽车行进时绕前轮轴线和后轮轴线的交点转动，最终导致行驶跑偏。

（3）弹性元件和减振器的影响。弹性元件在汽车行驶时由于受到路面不平引起的对车身的交变冲击载荷，时间长了，会导致弹性元件出现疲劳现象，使弹性元件失效，承受并传递垂直载荷的能力大大下降。情况更严重的会出现车身明显倾斜，导致汽车向一边偏行。

前减振器弹簧变形会导致两侧缓冲不一致。前减振器失效后，在车辆行驶中两悬挂会一高一低，受力不均匀，导致跑偏。

3．造成两侧车轮受到的阻力不一致的因素

主要是轮胎与地面的摩擦阻力、单侧制动拖滞、车轮轴承预紧力不一致等。

二、四轮定位的检测方法

以百斯巴特 E8 系列四轮定位仪的操作过程为例。

1．定位前的准备工作

（1）车开上举升机之前，先检查转角盘的销子是否销好。目的是防止损坏转角盘，防止车身滑动。

（2）应尽量将车停在转角盘和后滑板的中心。目的是防止前轮 20° 转向测量时对转向机构有附加阻力。

（3）将车辆停正在举升机上。若车辆不到位会影响测量精度。

（4）车辆准备。降下驾驶员侧风窗玻璃，安装座椅套、地板垫、转向盘套。

（5）在定位仪程序中建立用户和车辆档案。

（6）识别车辆。找到车辆 VIN 码并且记录。

（7）正确选择车型数据。在数据库中找到相应车型，完成车型数据选择，选择“USER”即可见到各个国内汽车生产厂商所生产的各种车型的相关数据。

（8）确认转向盘位置。转向盘解锁，检查转向盘是否在正中位置。

（9）检查轮胎和轮辋。检查实车安装轮胎型号是否与车辆铭牌要求一致。检查同轴两侧车轮轮胎花纹是否一致。目视检查所有轮胎是否有裂纹、损坏、异常磨损以及是否嵌入金属颗粒或异物。使用胎纹深度尺，测量所有轮胎面沟槽深度并记录。使用胎压表检查或调整所有车轮气压达到标准并记录。

（10）检查车辆承载。检查备胎是否安放到位。检查驾驶室内是否空载。

（11）目视检查车身外观。检查车身前、后部是否有严重撞击变形。

（12）输入车辆状况。在车辆状况表中必须输入轮胎型号、调整后的胎压值及胎纹深度。

（13）底盘检查

1）检查转向连接机构。检查横拉杆有无弯曲和损坏，横拉杆球头是否松动，横拉杆防尘套是否开裂和撕破，转向节是否损坏。

2）检查前、后轴悬架。检查稳定杆连杆有无弯曲或损坏，稳定杆有无弯曲或损坏，悬架臂是否损坏。

3）检查轮毂轴承。检查轮毂轴承有无松旷。

如发现底盘和悬架存在其他严重问题，在“车辆状况”中输入，应在维修后做四轮定位。

2．安装夹具及传感器

（1）举升平台落锁到最低落锁位置。

（2）安装传感器夹具。

（3）安装传感器。传感器上粘贴的图标指示出传感器的安装位置。

（4）激活传感器。分别按下四个传感器上的“R”键以激活传感器。

（5）车辆变速器挡位调整。安装车轮挡块；变速器调至空挡；释放驻车制动器。

3．轮毂偏位补偿

（1）举升机操作。放置二次举升支承垫块，升起举升机小剪，使车轮离开举升机 10 cm 左右，充分悬空，以便进行轮毂补偿。

（2）调整传感器至水平位置并拧紧夹具上的固定螺钉。

（3）进行轮毂偏位补偿（四轮）

1）分别完成左前轮、右前轮的轮毂补偿。

2）完成前部车轮的补偿值计算。

3）完成左后轮、右后轮的轮毂补偿。

4）完成后部车轮的补偿值计算。

4．定位检测

（1）举升机操作：小剪回位。拔出前轮转角盘及后轮后滑板的固定销并放好。若车辆不到位，必须移动车辆到位。

（2）检测准备工作。实施驻车制动，使用刹车锁顶住脚制动踏板。

（3）按动车辆前、后部数次，使减振器复位。

（4）转动转向盘，使车轮方向对中。

（5）如果需要，按照屏幕提示调节传感器水平。

（6）按照程序引导，分别向左、右 20° 转向操作。

（7）屏幕上自动出现调整前检测的检测数据报告（表格形式）。

所有测量值都列在“调整前检测”一栏下，在此栏中，绿色测量值表示该值处于合格范围之内，红色表示该测量值在合格范围之外，黑色表示该测量值没有合格范围（无标准数据）。

附加说明：1° = 60′。

公差计算方法举例：1° 20′ ± 30′。

最小合格数值：1° 20′ −30′ =50′。

最大合格数值：1° 20′ +30′ =1° 50′。

5．对车辆进行定位调整

（1）按照屏幕上的箭头打正转向盘。

（2）用转向盘锁锁住转向盘。

（3）对于单个轴，一般先调整主销后倾角和外倾角，再调整前束角。

1）若调整时不需要移动前轴副车架，则车辆的调整顺序如下：

①调整后轴的外倾角。

②调整后轴的前束。

③调整前轴的外倾角。

④调整前轴的前束。

2）若调整时需要移动前轴副车架，则车辆的调整顺序如下：

①调整前轴的外倾角。

②调整后轴的外倾角。

③调整后轴的前束。

④调整前轴的前束。

（4）汽车外倾角的调整。需要将车轮举升调整前轮外倾角。点击屏幕下方的“举升车辆”图标，则屏幕给出举升车辆提示框。此时应当用二次举升器把车辆前轴平稳顶起至前轮悬空状态。然后单击屏幕上的“OK”图标，则屏幕显示出外倾角顶升悬空调整画面。

（5）“外倾角顶升调整”画面。在此画面下调整左右两侧的前轮外倾角。当外倾角的数值都达到合格范围之后，单击屏幕上的“退出”图标。

（6）屏幕显示出结束顶升调整的提示框，这时应放下二次举升器，使两前轮回到转角盘上。然后上下拉动副车架几次，使悬挂回位。再单击屏幕上的“OK”图标。

（7）如果外倾角数值是合格的，则可继续调整前束。如果外倾角仍不合格，则需重新举升前轴调整外倾角，直至外倾角数据合格。

（8）将单轮前束按照屏幕标准数据调整到公差范围之内。

6．调整后检测

（1）从转向盘上取下转向盘锁。

（2）检查刹车锁是否顶住脚刹车踏板，如果刹车锁松开或脱离，重新锁牢。

（3）调整后检测步骤和调整前的检测步骤相同。

7．打印检测报告

打印车辆状况和检测的报表。调整后检测完成得到的检测报告即为最终的检测报告。此报告的最右一列数据就是调整后的车辆实际定位参数。

8．设备复位和工位整理、清洁

（1）取下传感器并放回初始位置。

（2）升起举升机小剪，使车轮悬空。

（3）将前轮转角盘固定销插入。

（4）将后轮滑板固定销插入。

（5）举升机小剪缓慢回落，完全回位。

（6）拆除刹车锁，并放至规定位置。

（7）拆下前后轮卡具，并归位。

（8）定位仪程序复位。

（9）回收二次举升支承垫块及车轮挡块。

（10）操作举升机大剪回到最低位置。

（11）升车窗玻璃。

（12）取下车内三件套。

（13）关闭车门。

（14）清洁车辆、场地、工具、设备。

9．传感器标定

当屏幕出现提示“检测数据超出公差范围或设备设置不正确”时，表明定位仪检测测量精度不能保证，传感器需要做标定。

技能要求

汽车行驶跑偏故障诊断与排除

汽车行驶跑偏故障的实质是两侧车轮在行驶过程中线速度不等。

1．故障现象

车辆在直线行驶中，需要不断校正方向，如果轻扶转向盘，车辆就会向一侧跑去。

2．故障原因

（1）两侧车轮行驶的线速度不等，如轮胎气压不等，轮胎滚动直径、花纹不等，轮毂轴承的预紧度不等，一侧车轮制动器不复位等。

（2）四轮定位不准，如车身倾斜、四轮定位参数不准、车桥移位等。

3．故障诊断与排除方法

（1）如果发现车辆产生转向盘不居中、行驶跑偏现象，应按以下程序进行检修：

1）用气压表检查、调整全部轮胎气压。

2）若无气压表，可用目测法观察轮胎的变形及压迹来判断车轮的轮胎气压。

3）调整后，所有轮胎气压应保持一致。同一车辆必须安装同种型号轮胎，否则会导致转向盘不居中、行驶跑偏。

4）当两侧轮胎磨损差别较大时，应进行换位，使左右轮，尤其是左前轮和右前轮的磨损状况一致或接近一致。前轮定位参数及前束不符合使用技术要求时，大多是由于长时间磨损和保养不当所致。进行调整前必须用前轮定位仪和前束尺进行测量。

（2）行车中发现汽车跑偏，可停车用手摸制动鼓是否发热，轮毂是否发热，若发热，说明轮毂或制动鼓过紧，必要时予以调校或修复；若不热，则依次检查轮胎气压、轴距、车架，如无故障，则检查前轮定位。按规定充气，确保左右轮胎气压一致；如发现钢板弹簧断损或弹性太差应予及时换新；若引起前轮定位失准，应按规范予以校正和调整。

（3）车桥、转向传动机构或车架发生左右方向的变形时，将导致车辆朝一个方向跑偏。而车桥、转向传动机构各配合部位间隙过大时，会造成车辆任意方向的跑偏。根据跑偏的方向，判断故障原因并进行调整和修理。通过测量左右轴距判定前后桥是否平行，前后桥不平行多由于车桥或车架变形所致。如发现变形，应予以校正或修整。对于独立悬架，前后桥不平行是由于悬架装置安装调整不当而造成的，可通过调整下控制臂的安装位置来解决。

（4）转向摇臂在轴上装置不当，转向角限位装置调整不当。前轴窜动、前钢板弹簧U形螺栓松动或中心螺栓折断、U形螺栓不对称的钢板弹簧前后装反，或由于碰撞或转向调整装配不当导致汽车左右转弯时，左右转弯量不均匀，一边大一边小。遇到此现象，先检查易见部分，如钢板弹簧、转向角限位装置等。如无故障，可检查是否窜动。最后检查摇臂的安装是否正确。可支起前桥，将转向盘从一个极限位置转到另一个极限位置，记住圈数，再倒回总圈数的一半。检查转向摇臂是否在中间位置，若位置不当，应加以调整。

（5）车在行驶中自动偏向一边，特别是在平直道路上更为明显，其原因分析及排除方法如下：转向器中控制阀与阀套之间的定位弹簧弹性降低或折断。控制阀与阀套间安有定位弹簧片，使阀套与控制阀处于“中立”位置，因而车辆可保持直线行驶。当弹簧片弹性减弱或折断时，易使阀套和控制阀产生偏转，引起单边油缸运动，致使车辆跑偏。弹簧片弹性降低产生的跑偏多数为偏向一侧，而回位弹簧一端折断导致的车辆跑偏是忽左忽右。弹簧折断的原因大部分是操作不当，如发动机熄火后，转动转向盘过猛或当转向盘转到端点还继续用力，未能及时返回等。

检查方法是：在平直道路上将车摆正做好标记，然后轻轻摆动转向盘，注意向左、向右都不要超过8°，看其回位情况。在低速行驶中，重复上述动作，如果回不到中间位置，且无其他原因引起跑偏时，可能是回位弹簧折断或弹性降低，应更换配件。

（6）控制阀中销柱弯曲。使用过久的车辆，由于阀套与控制阀中的销柱长期受扭转作用，尤其车辆在行驶中超载，使转向器承受很高的背压，致使销柱承受很大的扭转力。使用过久，易造成销柱弯曲变形，使阀套与控制阀不能处于“中立”位置，也可造成汽车跑偏。

（7）轮胎气压相差太大。两前轮轮胎气压相差太大，也可引起跑偏。此现象一般在重载时明显，一般情况下两轮压差不应超过0.078 MPa。

第三节　转向系统故障诊断与排除

学习单元1　机械转向系统故障诊断与排除

学习目标

1. 掌握机械转向系统故障常见原因及特征
2. 掌握机械转向系统基本检测方法
3. 能够诊断并排除机械转向系统故障

相关知识

一、机械转向系统故障常见原因及特征

汽车转向系统技术状况的好坏对汽车的行驶安全有着重要的影响。在对转向系统故障进行诊断时，除考虑转向系统方面的原因外，还应考虑行驶方面的原因。

1．转向器方面原因

转向器主动部分轴承调整过紧、过松或从动部分与衬套配合过紧、过松；转向器主、从动部分的啮合间隙不当；转向器缺油或无油；转向器壳体变形；转向管柱转向轴弯曲或套管凹瘪造成互相碰擦；转向盘弯曲变形；齿轮齿条转向器中齿轮与齿条啮合间隙过大或过小。

2．转向传动机构原因

转向节主销后倾角过大、内倾角过大或前轮负外倾；转向传动拉杆球头连接处过紧或缺油；转向节止推轴承缺油或损坏；转向节主销与转向节衬套配合过紧或缺油。

3．车轮、悬架等其他方面原因

转向轮轮胎气压不足，动不平衡；转向轮本身定位不准或车轴、车架变形造成转向轮定位失准；轮毂轴承间隙过松或过紧；左右悬架刚度不等，减振器失效，导向装置失效。

二、机械转向系统基本检测

转向系统是汽车整车的控制系统，直接控制汽车的行驶方向，关系到汽车的操纵稳定性和行驶安全性。汽车长时间的行驶容易造成转向系统各个零部件的磨损、变形、断裂。这都会对汽车系统造成影响，使汽车在正常行驶时处于危险状态。所以应该定期和不定期检测转向系统，以确定整个系统的运行状态，保证汽车的安全行驶。一般来说，转向系统的检测包括四轮定位的检测、车轮定位的检测、转向盘自由行程和转向力的检测。

四轮定位检测方法已在前文中叙述，在这里就不再赘述。以下主要分析转向盘自由行程和转向力的检测方法。

1．转向盘自由行程检测

汽车保持直线行驶位置不动，向左或向右轻轻转动转向盘时，可以发现汽车的转向轮并没有转动。把转向盘的这个游动角度称为自由转动量，也就是转动转向盘时的自由量。在用转向参数仪检测时，先定好零点，然后从中间位置向左转动到车轮似动非动时，记下测量值；再回到中间位置，然后向右转动到车轮似动非动时，记下测量值。取两次测量结果的最大值作为其自由转动量，并与国家标准中的有关规定进行对比，从而判断其是否合格。

2．转向力的检测

操纵稳定性良好的汽车，必须有适度的转向轻便性。如果转向沉重，不仅增加了驾驶员的劳动强度，而且可能会导致不及时正确转向而影响汽车安全行驶。如果转向太轻，又可能导致驾驶员路感太弱或转向发飘，同样不利于安全行驶。转向轻便性可用一定行驶条件下作用在转向盘上的转向力来表示，采用转向参数测量仪可以测量转向盘的转向力。下面以国产 Z-2 型转向参数测量仪为例，介绍其检测转向盘转向力的方法，如图 2—33 所示。

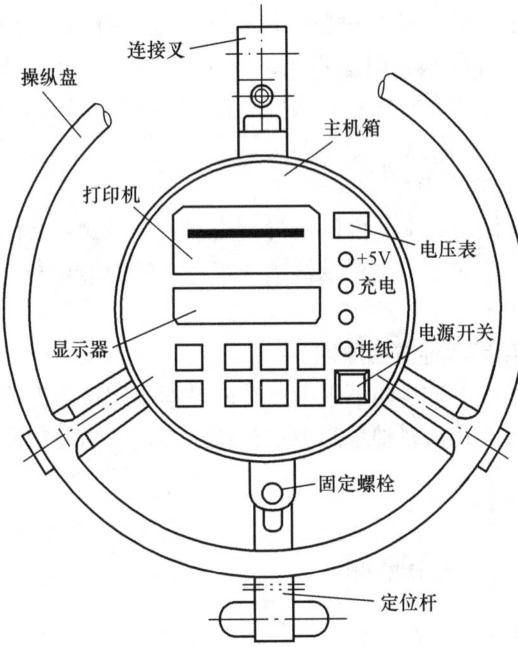

图 2—33　国产 Z-2 型转向参数测量仪

将转向参数测量仪对准被测转向盘中心，调整好三只活动卡爪的长度，与转向盘牢固连接。

（1）检测。转动操纵盘，转向力通过底板、力矩传感器、连接叉传递到被测转向盘上，使转向盘转动。此时，力矩传感器将转向力矩转化为电信号，而定位杆内端连接的光电装置将转角的变化信号变为电信号。这两种电信号由计算机自动完成数据采集、转角的编码、运算、分析、存储、显示和打印，因而该仪器既可测得转向力，又可测得转向盘的转角。

转向力的检测可按转向轻便性试验方法来进行，一般有原地转向力试验、低速大转角转向力试验、弯道转向力试验等。

（2）结果分析。路试时检测转向盘最大转向力采用下面的方法：汽车空载在平坦、干燥、清洁的硬路面上，以 10 m/s 的速度在 5 s 之内沿螺旋路线从直线行驶过渡到直径为 24 m 的圆周行驶，施加于转向盘外圆的最大切向力不得大于 150 N。

技能要求

机械转向系统的常见故障主要包括转向沉重，转向不灵敏、操纵不稳定，高速摆振，单边转向不足等。

一、转向沉重故障诊断与排除

1．故障现象

汽车行驶中，驾驶员向左、右转动转向盘时，感到沉重费力，无回正感；汽车低速转弯行驶和调头时，转动转向盘感到非常沉重，甚至转不动。

2．故障原因

（1）转向器故障。转向器主动部分轴承调整过紧或从动部分与衬套配合过紧；转向器主、从动部分的啮合间隙过小；转向器缺油或无油；转向器壳体变形；转向管柱转向轴弯曲或套管凹瘪造成互相碰擦；转向盘弯曲变形；齿轮齿条转向器中齿轮与齿条啮合间隙过小。

（2）传动机构故障。转向节主销后倾角过大、内倾角过大或前轮负外倾；转向传动拉杆球头连接处过紧或缺油；转向节止推轴承缺油或损坏；转向节主销与转向节衬套配合过紧或缺油（对采用非独立悬架的货车来说）。

（3）其他故障。转向轮轮胎气压不足；转向轮本身定位不准或车轴、车架变形造成转向轮定位失准。

3．故障诊断与排除方法

（1）检查汽车是否超载或前部装载过多，前轮胎气压是否过低，若轮胎气压偏低，应充气使之达到规定值。

（2）支起前桥，用手转动转向盘试验。

1）若感到转向盘轻便，说明前轴或车架变形、前轮定位失准等，应检查校准。

2）若转向仍感沉重，说明故障在转向器或转向传动机械，与前桥和车桥无关。

（3）拆下转向摇臂，转动转向盘试验。

1）若感觉转向轻便，说明故障在转向传动机构；用手左右扳动前轮试验，检查转向节主销与衬套的配合情况，若扳动车轮比较费力，说明转向节主销润滑不良或配合间隙过小，应加注润滑脂或调整配合间隙。

2）检查转向节止推轴承，若轴承缺油或损坏，应更换。

3）检查转向拉杆各球头的润滑和松紧度情况。若拉杆球头过紧，应加注润滑脂或调整拉杆球头的松紧度，若转向仍然沉重，说明故障在转向器。

4）检查转向器内润滑油量和质量。若润滑油液面过低，说明转向器内缺少润滑油，应添加至规定位置。若润滑油变质，应更换润滑油。

5）检查转向器自由行程，若自由行程过小，说明转向器啮合转动副啮合间隙过小，应调整；转动转向盘，察听转向轴与套管有无碰擦声，若有碰擦声，说明转向轴或套管变形，应校直。

6）检查转向传动轴万向节。若万向节缺油，应加注润滑脂；若万向节十字轴轴承损坏，应更换。

7）检查转向器蜗杆上下轴承的预紧度。若预紧度过大，应调整。

8）经上述检查均正常，应拆检转向器，检查转向器内部的轴承、衬套、啮合副齿是否有损坏或严重磨损等，根据检视情况，更换相应零部件。

具体诊断流程如图 2—34 所示。

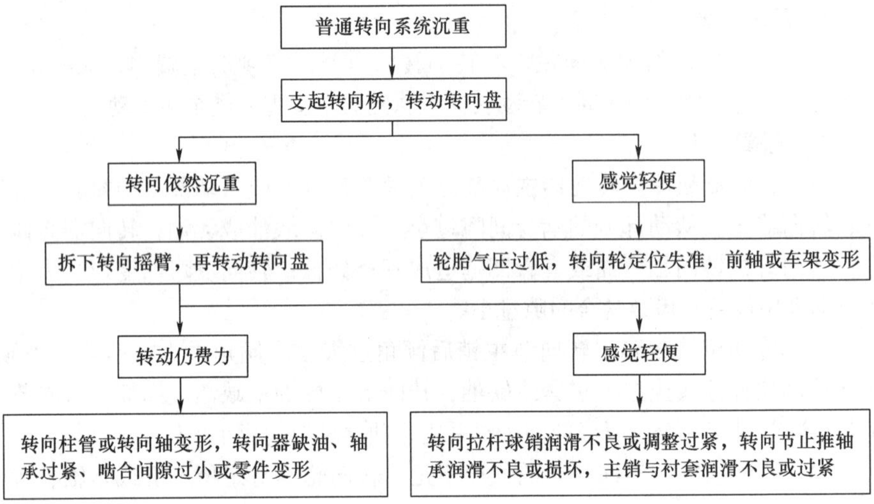

图 2—34　转向系统沉重故障诊断流程

二、转向不灵敏、操纵不稳定故障诊断与排除

1．故障现象

汽车在行驶时，转向盘需要转过较大的角度才能控制汽车的行驶方向。

2．故障原因

（1）转向器故障。啮合副主、从动配合间隙过大；转向器总成安装松动。

（2）转向传动机构故障。转向盘与转向轴连接部位松旷；转向垂臂与转向垂臂轴连接松旷（花键磨损）；横、直拉杆球头松旷；转向节主销与衬套磨损后松旷。

（3）其他故障。车架弯曲变形；前轮定位调整不当；车轮轮毂轴承间隙过大。

3．故障诊断与排除方法

转向不灵敏故障的诊断流程如图 2—35 所示。

三、高速摆振故障诊断与排除

1．故障现象

汽车在高速或某一个较高车速行驶时，出现转向盘抖动、行驶不稳定现象。

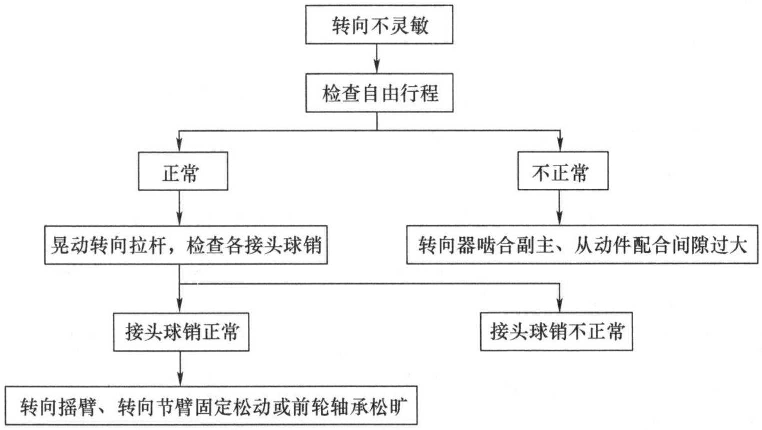

图 2—35 转向不灵敏故障诊断流程

2．故障原因

（1）前轮动不平衡。

（2）前轮辋变形。

（3）转向传动机构运动的干涉。

（4）车架、车桥的变形。

（5）悬架装置出现故障，如左右悬架刚度不等、减振器失效、导向装置失效等。

3．故障诊断与排除方法

（1）外观检查

1）检查后轮胎气压是否过低，若气压过低，应充气使之达到规定值。

2）检查前桥、转向器及转向传动机构是否松动，若松动，应紧固。

3）检查前减振器是否漏油，若漏油或失效，应更换。

4）检查左右悬架弹簧是否折断或弹力减弱，若有折断或弹力减弱，应更换。检查悬架弹簧是否固定可靠，若松动，应紧固。

（2）支起驱动桥，用三角塞塞住非驱动轮，起动发动机并逐步使汽车换入高速挡，使驱动轮达到车身摆振的车速。若此时车身和转向盘出现抖动，说明传动轴严重弯曲或松旷，驱动桥齿轮啮合间隙过大，应更换或调整；若此时车身和转向盘不抖动，说明故障在前桥。

（3）检查前轮是不是偏摆。支起前桥，在前轮轮辋边上放一划针，慢慢地转动车轮，查看轮辋是否偏摆过大，若轮辋偏摆过大，应更换。拆下前轮，用车轮动平衡仪检查前轮的动平衡情况，若不平衡量不大，应加装平衡块予以平衡。

（4）经上述检查均正常，应检查车架和前轮是否正常。用前轮定位仪检查前轮是否正确，若不正确应调整；检查车架有无变形，若有变形，应校正。

四、单边转向不足故障诊断与排除

1．故障现象

汽车左右转向时，出现某一边转向角过小或某一位置出现卡滞，转动费力。

2．故障原因

（1）转向传动机构变形，安装不对。

（2）转向器内有异物，传动副间隙调整不当，组件损坏等。

（3）悬架弹簧变形，钢板弹簧中心螺栓折断。

3．故障诊断与排除方法

（1）外观检查。检查转向拉杆有无变形，若有变形，应校直。检查悬架弹簧有无变形，钢板弹簧中心螺栓有无折断，若有变形或折断，应更换。检查前轴有无变形，若有变形，应校直。

（2）若汽车在维修后出现单边转向不足，将汽车停放在平坦的地面上，支起前桥，将转向盘一边转到底，再回转另一边到底，记住转向盘转动的总圈数，将转向盘由一边转过总圈数的一半，检查前轮是否处于直线行驶位置。若前轮不处于直线行驶位置，说明转向摇臂安装位置不对，应拆下重新安装。若转向盘转不到总圈数的一半，转向角限位螺钉就顶住转向节，说明转向角限位螺钉调整不当，应重新调整。

（3）经上述检查均正常，应拆检转向器，检查转向器内是否有异物卡住，转向器啮合传动副是否磨损过大或变形等。根据检查检视情况，更换相应零部件。

学习单元 2　液压助力转向系统故障诊断与排除

学习目标

1. 掌握液压助力转向系统故障常见原因及特征
2. 掌握液压助力转向系统故障的诊断方法
3. 能够诊断并排除液压助力转向系统故障

相关知识

汽车液压助力转向系统常见的故障及原因如下：

1．转向时有异响

转向时有异响一般是机械部分，如主销与衬套损伤、立柱止推轴承损坏等造成的。检查时可以左、右转动转向盘，观察响声的部位进行拆检。

2．转向机漏油

转向机漏油主要是以下几个部位：转向机上盖、侧端盖和转向轴拐臂连接处。这三个部位都有密封圈，更换新的油封和密封圈就可解决。如果其他部位漏油，可能是转向机壳体有砂眼或裂痕。细小的砂眼和裂痕可以用高渗透性密封胶来堵漏。

3．转向回位较困难

一般车辆都有转向自动回位的功能。液压助力的汽车，由于液压阻尼的作用，自动回位的功能有所减弱，但还应保持一定的自动回位的能力。如果回位时，也要像转向时那样施力，就说明回位功能有故障。这种故障一般都发生在转向机械部分，转向节主销与衬套缺油而烧损，转向横、直拉杆接头缺油而锈蚀，转向盘与转向机连接的操纵轴万向节缺油以及转向机的转向轴扇齿与活塞直齿啮合太紧等都会造成这种故障。

4．助力泵漏油

如果从助力泵后端盖漏油，显然是后端盖密封圈破损，这是比较容易发现的。实际中还有一种难于发现的故障，就是转向油罐里的油不断减少（总需要补充），而发动机油底内的机油却不断增多或者表面上看起来发动机丝毫不烧机油，放出部分油底机油观察没有什么异常现象，也嗅不出什么其他的异味，这种情况显然是助力泵驱动轴端的油封漏油所致。助力泵低压油腔的液压油由油封漏至发动机正时齿轮室，流入油底壳，液压油与机油混合无法分辨。

5．转向沉重

（1）单边转向沉重。在实际中往往发生向一个方向转向轻快，而向另一个方向转向沉重的故障，这一般是由于负责密封一侧高压腔的密封件漏损所致，如转向螺杆密封圈、活塞圆周上油道密封圈等。还有一种情况应当注意，那就是转向沉重，这是因为一侧的限位阀封闭不严。封闭不严可能是调整不当，使该限位阀大部分在常开位置，或是阀与阀座封闭不严，更多的情况是限位阀上两个“O”形密封圈失效所致。

有时会发生向某一方向转向时从头至尾都很轻，而向另外一个方向转向时，开始很轻，每转到某一个位置，转向就突然沉重。这种故障一般是由于该方向的限位阀调整不当，使车轮还没有到极限位置时，限位阀就打开卸荷，此后转向立刻沉重。遇有此故障时，只要进行限位阀的重新调整就行了。

（2）两侧方向都沉重。如果遇有方向沉重的故障，特别是向两侧转向都沉重，应先找转向机械部分的原因，如果机械部分没有问题，再查找转向助力方面的原因。转向节长时间不保养，使转向立柱和衬套严重缺油、磨损甚至烧蚀，会引起转向沉重。因此在保养时，必须向转向立柱空腔内注满润滑脂，且每次注入润滑脂时需用千斤顶将前桥支承起来，至立柱上、下两支承面都有润滑脂挤出为止，此时说明立柱与衬套间已注满润滑脂。转向立柱的平面止推轴承如果严重磨损，或是损坏，也会造成转向沉重的故障。

机械部分的故障可以通过观察转向立柱、转向节的外观和扳动前轮感受前轮左、右摆动阻力的方法来检查。如果转向机械部分没有问题，那么显然是转向助力部分产生故障。机械部分故障可以通过上一单元介绍的方法，迅速、准确地查出引起转向沉重故障的部位，然后通过拆检查明故障的原因。

（3）快速打方向沉重。在转向时如果慢慢打方向时转向还轻，但在急转弯快速打方向时，转向立刻就重，就说明在快速打方向时，助力泵的有效排量不够，助力油对油缸高压腔的补充还跟不上活塞的运动，助力油压得不到建立，因而导致转向沉重的故障。这类故障主要在助力泵。如果助力泵流量控制阀泄

漏、弹簧失效以及泵叶片与腔室表面严重磨损都会造成这种现象。

一般来讲引起转向重的原因有如下几种：

1）转向机故障。通过检查如果发现是转向机助力油压较低，说明转向重的原因在转向机。此时应由专业厂家进行修理。转向机故障大部分是由于活塞、缸筒拉伤或是活塞上密封圈损坏造成活塞两腔相通，使助力压力不能有效地建立。此外，活塞圆周面上的各种密封圈、转向螺杆上的密封圈破损，也会造成高压卸荷，而使助力压力降低。

2）助力泵故障。通过试验判断助力泵的泵压达不到标准值时，显然转向沉重与此有关。首先应检查流量控制阀与阀座的啮合面、安全阀钢球是否封闭不严。如果是流量阀或安全阀泄漏，可通过研磨的方法修复。其次再检查安全阀的弹簧是否失效。这点可通过在弹簧后面加垫片的方法检查，如果在弹簧后面增加一垫片后，最大泵压有明显增加，说明弹簧失效。如果这两个部位都无问题，则应拆卸解体助力泵，观察叶片泵的腔壁是否磨损和拉伤。因腔壁拉伤会使高、低压腔相通，从而造成压力建立不起来。一般拉伤的原因都是油脏。如果转向突然沉重，则应检查是否是泵轴断裂所致。

3）缺油，系统有空气。如果助力系统缺油，造成系统内有空气，此时不仅转向沉重，而且在转向时还有噪声。此时按加油与放气的程序进行排气即可。

4）储油罐内回油滤清器堵塞。储油罐内回油滤清器长期不保养、不更换，造成堵塞，使助力油循环不畅，造成回油背压增大，同样会使转向沉重。

5）两个限位阀的密封圈失效，使活塞两腔相通造成助力失效。

技能要求

液压动力转向系统的常见故障为转向沉重或助力不足、转向回正过度、转向振抖、左右转向轻重不同、转向有噪声等。

一、转向沉重或助力不足故障诊断与排除

1. 故障现象

汽车转弯行驶时，感到转向沉重，液压助力作用有短暂的丧失。

2. 故障原因

机械部分原因类似于机械转向系统。

动力转向装置故障：液压动力转向装置转向油罐动力转向液不足；液压动力转向助力泵传动带损坏或打滑；液压动力转向助力泵调节阀失效或磨损过大，使输出压力过低；液压动力转向控制阀不良或密封环损坏，转向器动力缸活塞密封圈损坏；液压动力转向系统液压回路中有堵塞或泄漏现象；管路中有空气，管路接头泄漏等。

3. 故障诊断与排除方法

（1）检查转向油泵驱动部分的情况，用手压下转向油泵的驱动带，若压下

量过小，说明驱动带过紧，需调整。起动发动机，使发动机处于怠速运转，突然提高发动机的转速，检查转向油泵驱动带有无打滑现象，如有打滑现象，说明驱动带过松或磨损过大，应调整或更换。

（2）检查转向油液在储液罐中的液面高度，若转向油液液面处于下线或“MIN”线以下，说明转向油液不足，应添加至规定位置。

（3）检查转向油液储液罐内的滤清器，取下滤清器，观察滤网的状况。若发现滤网过脏，说明滤清器堵塞，应清洗。若发现滤网破裂，应更换。

（4）检查系统中是否有空气，起动发动机，并使其处于怠速运转，然后来回转动几次转向盘，观察转向油液的状况。若发现转向油液中有泡沫或油液浑浊，说明转向系统中有空气混入，应排除。检查转向油泵的进油管是否破裂，若有破裂，应更换。检查各管路接头是否松动，若松动，应紧固。检查转向油泵轴上的密封环是否损坏，若损坏应更换。

（5）检查转向系统的油压，将压力表连接在转向油泵和转向助力器之间，使发动机处于怠速运转，关闭压力表阀门，若 10 s 内压力达不到固定值，说明转向油泵压力不足，应拆检维修。将转向盘转到左或右极限位置，打开压力表阀门，若压力达不到规定值，说明转向助力器有故障或阀调整不当，应拆检调整。

（6）检查发动机怠速时的转速，起动发动机，并使其处于怠速运转，观察此时发动机转速表的指示值。若指示值偏低，或转速不稳，说明发动机怠速过低，应调整。

具体诊断流程如图 2—36 所示。

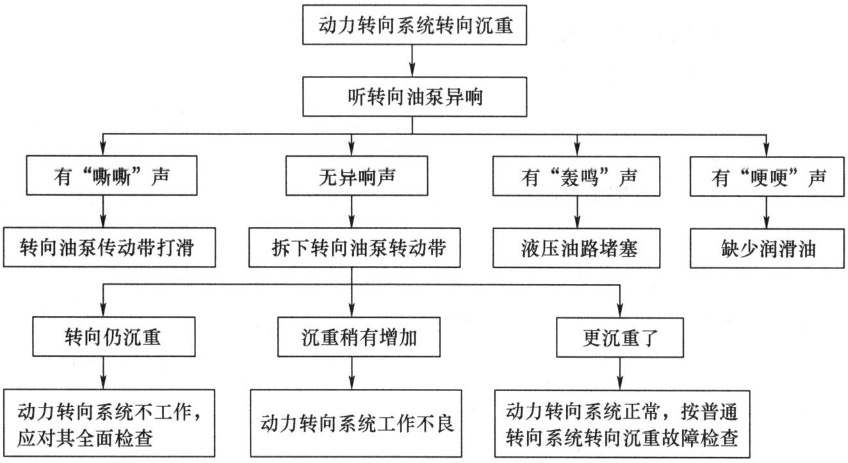

图 2—36　动力转向系统转向沉重故障诊断流程

二、转向回正过度故障诊断与排除

1．故障现象

汽车转向时感觉转向盘松旷量很大，需用较大的幅度转动转向盘，方能控制汽车的行驶方向；或者车辆不能长期保持直线行驶，忽左忽右，方向不好控制，有时转向反应过于灵敏，回正后却向一侧偏移过多。

2．故障原因

（1）转向液压系统内有空气。

（2）转向器松动。

（3）转向器啮合间隙过大。

3．故障诊断与排除方法

先检查转向器固定情况，若有松动，进行紧固；然后左右转动转向盘，检测转向盘自由转动量及转向器的啮合间隙是否过大，若过大，分别进行调整；最后检查转向液压系统是否有空气进入（具体方法：起动发动机，并使其处于怠速运转，然后来回转动几次转向盘，观察转向油液的状况，若发现转向油液中有泡沫或油液浑浊，说明转向系统中有空气混入），若有，应排除。

三、转向振抖故障诊断与排除

1．故障现象

发动机工作时转向，转向盘振抖。

2．故障原因

（1）油面过低。

（2）油泵传动带松动。

（3）油泵泵油压力不足。

（4）转向油泵流量控制阀卡住。

3．故障诊断与排除方法

（1）检查液压传动部分油液是否泄漏、是否渗入空气、液压泵是否工作不良、操纵阀是否失效等。

（2）检查储油罐的储油量是否在规定的范围之内，液压油是否起泡、发白，有无空气混入。

（3）检查油管和管接头是否有松动、破损及沾有油泥现象。

（4）检查液压泵输出油压。发动机怠速运转，在阀门全开时测量输出油压，并把检测结果与标准值比较。如果所测油压偏低，说明液压泵存在故障，应进行修理。

（5）检查转向器的油压。发动机怠速运转，在阀门全开时，左右转动转向盘测量油压，并与规定值比较。如果测得的油压偏低，说明转向器内有漏油现象。

（6）如果左右转向轻重不同，则一般是转向控制阀（分配阀）不良。对转阀式转向控制阀来说，通常是控制阀的密封环损坏；对滑阀式转向控制阀来说，可能为滑阀偏离中间位置，或虽在中间位置但与阀体台肩的缝隙大小不一致或滑阀内有脏物阻滞，使左右移动时阻力不一样。

（7）如果快速转向时转向盘感到沉重，则主要原因可能是转向助力液压泵传动带打滑，流量控制阀弹簧过软，安全阀、流量控制阀泄漏严重，液压泵磨损过大等。

四、左右转向轻重不同故障诊断与排除

1．故障现象

汽车转向时，左右转向操纵力不等，一边轻，一边重。

2．故障原因

（1）控制阀的滑阀偏离中间位置。

（2）滑阀内有脏物，使左右移动时阻力不一样。

（3）液压系统中动力缸的某一油腔混入空气。

（4）油路漏损。

3．故障诊断与排除方法

这种故障多是油液脏污所致，应按规定更换新油后再进行检查。

（1）如果油质良好或更换新油后故障没有消除，应对液压系统进行排气并检查系统有无油液泄漏。液压系统中出现泄漏时，应更换泄漏部位的零部件。

（2）拆检控制阀。滑阀在中间位置时的预开缝隙一般仅有 0.1 ~ 0.2 mm，全开缝隙为 1.0 ~ 2.0 mm。在装配时如调整不当或紧固不牢，都会使滑阀偏离中间位置，遇此情况则需要重新按规定装配与紧固。若不属装配问题则需考虑制造误差与损伤，视情况予以更换或修复。

（3）如果故障仍不能排除，则可能是由于调节阀定位不良。滑阀式转向调节阀可在动力转向器外部进行调整，通过改变转向调节阀阀体的位置来实现。如果滑阀位置调整后仍不见好转，应拆检滑阀测量其尺寸，若偏差较大，应更换滑阀；对于转阀式转向调节阀必须通过分解检查来排除故障。

（4）排除系统中的空气，解决因动力缸一侧有空气而造成活塞两侧压力差过大，致使左右转向轻重不同。

五、动力转向系统有噪声故障诊断与排除

1．故障现象

汽车转向时，转向油泵处产生响声，尤其是转向盘处于极限位置时或原地转动转向盘时更为明显。

2．故障原因

（1）转向油液液面过低。

（2）控制阀性能不良。

（3）油泵驱动带过松。

（4）液压系统中混入空气。

（5）油管路弯折、凹瘪，滤网堵塞。

3. 故障诊断与排除方法

（1）检查储油罐内转向油液面高度，若液面低于下线或“MIN”线以下，说明转向油液液面过低，应添加至规定位置。若转向油液消耗过快，说明有严重漏油处，应检查排除。

（2）检查转向油泵驱动部分的情况，用手压下转向油泵的驱动带，若压下量过大，说明驱动带过松，应调整。

（3）检查转向油压中是否有空气，打开储油罐盖，起动发动机并使其处于怠速运转，来回转动几次转向盘，观察转向油液中是否有气泡，若有气泡，说明转向油液中混入空气，应排出。

（4）检查储油罐滤网是否堵塞，油管路布置是否正确，取下储油管滤网，如发现过脏，说明油液循环不畅，应清洗；若油管路弯折、凹瘪，应更换。

（5）经上述检查均正确，应拆检转向油泵，检查叶片、泵体是否有划痕，根据拆检情况，更换相应的零件。

学习单元 3 电动助力转向系统故障诊断与排除

学习目标

1. 掌握电动助力转向系统的基本组成及原理
2. 掌握电动助力转向系统故障的基本原因及诊断方法
3. 能够诊断并排除电动助力转向系统常见故障

相关知识

转向系统作为汽车的一个重要组成部分，其性能的好坏将直接影响汽车的转向特性、稳定性和行驶安全性。实践证明电动助力转向系统（EPS）具有节能、成本低和便于控制，易于装车，提高操纵稳定性和轻便性以及符合机电一体化的要求等优点。

一、电动助力转向系统（EPS）的基本组成及原理

1. 组成

电动助力转向系统通常由转矩传感器、车速传感器、控制单元、电动机、电磁离合器、减速机构等组成，如图 2—37 所示。

2. 基本工作原理

转矩传感器测得的转向盘转矩信号和车速信号一同送给控制单元，经控制单元处理和计算以确定电动机助力电流的方向和大小，然后通过电磁离合器和减速机构实现转向助力。

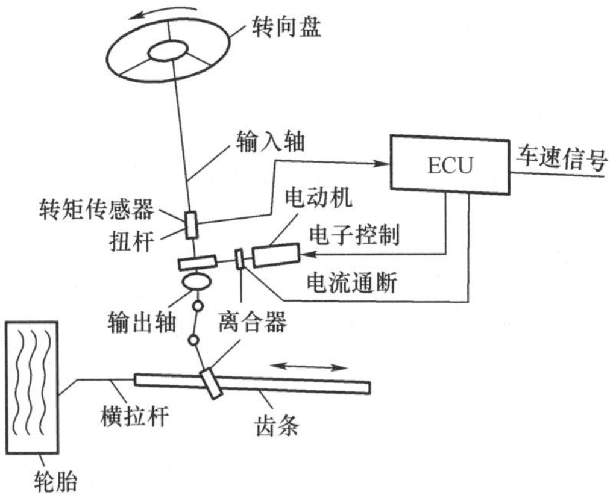

图 2—37 电动助力转向系统组成

二、电动助力转向系统（EPS）的常见故障原因及诊断方法

电动助力转向系统工作中，受车辆行驶的道路条件、频繁的转向、环境温度、车辆的振动以及外界干扰等诸多因素的影响，工作情况复杂。长时间使用后，系统各部件都可能会出现各种情况的机械故障、线路短路 / 断路、电子电气元件老化、接触不良以及过热烧坏等异常情况，类型复杂繁多。如果对各个部件的每个可能异常或故障情况都进行分析，显然很累赘，而且大可不必，因为有许多故障对部件的输出和对整个 EPS 的工作影响是类似的。下面根据各故障对部件的输出和整个 EPS 工作的不同影响，分析各部件的故障类型及其诊断方法。

1．转矩传感器

常见原因：接线耦合器连接不当、意外损伤或其电源异常等。这些故障很明显地可以通过其输出信号（IN+ 和 IN–）两端的电压值或其两者之和是否超出正常规定范围来判别。常见故障及信号判别见表 2—1。

表 2—1　　转矩传感器常见故障及信号判别

转矩传感器常见故障	输入 ECU 信号变化
主转矩线路断开或短路	IN+=0 V 或 5 V
转矩传感器本身性能不良	IN++IN– ≠ 5 V
转矩传感器电源电压过高	VCC > 5 V
辅转矩线路断开或短路	IN–=0 V 或 5 V

2．直流电动机

结合工作过程中可能出现的一些机械损伤和线路的断路或短路，电动机可能出现如下问题：

（1）电动机与 ECU 间的接线出现断路或短路。

（2）电刷与换向器接触不良。

（3）电枢与定子磁极卡死，转子转不动。

（4）电枢绕组开路。

（5）电枢绕组受潮发热，而且散热不好。

（6）电动机长时间过载运行，引起电动机壳体发热，以至于烧坏。

（7）电枢绕组有部分线圈元件短路。

电动机一旦出现上述问题，对系统的影响主要是造成电动机两端的电压或电流的变化以及电动机发热，因此可以将电动机常见故障归纳为如下 5 种，见表 2—2。

表 2—2　　电动机常见故障

电动机常见故障	两端的电压或电流变化
电动机驱动前，电动机出现与电源或地短接，或 MOSFET 管短路	$U_d \approx U_S$ 或 $U_d=0$
电动机起动后，电动机出现与地短接，或 MOSFET 管短路	$\lvert I_M-I_d \rvert > I_1$（$I_1$ 为规定值）
电动机的控制电流过高，可能使电动机出现过载而烧坏	$I_d > 2I_e$（I_e 为额定电流）
电动机线路断路、接触不良，或 MOSFET 管断开、继电器断开	$\lvert I_M-I_d \rvert > I_2$（$I_2$ 为规定值）
电控单元有控制电流传给电动机，但电动机仍不能起动	$I_M \neq 0$ 且 $U_d < U$（U 为规定值）

注：I_d和 I_M 是电动机的实际电流和目标电流，U_d和 U_S 是电动机两端的电压和电源电压。

3．车速和发动机转速信号

车速和发动机转速信号异常原因主要是车速传感器、速度里程表与 ECU，或者点火开关与 ECU 之间的接线出现短路、断路或接触不良，或者车速传感器、速度里程表等出现故障，而这些原因将直接导致输入 ECU 的信号变化，见表 2—3。

表 2—3　　ECU 的信号变化

车速和发动机转速信号的常见故障	输入 ECU 信号变化
点火开关位于 ON 时，没有发动机转速信号输入 ECU	$SWIN$=ON，$SP_2=0$
发动机转速在 N_1 ~ N_2 时，持续时间超过 t（单位：s）没有速度信号输入 ECU	$N_1 \leqslant SP_2 < N_2$，$T \geqslant t$，$SP_1=0$
发动机转速在 N_2 ~ N_3 时，持续时间超过 t（单位：s）没有速度信号输入 ECU	$N_2 \leqslant SP_2 < N_3$，$T \geqslant t$，$SP_1=0$
发动机转速大于 N_3 时，持续时间超过 t（单位：s）没有速度信号输入 ECU	$SP_2 > N_3$，$T \geqslant t$，$SP_1=0$

注：以上分析的 EPS 主要针对一般的轻型轿车，在试验中，设定 N_1=1 200 r/min，N_2=2 500 r/min，N_3=4 000 r/min，t=60 s。

4．电磁离合器

电磁离合器的工作情况比较简单，使用中可能出现的故障主要是离合器与ECU间的接线的断路或短路。试验证明，在不转向时，只需要提供0.3 A的电流就可以保证离合器正常的接合；传递最大助力转矩时，需要0.82 A的电流。而在线路出现短路或断路时，离合器线路电流将远远超过0.82 A或接近0 A。因此可以通过实时监测离合器线路的电流来判断其是否正常。

5．微控制器（ECU）

驱动CPU的稳压电源短路和电动机过电流等故障，如CPU稳压电源的12 V电源输入端与其输出端（直接连接CPU）出现短接，将烧坏CPU；误接触或接线盒不良导致电动机的正负极出现了短接，突然转向时将引起MOSFET管击穿直通或相关电路损坏。这些损伤都具有瞬间性和致命性，因此，为了优先保护ECU不受损害，必须要对稳压电源和电动机电流设立监测电路。

此外，蓄电池及其线路还有可能出现接触不良、与地短接、电池亏电，或者电源电压过高或持续偏高等异常现象，可以通过检测蓄电池两端电压来判断，一般正常电压为10 ~ 16 V。

技能要求

一、转向无助力故障诊断与排除

1．故障现象

转向无助力。

2．故障原因

（1）控制系统线束插接件接触不良。

（2）系统熔丝烧断。

（3）继电器损坏。

（4）控制器、电动机或传感器损坏。

3．故障诊断与排除方法

（1）检查系统线束插接件是否完全插好。

（2）更换熔丝（30 A）。

（3）更换继电器。

（4）与供应商联系，更换相应零部件。

二、左右助力轻重不一样故障诊断与排除

1．故障现象

左右助力轻重不一样。

2．故障原因

（1）传感器中位输出电压调整有偏差。

（2）控制器、电动机或传感器损坏。

3．故障诊断与排除方法

（1）断开电动机插接件，松开传感器调整螺钉，调整传感器位置，使其中位电压为（1.65±0.05）V。

（2）与供应商联系，更换相关零部件。

三、转向盘摆动故障诊断与排除

1．故障现象

系统刚开始工作时，转向盘出现两边摆动。

2．故障原因

（1）电动机助力反向。

（2）控制器或传感器损坏。

3．故障诊断与排除方法

（1）把电动机端（粗线）红色线与黑色线位置调换。

（2）与供应商联系，更换控制器或传感器。

四、转向沉重故障诊断与排除

1．故障现象

转向变沉重。

2．故障原因

（1）电池亏电。

（2）电动机损坏（功率降低）。

（3）轮胎（前）气压不足。

3．故障诊断与排除方法

（1）电池充电。

（2）与供应商联系，更换电动机。

（3）轮胎充气。

五、左右晃动故障诊断与排除

1．故障现象

汽车在行驶过程中左右晃动。

2．故障原因

左右摆臂、球头磨损严重，造成松旷量很大。

3．故障诊断与排除方法

更换摆臂、球头等系统。

六、行车跑偏故障诊断与排除

1．故障现象

行车过程中有跑偏现象。

2．故障原因

（1）本车自身跑偏：建议做四轮定位。

（2）传感器跑偏：建议调整传感器参数，做四轮定位。

（3）由于转向器受到严重撞击或坑道撞击，造成传感器跑偏。

（4）左右摆臂、球头磨损严重，造成松旷量很大。

3．故障诊断与排除方法

（1）调整传感器参数，做四轮定位。

特别注意：在正常做四轮定位时，不需要拆卸电动管柱。如果在换新转向器时，需要做四轮定位，要先拆下电动管柱或者拆下下连接轴，这样可防止因换上的新转向器前倾角角度差而损坏电动管柱。

（2）更换摆臂、球头系统。

七、左右方向发紧故障诊断与排除

1．故障现象

左右转动转向盘时部分地方有发紧情况。

2．故障原因

（1）下连接轴安装靠下，碰到转向机。

（2）转向器老化、竖轴锈蚀或转向器内部结构磨损。

（3）压力轴承、减振器、球头磨损或损坏，左右悬架受力不同。

（4）下轴安装角度与上方的管柱配合不好。

3．故障诊断与排除方法

（1）调整下轴与转向机的间隔，以中指一节指为宜。

（2）更换转向器（夏利、吉利 2 年以上车属正常，无须更换转向器）。

（3）检查转向器连接系统，更换相应零件。

（4）安装时，最后拧下轴活动万向节第二个螺钉，装好以后先把上下两个螺钉拧好，左右晃几下转向盘，让下轴在自由状态，再拧紧第二个螺钉。

八、动力转向工作有噪声故障诊断与排除

1．故障现象

系统工作有噪声。

2．故障原因

（1）电动机损坏。

（2）下转向轴总成或机械转向总成间隙太大。

（3）下转向轴总成或电动管柱总成安装不牢固（过坑洼路面时有异响）。

3．故障诊断与排除方法

（1）更换转向器（转向器间隙造成异响）。

（2）检查电动机，更换电动机。

（3）检查各安装螺栓是否锁紧、加固。

特别注意：

• 动力系统各零件螺丝点漆处不允许拆卸。特别是控制器固定支承架及保险盒固定支承架不允许松动及拆卸，否则有可能会导致传感器参数改变，使左右助力轻重不一样。

• 发动机工作时尽量不要接插控制器及电动机、传感器，防止电流对其冲击造成控制损坏。

• 装助力时应尽量把电源负极卸掉，防止装车时因为短路烧坏电路。

第四节　制动系统故障诊断与排除

学习单元 1　常规液压制动系统故障诊断与排除

学习目标

1. 掌握常规液压制动系统故障原因及诊断方法
2. 掌握常规液压制动系统空气排放及助力器的检验方法
3. 能够诊断与排除常规液压制动系统故障

相关知识

在汽车上，制动系统的性能直接关系到汽车行驶的安全性，它是安全行驶的重要保障。但由于制动系统在行驶中频繁使用及正常的磨损损耗，使得原来良好的性能状态会逐渐丧失，从而影响车辆的正常、安全行驶。因此，应定期对汽车制动系统进行检查与维护，及时发现并排除故障隐患，确保汽车制动系统的正常工作。

一、常规液压制动系统故障原因及诊断方法

1．制动管路原因

（1）制动管（如接头处）渗漏或阻塞，制动液不足，制动油压下降而失灵。

诊断方法：定期检查制动管路，排除渗漏，添加制动液，疏通管路。

（2）制动管内进入空气使制动迟缓。制动管路受热、管内残余压力太小，导致制动液汽化，使管路中出现气泡。由于气体可压缩，导致制动时制动力下降。

诊断方法：将制动分泵及管内空气排尽并按规定添加制动液。

2．车轮制动器原因

（1）制动间隙不当。

1）制动摩擦片工作面与制动鼓内壁工作面在不制动时的间隙过大，制动时，分泵活塞行程过大导致制动迟缓、制动力下降。

诊断方法：按规范全面调校制动间隙，即用平头螺钉旋具从调整孔拨动棘轮，将制动蹄完全张开，消除间隙，然后将棘轮退回 3 ~ 6 齿，以得到所规定的间隙。

2）制动间隙过小，踏板自由行程过小，当放松制动踏板时，制动力没有完全解除，使得摩擦副长时间处于摩擦状态；起步困难，行驶无力，用手摸轮毂表面感到烫手。

诊断方法：按规范重新调整制动间隙。

（2）制动鼓（盘）与摩擦片接触不良。

1）制动盘变形或制动鼓失圆，其圆度误差超过 0.5 mm，导致片与鼓接触不良，制动摩擦力下降。

2）制动鼓工作面变形（椭圆），制动时片与鼓贴合瞬间便发生碰撞，同时发出尖锐的撞击响声。

诊断方法：必须镗削或校正修复。制动鼓镗削后的直径不得大于 220 mm，并需做平衡性校验，不平衡量控制在 200 g/cm 之内，否则应更换新件。

（3）制动摩擦片被油垢污染或浸水潮湿，摩擦因数急剧降低，引起制动失灵。

1）制动摩擦片表面太光滑、摩擦因数小而制动压力大时，光滑的表面滑摩时便产生摩擦噪声，或在摩擦副之间塞进了异物挤压摩擦表面，也会出现摩擦噪声。

2）制动摩擦片严重磨损，表面出现沟槽及不规则形状，制动时不能完全有效地和制动鼓贴合，或制动支承板变形，破坏了鼓与片的同轴度，局部摩擦、碰撞而出现噪声。

诊断方法：

• 拆下摩擦片用汽油清洗，并用喷灯加热烘烤，使摩擦片中的油渗出来，渗油严重时更换新片。对于浸水的摩擦片，可用连续制动以产生热能使水蒸发，恢复其摩擦因数即可。

• 拆下制动鼓，清除异物，并且用粗砂纸打磨摩擦片，使之与配合副接触面积达 70% 以上。

• 更换摩擦片，校正制动支承板。

（4）制动总泵、分泵皮碗（或其他件）损坏，制动管路不能建立必要的内压，而且油液渗漏，制动不良。

诊断方法：及时拆检制动总泵、分泵皮碗，更换损坏部件。

3．左右两侧车轮制动器制动性能不一致

（1）同轴左右两侧制动器制动时间不一致，大多是两边制动器制动间隙不均或接触面积差异所引起的。

诊断方法：可按规定重新调校前后轮制动间隙，必要时修磨摩擦片，使前轮先于后轮制动。

（2）同轴两侧制动器的制动力各异，致使车轮转速不同，直线行驶的距离也就不相等，从而造成制动单边。这通常是由某边制动分泵漏油、制动摩擦片严重油污、摩擦因数出现差异或左右轮胎气压不等引起的。

诊断方法：可用汽油清洗摩擦片，调整轮胎气压，修复渗漏处，分别予以排除。

（3）两侧制动鼓与摩擦片工作表面粗糙度不同，一侧制动管路进空气或接头堵塞等引起。

诊断方法：分别查找根源，予以修复。

（4）左右轮胎气压、磨损程度不一致。左右轮胎充气必须一致，否则两边车轮的实际转动半径不同，行驶的直线距离不等而出现侧滑。左右轮胎磨损不同，路面对左右车轮的阻力差也会造成跑偏侧滑。

诊断方法：按规定的标准给各轮胎充气，按规定予以调校或换件。

4．车轮定位失准

诊断方法：按规定予以调校。

5．前轮轴承损坏

前轮轴承滚道和滚珠表面出现麻坑、沟槽，甚至碎裂，行驶中制动就会出现异响。

诊断方法：更换前轮轴承。

二、常规液压制动系统放气

如果空气混入制动系统液压管路中，就会降低制动效果。在制动系统故障诊断及维修过程中，拆卸液压管路，更换零部件及制动液时，必须进行排气。

排气作业由两人协同进行，一人负责反复踩下制动踏板，另一人进行排气作业，步骤如下：

1. 拉紧驻车制动器操纵手柄。

2. 起动发动机，直到真空度充分升高为止（在发动机不旋转的状态下进行排气，会对真空助力器造成不良的影响）。

3. 检查制动液储液罐内的液位，根据需要适量补充，以排气作业完成后储液罐内仍有制动液为准。

4. 从离主缸最远的车轮制动轮缸开始，由远到近按顺序进行排气，顺序为右后轮—左后轮—右前轮—左前轮。

5. 从放气螺钉上拆下放气螺钉护罩，把放气螺钉端部擦净，将放气软管一端接到放气螺钉上，另一端伸入盛有制动液的容器中。

6. 反复踩下制动踏板，并保持被踩下的状态。

7. 拧松放气螺钉，将带气泡的制动液排入容器中，并迅速拧紧放气螺钉。

8. 慢慢抬起制动踏板，反复进行上述作业，直到从放气螺钉内排出的制动液中没有气泡为止。排气过后，重新装好放气螺钉护罩。

9. 在排气过程中，要注意储液罐内的制动液液面高度，及时补充，以免空气进入。补充制动液时不可使用排气放出的制动液。

10. 对各车轮都进行排气后，要检查储液罐内的液面高度，按要求加足制动液。

三、真空助力器的检验

1. 真空助力器密封性的检验

（1）用一根短的软管和 T 形接头将真空表接在助力器止回阀上。

（2）起动发动机，怠速运转 1 min。

（3）卡紧真空源与止回阀之间的软管，以关闭真空来源。

（4）使发动机熄火，观察真空表的变化。

（5）如果在 15 s 内真空度下降 3.38 kPa，则表明助力器膜片或止回阀已损坏。

2. 真空助力器功能的检查

在发动机不运转的情况下，踩几下制动踏板，确认踏板高度无变化时，踩住踏板，起动发动机。此时若踏板稍有下降，则表明真空助力器性能良好。

3. 真空助力器在有制动时的密封试验

起动发动机运转 1 ~ 2 min，在不停机的情况下踩下制动踏板，保持踏板力不变，关闭发动机。若踏板的高度在 30 s 内无变化，表明真空助力器密封性好；若踏板升高，则表明密封性不好。

技能要求

制动系统常见故障是制动不良、制动失效、制动拖滞、制动跑偏等。

一、液压制动不良故障诊断与排除

1. 故障现象

制动时不能迅速减速或停车；第一次踩下制动踏板时制动不灵，连续踩踏制动踏板，踏板逐渐升高，但感到软弱，并且制动效果不佳。

2. 故障原因

（1）油路故障。油液不足、变质，管路漏油或漏气。

（2）制动总泵（主缸）、分泵（轮缸）故障。液压制动总泵和分泵橡胶皮碗、橡胶圈老化、发胀或磨损、变形，活塞与缸壁磨损过大；液压制动总泵和分泵回位弹簧过软、折断、自由长度不足；出油阀、回油阀密封不严，储液室内制动液不足。

（3）制动踏板自由行程。制动踏板自由行程过大；制动主缸和工作缸推杆调整不当或松动；踏板传动机构松旷。

（4）真空增压装置。真空管路漏气；控制阀阀门密封不严，气室膜片破损；控制阀活塞和橡胶圈磨损；增压缸活塞磨损，橡胶圈磨损，回位弹簧过软。

（5）制动器故障。制动蹄摩擦片磨损严重，摩擦片与制动鼓之间的间隙过大；制动盘磨损严重或制动鼓、制动盘工作表面有油污；制动蹄摩擦片与制动鼓接触状态不佳，调整不良；制动盘翘曲变形，制动鼓圆度、圆柱度超差；制动蹄片表面烧焦、蹄片松动、铆钉露出；鼓式车轮制动器浸水；制动蹄回位弹簧过硬，制动蹄轴锈蚀卡死。

3．故障诊断与排除方法

液压制动系统产生制动效能不良的原因，一般可根据制动踏板行程（俗称高、低）、踏制动踏板时的软硬感觉、踏下制动踏板后的稳定性以及连续多脚制动时踏板增高度来判断。

（1）一般制动时踏板高度太低、制动效能不良。如连续两脚或几脚制动，踏板高度随着增高且制动效能好转，说明制动鼓与摩擦片或总泵活塞与推杆的间隙过大。

（2）维持制动时，踏板的高度若缓慢或迅速下降，说明制动管路某处破裂、接头密封不良或分泵皮碗密封不良，其回位弹簧过软或折断，或总泵皮碗、皮圈密封不良，回油阀及出油阀不良。可首先踏下制动踏板，观察有无制动液渗漏部位。若外部正常，则应检查分泵或总泵故障。

（3）连续几脚制动时，踏板高度仍过低，且在第二脚制动后，感到总泵活塞未回位，踏下制动踏板即有总泵推杆与活塞碰击响声，说明总泵皮碗破裂或回位弹簧太软。

（4）连续几脚制动时踏板高度稍有增高，并有弹性感，说明制动管路中混入了空气。

（5）连续几脚踏板均被踏到底，并感到踏板毫无反力，说明总泵储液室内制动液严重亏损。

（6）连续几脚制动时，踏板高度低而软，是因为总进油孔中储液室螺塞通气孔堵塞。

（7）一脚或两脚制动时，踏板高度适当，但制动效能不良。应检查各轮摩擦片与制动鼓的间隙是否太小。若间隙正常，则检查鼓壁与摩擦片表面状况。如正常，再检查制动蹄弹簧是否过硬，总泵或分泵皮碗是否发胀，活塞与缸壁配合是否松旷。如均正常，则应进而检查制动软管是否老化不畅通。

二、液压制动失效故障诊断与排除

1．故障现象

汽车行驶中，将制动踏板踩到底，制动装置根本不起作用；在使用一次或几次制动后，制动装置突然不起作用。

制动失效故障分为整车制动失效和个别车轮制动失效两种。制动失效突发性强，往往造成严重后果，属于恶性故障。

2．故障原因

（1）液压制动总泵（主缸）故障。制动总泵内制动液严重不足；制动总泵橡胶皮碗、橡胶圈严重磨损或橡胶皮碗被踏翻；制动总泵至制动分泵的管路断裂或接头松脱，严重漏油；制动踏板传动机构脱落、断裂。

（2）液压制动分泵（轮缸）故障。制动分泵橡胶皮碗严重破损或橡胶皮碗被顶翻；制动分泵活塞在缸筒内卡死；制动分泵进油管被压扁、堵死；制动分泵放气螺钉松脱、丢失。

（3）车轮制动器故障。制动蹄摩擦片大面积脱落，摩擦片严重烧蚀；制动鼓、制动盘开裂、破碎。

3．故障诊断与排除方法

发生制动失效的故障时，应立即停车检查。首先观察有无泄漏制动液处。如制动总泵推杆防尘套处制动液渗漏严重，多属总泵皮碗踏翻或严重损坏。如某车轮制动鼓边缘有大量制动液，说明该轮分泵皮碗压翻或严重损坏。管路渗漏制动液一般明显可见。若无渗漏制动液现象，则应检查总泵储液室内制动液是否充足。

三、液压制动拖滞故障诊断与排除

1．故障现象

制动拖滞故障也称制动发咬。使用制动后再放松制动踏板，汽车不能立即起动。

汽车行驶中感到无力，行驶一段距离后，尽管未使用制动器，但仍有某一制动鼓（盘）或全车制动鼓（盘）发热。

制动拖滞故障分为全车制动拖滞和个别车轮拖滞两种。

2．故障原因

（1）四轮或同一制动腔的两个车轮制动拖滞的主要原因是制动传力机构有故障。如制动踏板没有自由行程或踏板回位弹簧松脱、折断、太软；制动踏板轴锈蚀、磨损发卡，回位弹簧不能使其回位；制动液太脏或黏度太大使得回油困难；制动总泵回油孔、旁通孔被脏物堵塞；制动总泵活塞发卡、橡胶皮碗发胀使其回位不灵活，堵住总泵回油孔；制动总泵活塞回位弹簧过软或折断；制动总泵回油阀弹簧过硬。

（2）个别车轮制动拖滞的主要原因是车轮制动器故障。如制动分泵橡胶皮碗发胀、卡住或橡胶皮碗被粘住；制动分泵活塞变形、磨损、卡住；制动油管被压扁或制动软管老化，内壁脱落堵塞导致回油不畅；制动蹄摩擦片与制动鼓（盘）烧结、粘住；制动蹄回位弹簧脱落、折断或弹力过小；制动鼓失圆，制动盘翘曲变形。

（3）其他原因。轮毂轴承调整不当，使制动鼓歪斜与制动摩擦片接触；行车制动兼驻车制动的拉杆未放松或钢索调整不当。

3．故障诊断与排除方法

放松制动踏板后，全部或个别车轮仍有制动作用，即表明制动拖滞。行车中出现制动拖滞时，若各轮制动鼓均过热，表明总泵有故障。若个别制动鼓过热，则属于该轮制动器工作不良。

若故障在总泵，应先检查制动踏板自由行程。若无自由行程，一般为总泵推杆与活塞的间隙过小或没有间隙。若自由行程正常，可拆下总泵储液室螺塞，踩下后松抬制动踏板，观察回油情况。如不回油，为回油孔堵塞。如回油缓慢，可检查制动液是否太脏、黏度太大。如制动液干净，则可能是总泵皮碗、皮圈发胀或其回位弹簧过软，应分解总泵检查。

若故障为个别车轮制动器拖滞，可架起该车轮，旋松分泵放气螺钉，如制动液随之急速喷出且车轮即刻转动自如，说明该轮制动管路堵塞，分泵未能回油。如转动该轮仍拖滞，可检查制动蹄摩擦片与制动鼓间隙是否太小。若上述均正常，则应检查分泵活塞皮碗及制动蹄回位弹簧的情况。

四、液压制动跑偏故障诊断与排除

1．故障现象

汽车制动时自动向一侧偏驶，即为制动跑偏。

2．故障原因

（1）两侧车轮的制动力不等，如两侧车轮制动器摩擦副的摩擦因数不等、接合面积不等、分泵推力不等、轮胎花纹或路面附着系数不等、单边管道中有空气等。

（2）两侧车轮的制动时间不等，如自动间隙大小不等、弹簧弹力不等。

（3）感载比例阀失效（阀门常开不关），使后轮的制动力大而出现紧急制动。

（4）车身倾斜或路面有斜坡，如车架变形、悬架故障、轮胎直径不等或在有横坡的道路上制动等。

3．故障诊断与排除方法

（1）若正常行驶时也有跑偏现象，则首先做以下外观检查：检查左右车轮轮胎气压、花纹和磨损程度是否一致；检查各减振器是否漏油或失效；检查悬架弹簧是否折断或弹力是否一致。

（2）支起车轮，用手转动和轴向推拉车轮轮胎。若一侧车轮有松旷或过紧感觉，应重新调整轴承的预紧度；若转动车轮有发卡或异响，应检查该轮轮毂轴承是否破损或毁坏。

（3）对汽车进行路试。制动后，若汽车向一侧跑偏，则为另一侧的车轮制动不良。

首先对该车轮制动器进行放气，若无制动液喷出，说明该制动轮管路堵塞，应予以更换。若放出的制动液有空气，说明该制动管路中混入空气，应予以排放。观察该轮制动器间隙，若制动器间隙过大，说明制动蹄摩擦片磨损严重或制动自调装置失效，应更换。

上述检查正常，应拆检该轮制动器。检查制动盘或制动鼓是否磨损或有沟槽：若磨损严重，应更换；若有严重沟槽，应车削或镗削。检查制动蹄摩擦片是否有油污或水湿及磨损严重：若摩擦片有油污或水湿，应查明原因并清理；若摩擦片磨损严重，应更换。检查制动轮缸或制动钳活塞，若有漏油或发卡现象，应更换。

（4）若制动时，出现忽左忽右跑偏现象，则应检查前轮定位是否符合要求，若前轮定位不正确，应调整；检查转向传动机构是否松旷，若松旷，应紧固、调整或更换。

（5）若在制动时，车辆出现甩尾现象，应检查感载比例阀是否有故障。

五、气压制动不良故障诊断与排除

1．故障现象

与液压制动不良故障现象相同。

2．故障原因

（1）空气压缩机故障。传动带折断或打滑；活塞与缸筒磨损严重；卸荷阀关闭不严；气压调节阀调整过低。

（2）储气筒上的安全阀失效导致气压过低。

（3）制动阀故障。进排气阀关闭不严；膜片破裂；活塞的密封性不良；排气间隙过大。

（4）快放阀膜片破裂。

（5）制动气室膜片破裂。

（6）车轮制动器故障。制动鼓与制动蹄间隙过大或接触面积过小；制动蹄片上有油污、水；制动蹄片上铆钉松动；制动鼓失圆或磨有沟槽；凸轮轴、制动蹄的支承销锈蚀或磨损松旷；调整臂上的调整蜗杆调整不当；制动管路漏气。

3．故障诊断与排除方法

（1）起动发动机，中速运转 3 ~ 5 min，观察储气筒气压，如气压表指示数为“0”可踩下制动踏板，松开时如有放气声，即说明气压表有故障，应更换气压表。如无放气声，则检查空气压缩机传动带和由空气压缩机至储气筒一段气管的情况。

（2）经上述检查，情况良好，如气压表指示数很低，则故障在空气压缩机，应检查排气阀或气缸内部技术状况，予以修复。

（3）如气压表指示压力数值符合标准，可踏下踏板，检查由制动阀至各车轮间有无漏气处。如无漏气处，则检查踏板自由行程和调整制动蹄摩擦片与制动鼓的间隙。

六、气压制动失效故障诊断与排除

1．故障现象

与液压制动失效故障现象相同。

2．故障原因

（1）储气筒无气或充气量不足。空气压缩机传动带折断或打滑；空气压缩机向储气筒的供气管道破损、堵塞或管道接头松脱、漏气严重；卸荷阀卡死；挂车制动分离开关未关或关闭不严；储气筒破裂，储气筒各功能阀失效、漏气。

（2）制动阀故障。制动阀进气阀卡住或关闭不严，进气阀不能打开，压缩空气从排气口排出；制动踏板传动机构折断；制动管路折断，接头松脱或管路堵塞。

（3）制动气室故障。制动气室膜片破裂、壳体破损、接合面松动或推杆在壳体孔中卡死不能移动；调整臂调整不当导致制动气室推杆行程过小。

（4）车轮制动器故障。制动凸轮轴与支架衬套卡死，不能转动或转角过小；制动蹄摩擦片、制动鼓磨损后间隙过大；制动蹄摩擦片大面积脱落或严重烧蚀；制动鼓开裂、破碎；制动器过热。

3．故障诊断与排除方法

诊断与排除方法同气压制动不良故障。

七、气压制动跑偏故障诊断与排除

1．故障现象

与液压制动跑偏故障现象相同。

2．故障原因

（1）车轮制动器故障。左右车轮摩擦片与制动鼓的间隙大小不均；个别车轮摩擦片有油污、硬化或铆钉头露出；左右车轮摩擦片材料不一致或接触不良；个别车轮凸轮轴发卡；个别车轮制动鼓失圆度过大或鼓壁磨出沟槽。

（2）制动气室故障。个别车轮制动器的制动气室进气管被压扁、锈蚀堵塞，或进气管老化发胀、进气管接头松动、漏气；个别制动气室壳体连接螺栓松动、漏气，或制动气室膜片老化、破裂；各制动气室推杆行程不一致，或个别制动气室推杆有卡滞现象。

（3）其他故障。两前轮钢板弹簧的弹力不等；有负前束；横、直接杆球头销或垂臂松旷；车辆严重偏载；左右轮胎气压、规格不一致，花纹磨损程度相差过大；车架变形，车桥位移；路面两侧附着系数相差大，路面向一侧倾斜。

3．故障诊断与排除方法

首先进行路试。制动时，汽车向左偏斜即为右边车轮制动不灵，向右偏斜则为左边车轮制动不灵。停车后察看左右两边车轮在地面上的拖痕，拖痕短而轻的一边车轮制动不灵。参照上述原因进行排除，如是摩擦片有问题，可进行修复、更换、调整、紧固等。气压制动跑偏与液压制动跑偏有相似之处，可以互相参考。

八、气压制动拖滞故障诊断与排除

1．故障现象

抬起制动踏板后，制动阀排气缓慢或不排气，不能立即解除制动，或排气虽快，但仍有制动作用，致使汽车起步困难或行车无力。

2．故障原因

（1）制动阀故障。

（2）传动机构故障。

（3）车轮制动器故障。

（4）其他故障。

制动踏板无自由行程；制动阀的排气阀调整垫片过薄，其回位弹簧过软、折断或橡胶阀座老化发胀；制动阀挺杆锈蚀；制动踏板至制动阀体转动臂之间的传动件发卡；制动凸轮轴与支架衬套锈蚀发卡；制动鼓与摩擦蹄片间隙过小；制动蹄支销锈蚀或回位弹簧过软、折断；半轴套管与其后桥壳或轮毂轴承配合处磨损造成松动；制动气室膜片老化变形，单层胶膜破裂鼓起或制动软管老化，气流不畅。

3．故障诊断与排除方法

抬起制动踏板时制动阀排气缓慢或不排气，多属制动阀故障，表现为各轮制动鼓均发热。若排气声弱或继续排气而制动发咬，一般为个别轮制动发咬，摸试各轮制动鼓，温度高者即为故障轮。

（1）若确定制动阀有故障，应先检查制动踏板自由行程。若自由行程太小或没有，应予以调整。若自由行程正常，可旋松排气阀试验。如有好转，则为排气阀调整垫片过薄。若仍无好转，可检查排气阀回位弹簧及胶座。若以上均正常，则应检查制动挺杆是否锈蚀及制动传递杆件是否活动灵活。

（2）若个别轮发咬，可在抬起制动踏板时，观察制动气室推杆回位情况。若其回位缓慢或不回位，应检查制动凸轮轴与其支架套是否失去润滑或同轴度差而发卡。若架起车轮检查该间隙正常，而落下车轮后间隙变化，则是轮毂轴承松旷或半轴套管与后桥壳配合松动。若间隙正常，可检查制动气室膜片及回位弹簧是否有问题。

学习单元 2　制动防抱死系统（ABS）故障诊断与排除

学习目标

1. 掌握制动防抱死系统的结构特点及故障原因
2. 掌握制动防抱死系统故障的自诊断方法
3. 能够诊断并排除制动防抱死系统故障

相关知识

ABS（Anti-locked Braking System）是一种具有防滑、防锁死等优点的汽车安全控制系统。ABS是在常规制动装置基础上的改进型技术，可分机械式和电子式两种。它既有普通制动系统的制动功能，又能防止车轮锁死，使汽车在制动状态下仍能转向，保证汽车的制动方向稳定性，防止产生侧滑和跑偏，是目前汽车上最先进、制动效果最佳的制动装置。

ABS具有自诊断功能，当电控系统发生故障时，警告灯会立即报警，系统自动关闭，返回常规制动状态。车型不同，ABS的自诊断方法也不同。下面以大众帕萨特轿车MK20-1型ABS为例，介绍ABS的自诊断功能和故障诊断过程。

一、自诊断功能

ABS控制单元具有自诊断能力，并针对系统的电气/电子元件故障。ABS电气/电子元件如图2—38所示。自诊断功能的主要特点如下：

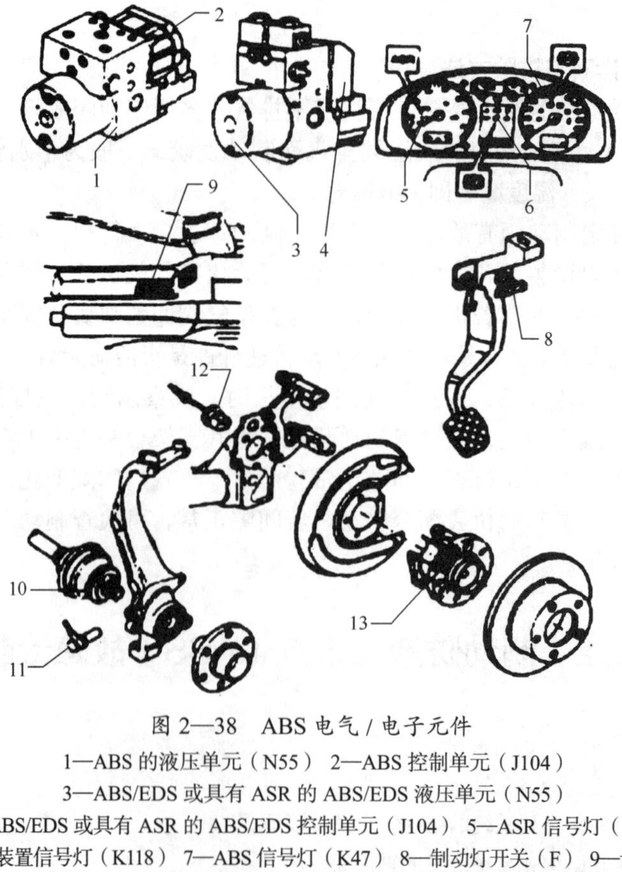

图2—38　ABS电气/电子元件

1—ABS的液压单元（N55）　2—ABS控制单元（J104）
3—ABS/EDS或具有ASR的ABS/EDS液压单元（N55）
4—ABS/EDS或具有ASR的ABS/EDS控制单元（J104）　5—ASR信号灯（K86）
6—制动装置信号灯（K118）　7—ABS信号灯（K47）　8—制动灯开关（F）　9—诊断接口
10—前左/右转速传感器齿圈　11—前右/左转速传感器（G45/G47）
12—后右/左转速传感器（G44/G46）　13—后右/左转速传感器齿圈

1. ABS 和 ABS/EDS 的 26 端子连接器的控制单元 J104 以及具有 ASR 的 ABS/EDS 的 1 端子控制单元 J104 与液压单元构成一个紧凑的液压控制单元，位于发动机的左侧。控制单元配有一个故障存储器，自诊断接口位于盖板之下靠近制动器杠杆的手柄。

2. 电源电压降到 10 V 以下，则 ABS 系统断开，一切有关的信号灯点亮。一旦升到 10 V 以上，系统重新接通，信号灯熄灭。在全部电压耗损、导线或熔丝熔断时，只有 ABS 信号灯点亮。

3. 控制单元在汽车操作过程中辨认故障，并将故障存储在故障存储器中，这些信息即使在断电时也仍保留。

4. 偶然故障同样能辨认和存储。若在汽车起动 20 次后或在一次较长的行驶距离之后，该故障不再出现，则故障在故障存储器中消失。

5. 在点火开关接通或发动机起动后，ABS 信号灯 K47、ASR 信号灯 K86 和制动装置红色信号灯点亮约 2 s。

6. 驱动防滑控制 ASR 是一种汽车安全系统，能防止车辆加速时车轮滑转，此外还可实施发动机牵引力矩控制（MSR）。

7. 汽车中装配的控制器 J104 已经过编码，而作为配件的新控制单元未编码，必须在安装后进行编码。在此期间，控制单元进行以下自检：

（1）检查电源电压（最小 10.0 V）。

（2）检查控制器，包括电磁阀线圈。

（3）进行轮速传感器电气检验。若以大于 60 km/h 的速度行驶 30 s，检查完毕。

（4）检查控制单元编码。

二、故障显示与诊断流程

1．技术数据

读取故障码时，经由 V.A.G1551 显示控制标识，例如：

8E0614 111	ABS
8E0614 111K	ABS+EDS
8E0614 111P	ABS+EDS+ASR
8E0614 111R	ABS+EDS+ASR（加拿大）
8E0614 111M	ABS+EDS+ 四轮驱动

2．故障显示

（1）ABS 系统电气 / 电子元件故障由 K47、K86 和 K118 各警告灯显示，如图 2—39 所示。

1）如果 ABS 系统的警告灯 K47、ASR 警告灯 K86 和制动装置的警告灯 K118 不熄灭，可能故障如下：

① ABS 系统的电源电压小于 10 V 以及车速小于 12 km/h。

②液压单元中有故障，ABS 系统不工作。

③在最近行驶周期中存在轮速传感器动态故障。

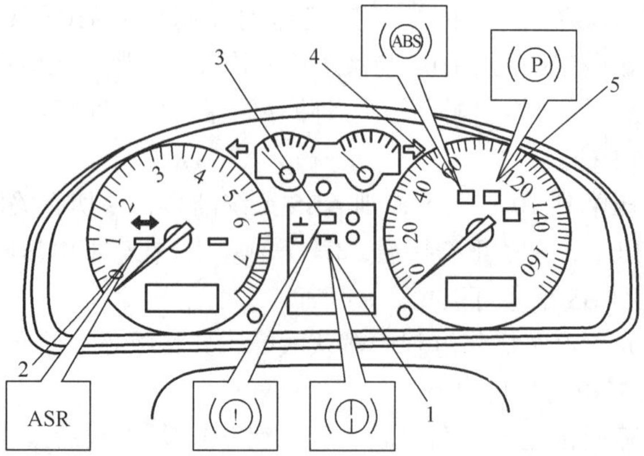

图 2—39　警告灯位置

1—摩擦片警告灯　2—ASR 信号灯　3—制动装置警告灯
4—ABS 警告灯　5—驻车制动警告灯

2）此时汽车重新起动的速度超过 2.75 km/h 后，警告灯自动熄灭，但必须在故障排除及重新检查之后轮速传感器不再出现故障。

3）在点火开关接通和自检结束后，ABS 系统的警告灯 K47 和 ASR 警告灯 K86 点亮，可能的故障有：

①控制单元 J104 的第 21 端子与仪表板上 ABS 警告灯 K47 的连接出现断路或短路。

② ABS 系统的电源电压小于 10 V 或车速小于 12 km/h。

（2）警告灯 K47。在点火开关接通和检查过程结束之后，ABS 警告灯不熄灭，可能的故障有：

1）电源电压低于 10 V。

2）液压控制单元存在故障，ABS 不工作。

3）在最后一次汽车起动后，存在暂时的传感器故障，此时 ABS 警告灯在汽车重新起动和速度超过 2.75 km/h 后，自动熄灭。

4）从 ABS 警告灯端子 1 到控制单元的端子 16 的连接中断。

5）ABS 警告灯损坏。

（3）警告灯 K47 和 K118。ABS 的信号灯 K47 熄灭，但制动装置的警告灯 K118 却点亮，可能的故障有：

1）制动液面太低。点火开关接通后，可听到三声警告声。

2）在制动装置信号灯的导线中有故障，ABS 警告灯 K47 和制动装置警告灯 K118 点亮，则 ABS 系统失效。

（4）警告灯 K86。在点火开关接通和检查过程结束后，ASR 警告灯 K86 不熄灭，可能的故障有：

1）ASR 线路发生短路，ASR 警告灯在点火开关接通 5 s 后不熄灭。

2）ASR 警告灯工作后，对地搭铁短路，此时检查从控制单元 J104 连接器端子 20 到仪表板的导线。

3）控制单元 J104。在更换液压控制单元后出现编码错误。此时读取故障码，此后控制单元重新编码。若 ASR 警告灯 K86 在自检过程中不点亮，则为 ASR 警告灯损坏。

（5）警告灯 K47 和 K86。若 ABS 警告灯 K47 和 ASR 警告灯 K86 在点火开关接通和检查过程结束之后不熄灭，可能的故障有：

1）ABS 系统的电源电压小于 10 V 以及车速小于 12 km/h。

2）ABS 警告灯线路发生短路，在这种情况下检查从控制单元 J104 的端子 21 到仪表板连接器的导线。

（6）驻车制动警告灯。驻车制动警告灯在点火接通后不熄灭，可能的故障有：

1）驻车制动处于拉紧状态。

2）驻车制动警告灯的开关损坏或调整错误。

3）线路故障。

（7）摩擦片警告灯。制动摩擦片磨损警告灯在点火开关接通 3 s 后不熄灭，或在行驶操作期间点亮，可能的故障有：

1）制动摩擦片磨损。

2）线路故障。

3．故障自诊断流程

用故障诊断仪 V.A.G1551 对 ABS Bosch5.3、ABS/EDS Bosch5.3 进行故障查询，故障自诊断流程如图 2—40 所示。

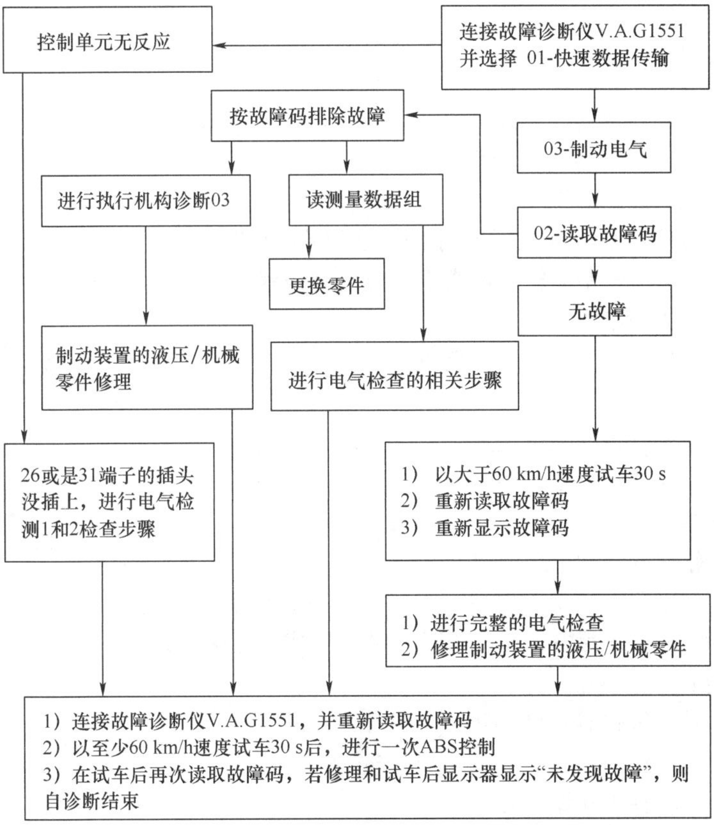

图 2—40　故障自诊断流程

三、自诊断条件

1. 所有车轮的轮胎规格、充气压力必须符合规定。

2. 制动设备的机械和液压零件、制动灯开关和制动警告灯等一切正常。

3. 液压接头和导线密封良好（在液压单元、制动钳、车轮、制动分泵、制动总泵上目测）。

4. 控制单元 J104 上的插接件连接正常（锁紧装置已固定）。

5. 检查确认 ABS 插头接点无故障且安装正确。

6. 所有熔丝按线路图检查一切正常。

7. 电源电压至少 10 V。

8. 只有在汽车停止和接通点火开关时才可以进行自诊断。

9. 汽车的电气装置在 ABS 系统检查期间应不受电磁干扰影响，汽车应远离强电流消耗器械，如电焊机。

四、故障码及故障诊断

1. 00283——前左转速传感器 G47 断路或对正极短路

可能的故障来源：

（1）转速传感器 G47 非正常安装。

（2）齿圈污损。

（3）车轮轴承间隙过大。

（4）转速传感器 G47 损坏。

（5）接地短路。

（6）传感器 G47 和控制单元 J104 之间的线束断路或对正极短路。

2. 00285——前右转速传感器 G45 断路或对正极短路

可能的故障来源：

（1）转速传感器 G45 不正常安装。

（2）齿圈污损。

（3）车轮轴承间隙过大。

（4）转速传感器 G45 损坏。

（5）接地短路。

（6）错误的控制单元标识。

（7）传感器 G45 和控制单元 J104 之间的线束断路或对正极短路。

3. 00287——后右转速传感器 G44 断路或对正极短路

可能的故障来源：

（1）转速传感器 G44 不正常安装。

（2）齿圈污损。

（3）车轮轴承间隙过大。

（4）转速传感器 G44 损坏。

（5）接地短路。
（6）控制单元标识错误。
（7）传感器 G44 和控制单元 J104 之间的线束断路或对正极短路。

4．00290——后左转速传感器 G46 断路或对正极短路

可能的故障来源：
（1）转速传感器 G46 非正常安装。
（2）齿圈污损。
（3）车轮轴承间隙过大。
（4）转速传感器 G46 损坏。
（5）接地短路。
（6）传感器 G46 和控制单元 J104 之间的线束断路或对正极短路。

5．00301——ABS 的回流泵 V39 故障

可能的故障来源：液压控制单元故障。

6．00526——制动灯开关 F 断路

可能的故障来源：
（1）制动灯开关损坏或设定错误。
（2）2 个制动灯 M9、M10 均损坏。
（3）从制动灯到控制单元 J104 的导线损坏。
（4）控制单元 J104 损坏。

7．00532——供电电压信号太小

可能的故障来源：
（1）导线断路或从接线柱 15 到液压控制单元 J104 断路，接点 15 的供电电压中的过渡电阻太高。
（2）汽车电源的电压中断。
（3）液压控制单元 J104 故障。
说明：
（1）该故障涉及控制单元供电电压。
（2）该故障只有在车速大于 60 km/h 时才会储存。

8．00597——轮速脉冲有异

可能的故障来源：
（1）车轮及轮胎尺寸不一致。
（2）齿圈污损。
（3）车轮轴承间隙太大。
（4）转速传感器 G44、G45、G46、G47 非正常安装。
（5）转速传感器 G44、G45、G46、G47 损坏。

五、ABS 系统诊断的注意事项

目前，大多数 ABS 系统都具有很高的工作可靠性，通常无须对其进行定期的特别维护，但在使用、维护和检修过程中，应特别注意以下几个方面：

1. 在点火开关处于点火位置时，不要拆装系统中的电气元件和线束插头，以免损坏电子控制装置。若要拆装系统中的电气元件和线束插头，应先将点火开关断开。

2. 不可向电子控制装置供给过高的电压，否则容易损坏电子控制装置，所以，切不可用外接充电设备起动发动机，也不要在蓄电池与汽车电子系统连接的情况下，对蓄电池进行充电。

3. 电子控制装置受到碰撞和敲击极容易引起损坏，因此，要注意使电子控制装置免受碰撞和敲击。

4. 高温环境容易损坏电子控制装置，所以，在对汽车进行烤漆作业时，应将电子控制装置从车上拆下。另外，在对系统中的元件或线路进行焊接时，也应将线束插头从电子控制装置上拆下。

5. 不要让油污沾染电子控制装置，特别是电子控制装置的端子更要注意；否则，会使线束插头的端子接触不良。

6. 在蓄电池电压低时，系统将不能进入工作状态，因此，要注意对蓄电池的电压进行检查，特别是当汽车长时间停驶后初次起动时更要注意。

7. 不要使车轮转速传感器和传感器齿圈沾染油污或其他脏物；否则，车轮转速传感器产生的车轮转速信号就可能不够准确，影响系统控制精度，甚至使系统无法正常工作。另外，不要敲击转速传感器；否则，很容易导致传感器发生消磁现象，从而影响系统的正常工作。

8. 由于在很多具有防抱死制动功能的制动系统中都有供给防抱死制动压力调节所需能量的蓄能器，因此在对这类制动系统的液压系统进行维修作业时，应首先使蓄能器中的高压制动液完全释放，以免高压制动液喷出伤人。在释放蓄能器中的高压制动液时，先将点火开关断开，然后反复地踩下和放松制动踏板，直到制动踏板变得很硬时为止。另外，在制动液压系统完全装好以前，不能接通点火开关，以免电动泵通电运转。

9. 具有防抱死控制功能的制动系统应使用专用的管路。因为制动系统往往具有很高的压力，如果使用非专用的管路，极易造成损坏。

10. 大多数防抱死控制系统中的车轮转速传感器、电子控制装置和制动压力调节装置都是不可修复的，如果发生损坏，应进行整体更换。

11. 在对制动液压系统进行过维修以后，或者在使用过程中发觉制动踏板变软时，应按照要求的方法和顺序对制动系统进行空气排除。

12. 应尽量选用汽车生产厂家推荐的轮胎，如要使用其他型号的轮胎，应选用与原车所用轮胎的外径、附着性能和转动惯量均相近的轮胎，但不能将不同规格的轮胎混用，因为这样会影响防抱死控制系统的控制效果。

在防抱死警告灯持续点亮情况下进行制动时，应注意控制制动强度，以免因制动防抱死系统失效而使车轮过早发生制动抱死。

技能要求

以大众帕萨特轿车 MK20-1 型 ABS 为例，分析如下：

一、ABS 警告灯 K47 不熄灭

1．故障现象

在点火接通和检查过程结束之后，ABS 警告灯 K47 不熄灭。汽车行驶途中进行制动时，后轮可能会抱死，ABS 系统不再工作。

2．故障原因

根据 ABS 系统的电路进行分析，主要存在以下几种原因：

（1）电源电压低于 10 V。

（2）在液压控制单元中存在故障，因此 ABS 系统不工作。

（3）在最近的一次汽车起动之后，存在暂时的转速传感器故障。

（4）从 ABS 警告灯插脚 1 到控制单元插脚 T16 的连接中断。

3．故障诊断与排除方法

（1）本着先易后难的原则，先对 ABS 警告灯的插脚 1 到控制单元插脚 T16 之间的连接进行检查。如有松动或脱开现象，应连接和紧固；如有导线开路或破损，应更换。

（2）接通点火开关后，让车运行，并使速度超过 2.75 km/h，这时假如 K47 警告灯自动熄灭，说明汽车在上次起动后，转速传感器出现过偶然故障。这种偶然故障若在汽车起动 20 次后，或在一次较长的行驶距离（超过 20 km）之后不再出现，则该故障会在故障存储器中自动消失。如果 K47 警告灯不熄灭，说明故障不属此类。

（3）利用故障诊断仪 V.A.G1551 对 ABS 系统进行故障检查，其步骤如前所述。如果出现的故障属偶然故障，会显示后缀“/SP”标志。根据故障码的提示，检查并排除故障。如需检查电源电压是否低于 10 V，可执行电气检测。当电源电压低于 10 V 时，除 K47 警告灯点亮外，K118、K7、K61 警告灯都会点亮，ABS 系统自动断开，汽车制动时后轮可能先抱死。一旦电源电压升高到 10 V，系统就重新接通，有关警告灯全部熄灭。

（4）如果电源电压无故障，则液压单元中存在故障，应对液压系统进行高低压的检测。检测前应检查制动系统的制动总泵、制动管及制动钳是否泄漏。

1）进行高压检测的方法：拧下前制动钳的排气螺栓，接上压力表对系统排气。在制动踏板和驾驶座椅间装上制动踏板压下装置，在制动踏板上加力，直到压力表显示 5 MPa 压力，45 s 内压降不大于 0.4 MPa，否则更换液压控制单元。

2）进行低压检测的方法：踩下制动踏板，一直调到表上读数 0.6 MPa，3 min 内压降不超过 0.1 MPa，否则更换液压控制单元。

二、ABS 警告灯 K47 熄灭，但制动装置警告灯 K118 却点亮

1．故障现象

当点火开关接通后，可能会听到三声警告。行车制动时所需制动踏板力较大，制动距离较长，制动踏板行程较长。

2．故障原因

（1）制动液液面太低。

（2）制动装置警告灯 K118 的导线中有故障。

3．故障诊断与排除方法

（1）当点火开关接通后，警告灯 K47 点亮 2 s 后熄灭，但警告灯 K118 不熄灭，并能听到三声警告，说明制动液液面过低，应对制动液液面进行检查，如低于“MIN”标志线，应及时添加制动液。

（2）根据电路，检查警告灯 K118 的导线是否破损，各接头处是否松脱或连接不牢，如有，应进行检修。

学习单元 3　制动防抱死辅助系统（EBD/BAS/ESP）故障诊断与排除

学习目标

1. 掌握制动防抱死辅助系统的相关术语及作用原理
2. 掌握制动防抱死辅助系统故障的自诊断方法
3. 能够诊断并排除制动防抱死辅助系统常见故障

相关知识

一、制动防抱死辅助系统（EBD/BAS/ESP）相关术语

1．EBD 电子制动力分配系统（见图 2—41）

在制动时，车辆四个车轮的制动卡钳均会动作，以将车辆停下。但由于路面状况有差异，加上减速时车辆重心的转移，四个车轮与地面间的抓力将有所不同。传统的制动系统会将制动总泵的力量平均分配至四个车轮，但这样的分配并不符合制动力的使用效益，由此开发的 EBD 系统可以将制动力做出最佳的分配。

EBD（Electronic Brake-Force Distribution），中文全称为电子制动力分配系统。配置有 EBD 系统的车辆，会自动监测各个车轮与地面间的抓力，将制动系

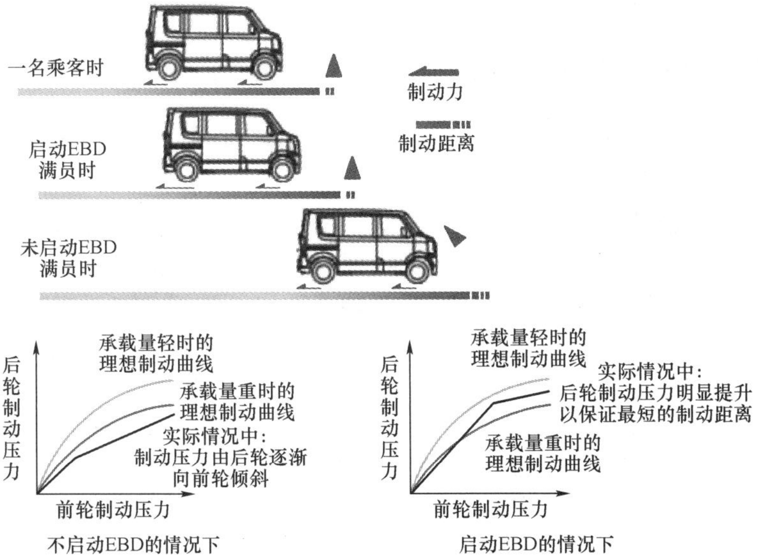

图 2—41　EBD 电子制动力分配系统

统所产生的力量适当地分配至四个车轮。在 EBD 系统的辅助下，制动力可以得到最佳的效率，使得制动距离明显缩短，并在制动时保持车辆的平稳，提高行车的安全性。而 EBD 系统在弯道进行制动的操作也具有维持车辆稳定的功能，可增加弯道行驶的安全性。

2．BAS 制动辅助系统

传统的制动系统，其设计是将驾驶者施加于制动踏板上的力以固定的倍数放大。因此对于力量较小的驾驶者而言，其可能面临制动力不足的问题，在紧急状况下可能造成事故的发生。针对这个问题，开发出 BAS 制动力辅助系统，以工程技术补足体力的不足，让驾驶者均能产生足够的制动力，防止意外发生。

BAS 系统在车辆行驶过程中，会实时监测制动踏板的动作。当感知器监测到制动踏板以极快的速度踏下时，系统将其解释为驾驶者需要进行紧急制动的动作，BAS 系统便会对制动系统进行加压，使其产生最大的制动力，让车辆能有最佳的制动效果，以提高行车的安全性。

3．ESP 电子稳定程序控制系统

ESP（Electronic Stability Program）是电子稳定程序系统，它综合了 ABS（防抱死制动系统）、BAS（制动辅助系统）和 ASR（加速防滑控制系统）三个系统的功能。

ESP 系统可以使车辆在各种状况下保持最佳的稳定性，尤其在转向过度或转向不足的情形下效果更加明显。ESP 系统包含 ABS 及 ASR，是这两种系统功能上的延伸。因此，ESP 称得上是当前汽车防滑装置的最高级形式。ESP 系统由控制单元及转向传感器（监测转向盘的转向角度）、车轮传感器（监测各个车轮的速度转动）、侧滑传感器（监测车体绕竖直轴线转动的状态）、横向加速度传感器（监测汽车转弯时的离心力）等组成。

二、制动防抱死辅助系统故障诊断方法

以东风日产天籁轿车的制动系统为例进行介绍。

1．东风日产的制动辅助系统的组成

（1）防抱死制动系统（ABS）：是一种具有防滑、防锁死等优点的汽车安全控制系统。

（2）电子制动力分配系统（EBD）：能够根据由于汽车制动时产生轴荷转移的不同，而自动调节前、后轴的制动力分配比例，提高制动效能，并配合 ABS 提高制动稳定性。

（3）BA 制动辅助系统：通过传感器分辨驾驶员踩踏板的情况，识别并判断是否引入紧急制动程序，由此该系统能立刻建立起最大的制动压力，以达到理想的制动效果。

（4）牵引力控制系统（TCS）：TCS 依靠电子传感器探测到从动轮速度低于驱动轮时（这是打滑的特征），就会发出一个信号，调节点火时间、减小气门开度、减小油门、降挡或制动车轮，从而使车轮不再打滑。

（5）车辆行驶动态控制系统（VDC）：通过控制四轮的制动力和发动机的输出功率，来提高车辆稳定性。

2．BA 制动辅助系统的组成

BA 制动辅助系统主要由车速传感器（测速雷达）、轮速传感器、控制装置和执行机构、制动踏板行程传感器和制动压力传感器组成。

3．BA 制动辅助系统的主要作用

在一些非常紧急的事件中，驾驶者往往不能迅速地踩下制动踏板，BA 制动辅助系统就是为此设计，它是在防抱死制动系统 ABS 的基础上，增设制动踏板行程传感器和制动压力传感器，并在防抱死制动电控单元（ABS ECU）中增设制动力调节软件程序。该系统利用传感器感应驾驶者对制动踏板踩踏的力度与速度，然后判断驾驶者的此次刹车意图。

4．检查和测试

（1）组件的检查

1）车速传感器的检查。感应线圈是否断路、短路或接触不良；齿圈是否有缺损或脏污；探头部分安装是否牢固；磁极与齿圈之间是否有脏物。

2）控制装置的检查（ECU）。插接器连接导线有无松动；ECU 线束插接器各端子的电压值、波形或电阻是否与标准值相符。

3）执行机构的检查（继电器和压力调节器）。是否存在触点接触不良，继电器线圈是否不良；电磁阀线圈是否不良，阀是否有泄漏。

4）制动踏板行程传感器和制动压力传感器的检查。主要检查插接器是否松动。

（2）制动辅助系统的测试

1）制动辅助系统可以在紧急情况下提高制动力。根据作用于制动踏板的速

度和力量，系统可以判断出该制动属于哪一类。当系统判断为紧急制动时，即使驾驶员踩制动踏板的力很弱，系统也能通过自动控制发出强大的制动力。松开踏板时自动减少助力，降低制动时的不适应感。

该系统根据驾驶员触动制动踏板的力道和速度，由电控单元计算紧急程度，瞬间增加制动油压的压力，从而缩短制动距离，防止追撞意外的发生。

2）静态试验，按下列方式操作以模拟正常制动状况：

①发动机起动约 30 s 后。

②轻轻踩下制动踏板，直到感觉踏板阻力变大时停止并踩住踏板。

③保持踩住踏板约 10 s。

④慢慢放松大约一半的踏板行程，然后开始重复快速踩放制动踏板。

⑤如果此时感到制动踏板阻力变小（脚感变软），则代表制动进入 BA 模式并且持续作用中。

3）动态试验，依下列方式操作以模拟紧急制动状况：

①将车速保持在 40 ～ 50 km/h。

②迅速踩下制动踏板，如果重复模拟，两次之间的间隔至少 30 s。

③ ABS 会随着 BA 系统的辅助开始作用，制动踏板仍会调节制动系统的压力。

④如果此时感到踏板阻力变小（脚感变软），则代表制动进入 BA 模式并且持续作用中，紧急制动时踏板变软是正常现象。

4）如果只有静态试验结果正常，则可能是动态时制动踏板踩得不够快。

如果静态、动态试验结果均不正常，先检查制动加力装置是否正常，再决定是否更换 BA 制动总泵。动态情况下的试验效果如图 2—42 所示。

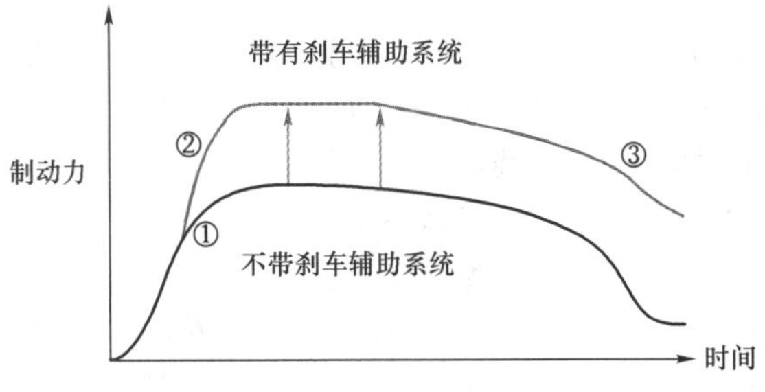

图 2—42　动态试验效果

5．制动辅助系统在使用中常见的问题

（1）在使用中普遍反映“刹车软”。实际上如果正确使用 BAS/BA 等制动辅助系统，可以既兼顾舒适性，又提高安全性。

制动辅助系统是通过电控单元识别紧急制动，并自动加大制动阻力，达到快速制动的辅助系统。系统使用时主要与踩制动踏板的速度有关，踩得快，刹得就急，反之制动就“软”，这样做的目的就是保证舒适性。因为多数情况下是非紧急制动，是有预判的，这样慢慢地制动可增加乘坐人员的舒适感。

（2）制动辅助系统的作用与车速无关。易产生如下问题：在下坡弯路突发情况需要调整车速时，为防止侧偏，施加到制动踏板上的力很急，但力量却不大，此时ABS已停止工作，但EBA仍会对车轮施加制动力，由于ABS已经停止工作，车轮会在最短的时间内被抱死，在湿滑路面的情况下意味着车可能会在瞬间失控。这就是经常可以看到在一些湿滑路面，车速并不快但却发生了事故，且多发生在弯路入口或坡前的原因。

所以在行车时要注意以下问题：

1）阅读车辆使用说明书，尤其要了解相关电子辅助系统的使用说明和使用条件，禁止错误运用。不要误以为汽车是纯机械转动的机器，实际上汽车几乎所有的机械动作都是可以用电控单元控制的，尤其是动力和行走部分。

2）在湿滑路面上行驶，一定要提前调整好车速，不可因车速不快而疏忽大意。进入拐弯、坡路和复杂情况前，应将车速降至足够安全的速度，确保可以不借用紧急制动就可以处理情况，这点非常关键。

6．制动辅助系统的维护和检测

东风日产天籁轿车的制动辅助系统具有很高的工作可靠性，通常无须对其进行定期的特别维护，但在使用、维护和检修过程中，应特别注意以下几个方面。

（1）在点火开关处于点火位置时，不要拆装系统中的电气元件和线束插头，以免损坏电子控制装置。如拆装系统中的电气元件和线束插头，应先将点火开关断开。

（2）传感器插头脏污或传感器的空气间隙没有达到要求，都会使传感器不能正常工作，这就需要定期对传感器进行适当的调整，以使其恢复正常的工作状态。传感器的调整可用纸垫片贴紧传感头的端面来完成，当汽车运行时，随着传感器齿圈的旋转，纸垫片就会自然消失。

（3）用正常的电脑代替原车电脑，观察ABS系统的工作情况，通过对比来鉴别原车电脑是否有故障。更换时将点火开关关闭，拆下电脑上的线束插头，换上正常的电脑，插上所有的线束插头，接通点火开关，并起动发动机，红色制动灯和ABS灯应显示系统的正常状态。

（4）检查液压元件泄漏时，先接通点火开关，直至液压泵停止运转，接着再等3 min，使整个液压系统处于稳定状态，查看压力表，如果5 min之内系统压力出现下降现象，则表明液压系统有泄漏之处。再检查是液压元件本身泄漏，还是外部系统泄漏，分别予以修复，必要时更换磨损部件或总成。

技能要求

以下以日产天籁VDC动态控制系统故障为例。该系统融合了ABS、TCS和EBD功能，有6个传感器不断检测车辆的行驶特性，这些传感器包括4个轮速传感器、1个转向角度传感器和1个横向摆动率传感器（同时用于ABS和TCS系统）。VDC控制系统的结构如图2—43所示。系统液压控制回路如图2—44所示。

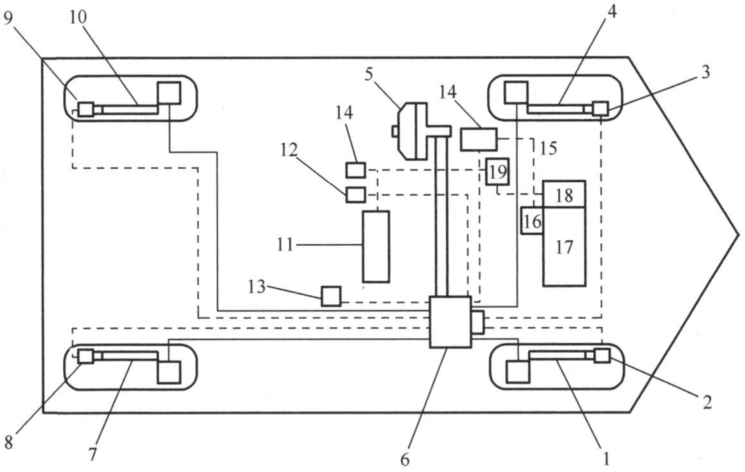

图 2—43　日产天籁 VDC 控制系统的结构

1—右前轮传感器转子　2—右前轮传感器　3—左前轮传感器　4—左前轮传感器转子　5—制动助力器　6—ABS 执行器和控制单元　7—右后轮传感器转子　8—右后轮传感器　9—左后轮传感器　10—左后轮传感器转子　11—组合仪表　12—VDC OFF 开关　13—G 传感器　14—转向角传感器　15—节气门控制信号　16—节气门电子控制执行器　17—发动机　18—变速驱动总成　19—TCM

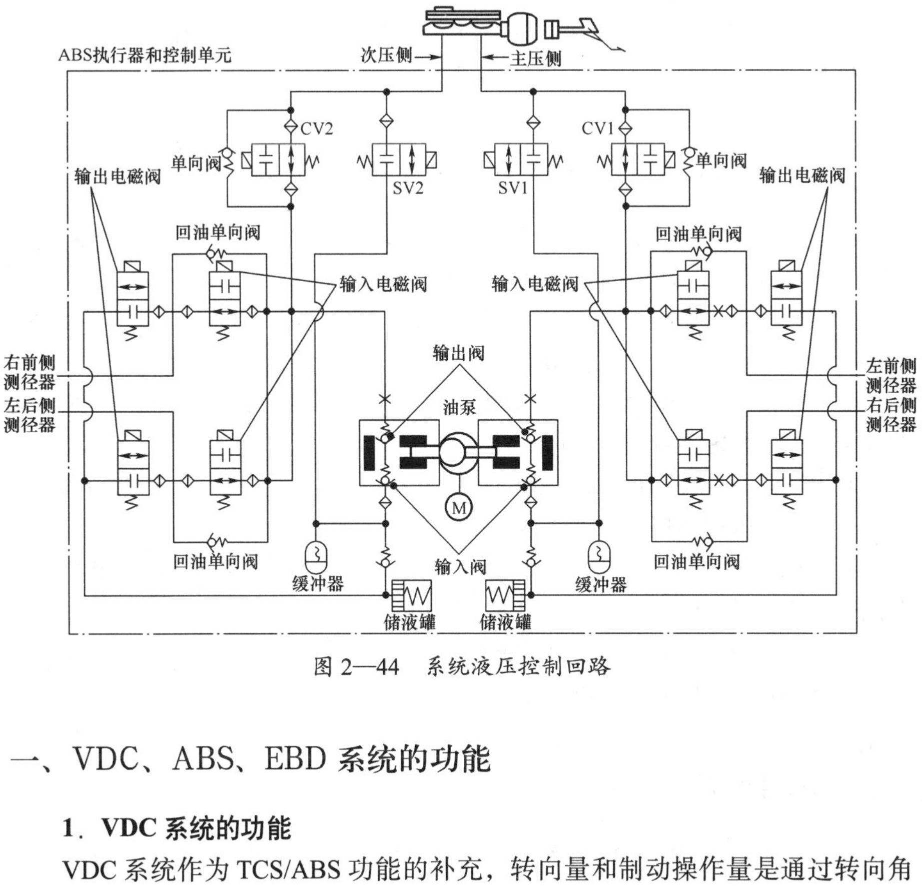

图 2—44　系统液压控制回路

一、VDC、ABS、EBD 系统的功能

1. VDC 系统的功能

VDC 系统作为 TCS/ABS 功能的补充，转向量和制动操作量是通过转向角

传感器和制动开关检测的，并通过G传感器、车辆速度传感器等确定车辆驾驶状态（转向不足/过量转向）。当车辆急拐弯或在光滑路面上行驶时，VDC系统改变发动机转矩或者对各车轮实施独立制动，以保证车辆在急转弯或光滑路面上稳定行驶。日产天籁的VDC系统电路图如图2—45所示。在VDC系统工作时，车身和制动踏板会稍微振动，并可听到一些机械噪声。ABS警告灯、VDC OFF指示灯和SLIP指示灯在车辆受到强烈振动后（如当发动机运转时、车辆行驶在转弯或湿滑路面时）会变亮。在正常路面上行驶时，ABS警告灯、VDC OFF指示灯和SLIP指示灯会熄灭。

2．ABS系统的功能

ABS系统是在制动时检测车轮速度，并把检测到的信号送给ABS控制单元，ABS控制单元通过控制电磁阀来控制制动力（制动液压力）以避免4轮锁死。它提高了在紧急制动时操作的稳定性，并使通过转向避让障碍物变得容易。

当驱动轮打滑时，TCS控制系统将通过ABS/VDC控制系统降低发动机的转矩，必要时通过与自动变速器控制模块通信，改变换挡时间，这将减少车轮打滑，提高车辆的行驶加速性能，并消除车轮转向失灵，提高车辆的行驶稳定性。

3．EBD系统的功能

制动时，EBD检测前轮和后轮是否发生细微滑动，假如发生了滑动，EBD就会控制后轮制动力，以尽量限制后轮打滑，提高车辆制动时的稳定性。

二、VDC、ABS、EBD系统失效模式

假如VDC、ABS、EBD系统发生电气故障，组合仪表中的VDC OFF指示灯和SLIP指示灯将变亮。同时，系统会按下列情况工作：

1. VDC系统出现故障时，VDC OFF指示灯或SLIP指示灯点亮，此时，VDC、TCS系统将不起作用，ABS系统正常工作。
2. 节气门系统出现故障时，VDC OFF指示灯点亮，此时VDC、TCS系统将不起作用，ABS系统正常工作。
3. ABS系统出现故障时，ABS警告灯、VDC OFF指示灯和SLIP指示灯均点亮。ABS、VDC、TCS系统都不工作。
4. EBD系统出现故障时，刹车警告灯、ABS警告灯、VDC和SLIP指示灯都点亮，此时仅有机械制动。
5. ABS系统出现故障时，仅EBD系统工作。
6. EBD系统失效时，ABS、EBD系统将不工作。

三、故障自诊断

假如VDC、ABS、EBD系统出现故障，可以使用CONSULT-Ⅱ诊断仪进行

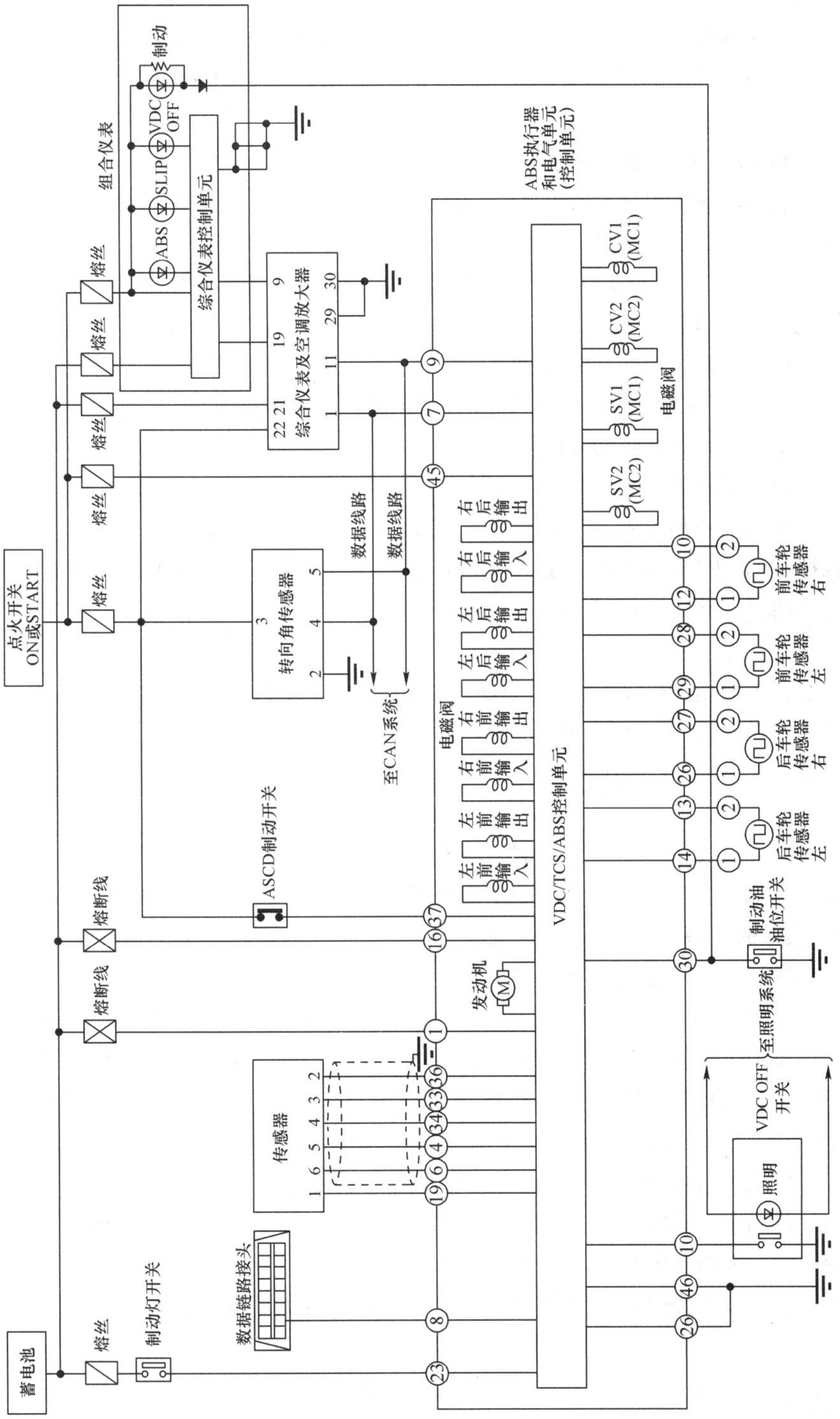

图 2—45 VDC 系统电路图

诊断。CONSULT-Ⅱ诊断仪主功能包括 WORK SUPPORT（工作支持）、SELF-DIAGNOSTIC RESULTS（自诊断结果）、DATA MONITOR（数据监视器）、CAN DIAG SUPPORT MNTR（CAN 诊断支持监视器）、ACTIVE TEST（主动测试）、FUNCTION TEST（功能测试）、ECU PART NUMBER（ECU 零部件编号）等。

1．CONSULT-Ⅱ基本操作

（1）触摸“SELECT SYSTEM”屏幕上的“ABS”。如没有显示“ABS”，则检查 CONSULT-Ⅱ诊断仪数据接口（DLC）电路。

（2）从“SELECT DIAG MODE”屏幕上，选择所需的诊断位置。

2．读取故障码

（1）将点火开关转到 OFF 位置。

（2）将 CONSULT-Ⅱ和 CONSULT-Ⅱ转换器连接到数据接口。

（3）将点火开关转到 ON 位置。

（4）起动发动机，并以 30 km/h 或更高的速度驾驶车辆约 1 min。

（5）车辆停止后，在发动机保持运转的情况下，在 CONSULT-Ⅱ诊断仪上，依次触摸“START（NISSAN BASED VHCL）”“ABS”“SELF-DIAG RESULTS”（自诊断结果）。如没有显示“ABS”，则检查 CONSULT-Ⅱ诊断仪数据接口（DLC）电路。

注意：如在起动发动机或将点火开关打开后立即触摸“START（NISSAN BASED VHCL）”，“ABS”可能不会显示在系统选择屏幕上。在此情况下，重复从步骤（1）开始的操作。如在多次操作后仍无法显示，说明 ABS 执行器和控制单元可能有故障。

（6）显示自诊断结果（必要时，触摸“PRINT”打印自诊断结果）。假如显示“NO FAILURE”，则应检查 ABS 警告灯、VDC OFF 指示灯和 SLIP 指示灯。

3．清除故障码

（1）将点火开关转到 OFF 位置。

（2）起动发动机并在 CONSULT-Ⅱ诊断仪显示屏上，依次触摸“START（NISSAN BASED VHCL）”“ABS”“SELF-DIAG RESULTS”（自诊断结果）、“ERASE MEMORY”（清除存储数据），以清除 DTC 存储信息。如无法清除错误存储信息，重复从读取故障码中步骤（4）开始的操作。

（3）再次执行自诊断，确认诊断存储信息已被清除。

（4）进行最终检测时，以 30 km/h 或更高的速度驾驶车辆约 1 min。确认 ABS 警告灯、VDC OFF 指示灯和 SLIP 指示灯熄灭。

注意：清除故障码时，VDC OFF 开关不应停留在 ON 位置。

四、读取数据流

依次触摸 CONSULT-Ⅱ诊断仪显示屏上的“START（NISSAN BASED VHCL）”“ABS”“DATA MONITOR”（数据监视器）。如在起动发动机或打

开点火开关后立即触摸“START（NISSAN BASED VHCL）”，“ABS”可能不会显示在系统选择屏幕上。在此情况下，重复从读取故障码中步骤（1）开始的操作。

在监视项目选择屏幕上，选择“ECU INPUT SIGNALS”（ECU 输入信号）、“MAIN SIGNALS”（主信号）或“SELECTION FROM MENU”（从菜单中选择）。

触摸“START”以进入数据监视器屏幕，读取数据流。

五、主动测试

1．测试注意事项

（1）请勿在车辆行驶时执行主动测试。

（2）确认制动系统中的空气已完全排出。

（3）当 ABS 警告灯由于 ABS 故障而变亮时，不能执行主动测试。

（4）主动测试时，ABS 和制动警告灯将会变亮。

2．测试操作步骤

（1）将 CONSULT- Ⅱ诊断仪和 CONSULT- Ⅱ转换器连接到数据接口并起动发动机。

（2）依次触摸 CONSULT- Ⅱ诊断仪显示屏上的“START（NISSAN BASED VHCL）”“ABS”“ACTIVE TEST”（主动测试）。如在起动发动机或将点火开关打开后立即触摸“START（NISSAN BASED VHCL）”，“ABS”可能不会显示在系统选择屏幕上。在此情况下，重复从步骤（1）开始的操作。屏幕“SELECT TEST ITEM”将显示。

（3）触摸测试项目。

（4）当“MAIN SIGNALS”反复出现时，触摸“START”。

（5）屏幕上将显示“ACTIVE TEST”，然后执行电磁阀和 ABS 电动机测试。

注意：当踏下制动踏板时执行主动测试，制动踏板的踩下量将改变。这是正常现象。操作开始后 10 s，屏幕上将显示“TEST IS STOPPED”。“TEST IS STOPPED”显示之后，再次执行测试，触摸“BACK”并重复步骤（3）。

3．电磁阀测试

以右前轮为例，说明电磁阀测试的过程，其他车轮的操作步骤与右前轮相同。

执行 ABS 功能的主动测试时，应选择每个测试项目的主项目。另外，当执行 VDC/TCS 功能的主动测试时，应选择每个测试项目菜单。

对于电磁阀，触摸“UP”（向上）、“KEEP”（保持）、“DOWN”（向下），对于 ABS 电磁阀（ACT），触摸“UP”（向上）、“ACTUATOR UP”（执行器向上）、“ACTUATOR KEEP”（执行器保持），并确认所有电磁阀（输入、输出）按表 2—4 给出的状态进行操作。

对 ABS 电磁阀（ACT），选择前轮时操作后轮阀，选择后轮时操作前轮阀。

表 2—4　　电磁阀操作

工作	电磁阀			ABS 电磁阀（ACT）		
	向上	保持	向下	向上	执行器向上	执行器保持
FR RH IN SOL	OFF	ON	ON	OFF	OFF	OFF
FR RH OUT SOL	OFF	OFF	ON*	OFF	OFF	OFF
FR LH IN SOL	OFF	ON	ON	OFF	OFF	OFF
FR LH OUT SOL	OFF	OFF	ON*	OFF	OFF	OFF
RR RH IN SOL	OFF	ON	ON	OFF	OFF	OFF
RR RH OUT SOL	OFF	OFF	ON*	OFF	OFF	OFF
RR LH IN SOL	OFF	ON	ON	OFF	OFF	OFF
RR LH OUT SOL	OFF	OFF	ON	OFF	OFF	OFF
主侧 VDC 开关越程阀 1（SV1）	OFF	OFF	OFF	OFF	OFF*	OFF
主侧 VDC 开关越程阀 1（CV1）	OFF	OFF	OFF	OFF	OFF	ON
次侧 VDC 开关越程阀 2（SV2）	OFF	OFF	OFF	OFF	ON*	OFF
次侧 VDC 开关越程阀 2（CV2）	OFF	OFF	OFF	OFF	ON	OFF

注：*表示触摸之后保持 ON 状态 1 ~ 2 s，然后转至 OFF 位置。

4．ABS 电动机测试

触摸屏幕上的 ON 和 OFF，按表 2—5 检查 ABS 电动机继电器和 ABS 执行器继电器的工作状态。

表 2—5　　ABS 电动机操作

工作	ON	OFF
电动机继电器	ON	OFF
执行器继电器	ON	ON

六、转向角传感器中间位置调整

为了保证 VDC 系统能正常工作，转向盘转角位置传感器是非常重要的一个元件，由 BOSCH 公司开发的转角位置传感器位于螺旋线缆的后面。当拆卸、安装或者更换任何一个元件时，需要调整转角传感器的中间位置。

操作步骤如下：

1. 将车辆停在前轮正对前方的位置。

2. 将 CONSULT-Ⅱ诊断仪和 CONSULT-Ⅱ转换器与数据接头连接，然后将点火开关转至 ON 位置（不要起动发动机）。

3. 依次触摸“CONSULT-Ⅱ”诊断仪显示屏上的“ABS”“WORK SUPPORT”（工作支持）和“STR ANGLE SENSOR ADJUSTMENT”（转向角传感器调整）。

4. 触摸“START”。调节转向角传感器时，不要接触转向盘。

5. 约 10 s 之后，触摸“END”（约 60 s 之后，它将自动停止）。

6. 将点火开关转至 OFF 位置，然后再转至 ON 位置。注意：一定要执行此操作。

7. 将车辆前轮正对前方驾驶，然后停止。

8. 选择 CONSULT-Ⅱ诊断仪显示屏上的“DATA MONITOR”“SELECTION FROM MENU”和“STR ANGLE SIG”。然后确认“STR ANGLE SIG”在 –3.5° ~ 3.5°。假如该值超过了规定范围，重复步骤 3 至 7。

9. 清除 ABS 控制单元和 ECM 的存储信息。

10. 将点火开关转到 OFF 位置。

七、基本检查

1. 检查制动液液位和制动片。

2. 检查制动液储液罐中的液面高度。如液面低，则补充制动液。

3. 检查制动管路和执行器四周是否有泄漏。如发现渗漏，则进行下列检查：

（1）如 ABS 控制单元连接部位松动，将接头拧紧至规定转矩。再次检查泄漏情况，确认没有制动液泄漏。

（2）如连接部位的油管螺母和执行器的螺纹部分损坏，应更换损坏零件。再次检查泄漏情况，确认没有制动液泄漏。

（3）如在执行器连接部位以外的地方发现渗漏现象，使用干净的布擦拭，然后再次检查。如仍有渗漏现象，则更换损坏零件。

（4）如在执行器体上发现渗漏现象，使用干净的布擦拭，然后再次检查。如仍然有渗漏现象，则更换 ABS 控制单元。

（5）检查制动片是否磨损。

4. 电源电路端口松动和蓄电池检查。检查蓄电池正极 / 负极端及接地端是否松动。同时确认蓄电池电压没有下降。

5. ABS 警告灯、制动警告灯、VDC OFF 指示灯和 SLIP 指示灯检查。当点火开关转至 ON 位置时，ABS 警告灯、VDC OFF 指示灯（当 VDC OFF 开关关闭时）、SLIP 指示灯变亮约 1 s，制动警告灯变亮。如它们没有变亮，执行 CAN 通信系统诊断。在检查 VDC OFF 指示灯前，务必先检查 VDC OFF 开关。如 CAN 通信系统和 VDC OFF 开关没有故障，检查组合仪表。

当点火开关转至 ON 位置之后约 1 s 后，检查 ABS 警告灯、VDC OFF 指示灯和 SLIP 指示灯是否熄灭，制动警告灯在发动机起动后是否熄灭。如没有熄灭，则执行自诊断。

发动机运转时，确认 VDC OFF 指示灯在 VDC OFF 开关转至 ON 和 OFF 位置时，分别变亮和熄灭。否则，检查 VDC OFF 开关。

如 ABS 警告灯、VDC OFF 指示灯、SLIP 指示灯在发动机起动 10 s 后仍未熄灭，则应执行 ABS 控制单元自诊断。

第三章

汽车电器检修

第一节 充电及起动系统故障诊断与排除

学习单元 1 发电机故障诊断与排除

学习目标

1. 了解检查或更换发电机的重要性
2. 熟悉发电机的结构和工作原理
3. 掌握检查或更换发电机的操作技能和方法，能诊断并排除发电机的故障

相关知识

交流发电机的故障诊断与排除方法见表 3—1。

表 3—1 交流发电机的故障诊断与排除方法

故障	故障原因	故障现象	排故措施
不发电	发电机传动带、带轮故障	发电机不转，电流表总是指向放电或充电，指示灯不会熄灭	检查传动带、带轮有无断、脱
	交流发电机定子、励磁线圈断路、短路或搭铁；电刷卡住或与滑环不接触	发动机正常运转时，电流表总是指向放电或充电，指示灯一直亮	停机后，拆开发电机连接线，用万用表检测“B”接线柱与“E”接线柱、“B”接线柱与“N”接线柱、“F”接线柱与“E”接线柱之间的导通情况
	二极管损坏	发动机正常运行时，电流表总是指向放电或充电，指示灯一直亮，输出电压偏低或无电压	拆检发电机，更换或修理二极管
发电机发电不足	发电机传动带打滑	偶尔有“吱吱”尖叫声	按规定调整传动带的挠度，检查或更换传动带
	个别二极管损坏	发动机正常运行时，电流表指针摇摆或充电指示灯亮，输出电压低	拆检整流器，更换二极管
	电刷接触不良	发动机正常运行时，电流表指针摇摆或充电指示灯亮，输出电压低	检修电刷总成和滑环
	转子绕组局部短路，定子绕组局部短路或接头松脱	发动机正常运行时，电流表指针摇摆或充电指示灯亮，输出电压低	停机后，拆开发电机连接线，用万用表检测“B”接线柱与“E”接线柱、“B”接线柱与“N”接线柱、“F”接线柱与“E”接线柱之间的电阻值

续表

故障	故障原因	故障现象	排故措施
发电机异响	传动带噪声	在怠速时听到似鸟叫声，提高转速时声音变弱，为连续“吱吱”声	检修或更换传动带
	发动机安装不当，挂脚螺栓松动	有间断的撞击声	紧固螺栓
	转子扫膛声	怠速时能听到“吱吱”声，随转速升高节奏变快，突然加速时会加重几下	拆修转子，校直转子轴
	轴承噪声	怠速时能听到连续而均匀的“嗡嗡”声，加注油后只能短时间内减弱，但不能持久有效	手持带轮试轴承间隙，严重者换用新轴承

技能要求

一、发电机异响的故障诊断与排除

1．故障现象

发电机在运转过程中有不正常的响声。

2．故障原因

发电机异响主要是机械故障，有以下原因：

（1）发电机传动带过紧或过松。

（2）轴承损坏或缺油松旷，使转子与定子相碰。

（3）电刷磨损过大或与滑环接触角度偏斜。

（4）电刷在刷架内倾斜摇摆。

（5）发电机装配不到位。

（6）发电机传动带轮与轴松旷，使传动带轮与散热片碰撞。

3．故障诊断与排除

首先检查传动带的松紧度，然后根据原因分析异响部位，按先简单后复杂的原则依次进行检修与调整。

二、发电机发电量不足的故障诊断与排除

1．故障现象

发电机发电量不足，用电量大时，输出电压降低。

2．故障原因

（1）传动带打滑。

（2）电刷和滑环接触不良。

（3）个别二极管损坏。

（4）转子绕组局部短路、定子绕组局部短路或接头松脱。

（5）输出导线与发电机的连接接触不良或导线内阻增大，造成压降过大。

3．故障诊断与排除

（1）检查与调整发电机传动带张紧度。发动机熄火后，在曲轴带轮与发电机带轮中间位置，用拇指向下压传动带，最大挠度应小于 5 mm。如超过此值，需旋松调整支架上的调整螺栓，张紧传动带后再旋紧螺栓，复查张紧度是否达到规定值，如符合，即以 35 N · m 的力矩拧紧调整螺栓。

（2）检修电刷总成和滑环

1）检查电刷组件。电刷表面应无油污，无破损、变形，且应在电刷架中活动自如；电刷露出电刷架的长度应与规定相符（凸出长度的标准值为 10.5 mm，最小值为 4.5 mm）；电刷弹簧压力应与规定相符（标准值 3 ~ 4 N，最低值 2 N），弹力不足时需更换弹簧。

2）检查滑环。滑环表面应平整光滑，若有轻微烧蚀，用“00”号砂纸打磨，若烧蚀严重，应在车床上精加工；用直尺检查滑环的厚度，应与规定相符，否则应更换；用千分尺测量滑环的圆柱度，应与规定相符，否则应在车床上精加工。

（3）拆检整流器。若检测出二极管短路或断路，需更换整流器总成。

（4）检查转子绕组和定子绕组

1）转子绕组检查。用万用表 R × 1 Ω 挡检测两滑环之间的电阻，应与标准相符。若阻值过小，说明短路，应更换转子总成。

2）定子绕组检查。通过台架试验测其输出功率或通过示波器测其输出电压波形进行判断，若短路应更换定子绕组或定子总成；若绕组接头松脱，用 35 W、220 V 的电烙铁焊接修复。

（5）检查输出导线与发电机的连接接触情况。若松动，则紧固各导线的连接部位，如接线柱等。若导线内阻增大，则更换导线。

学习单元 2　充电系统故障诊断与排除

学习目标

1. 能叙述充电系统的组成和原理
2. 能正确使用工具和仪器
3. 掌握检查充电系统的操作技能和方法，能诊断并排除充电系统的故障

相关知识

一、充电系统电路常见故障

1．充电指示灯不亮

可能的原因是充电指示灯回路存在断路。

2．充电指示灯常亮

可能的原因是充电指示灯线路有短路的地方，最常见的是发电机内部存在短路。

3．充电系统不充电

可能的原因如下：

（1）发电机传动带太松或有油污打滑。

（2）线路的接线断路或短路。

（3）发电机故障。

（4）调节器故障。

4．充电电流过大

可能的原因如下：

（1）调节器损坏。

（2）调节器的线束中出现导线短路。

5．充电电流过小

可能的原因如下：

（1）发电机传动带太松或有油污打滑，使发电机转速过低。

（2）充电线路接触不良。

（3）发电机电刷接触不良，整流器损坏。

（4）定子绕组短路或断路。

（5）励磁绕组局部短路。

（6）调节器故障。

6．充电电流不稳

可能的原因如下：

（1）发电机传动带过松打滑。

（2）充电系统线路连接不良。

（3）发电机励磁绕组或定子绕组有局部短路或断路；集电环脏污或电刷与集电环之间接触不良。

（4）调节器工作不良。

二、充电指示灯电路故障检测流程

充电指示灯电路故障检测流程如图 3—1 所示。

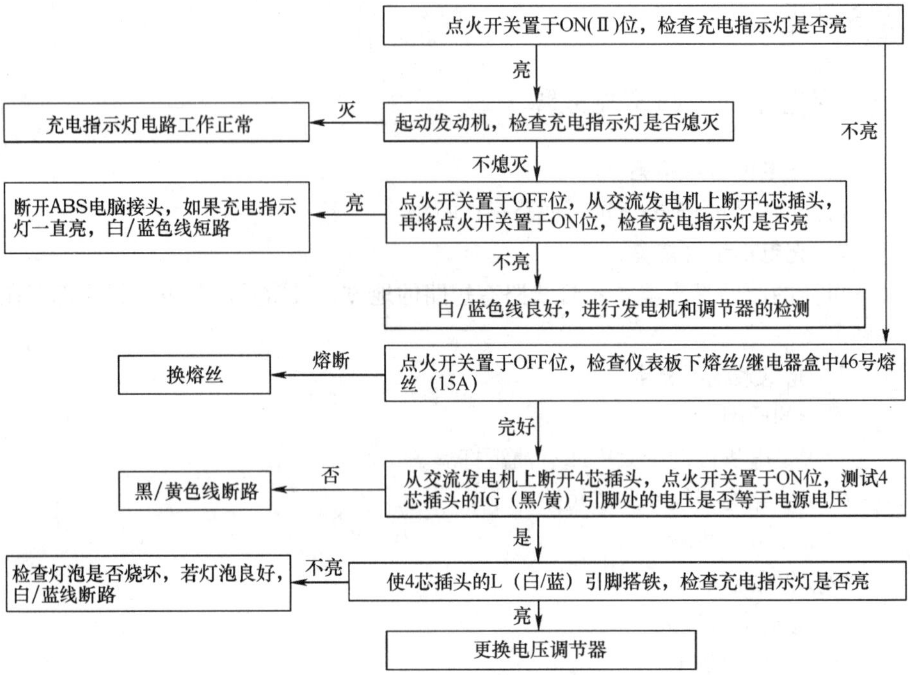

图 3—1　充电指示灯电路故障检测流程

技能要求

一、充电系统不充电故障诊断与排除

1．故障现象

发动机中速以上运转，电流表指示放电或充电指示灯不熄灭。

2．故障原因

（1）交流发电机传动带断裂或打滑严重。

（2）交流发电机励磁线圈或充电线路断路。

（3）交流发电机故障

1）电刷与滑环接触不良。

2）二极管击穿、断路。

3）转子绕组短路、断路、搭铁。

4）定子绕组短路、断路、搭铁。

（4）电压调节器故障

1）晶体管电压调节器的稳压管及小功率晶体管短路或大功率晶体管断路。

2）电压调节器的搭铁方式与交流发电机不匹配。

3．故障诊断与排除

（1）依次检查传动带松紧、导线连接（松脱或接错）情况。若正常，进行下一步。

（2）检查励磁电路。对交流发电机进行电磁吸力试验，若不正常，检查励磁电路。应首先区分是交流发电机的故障还是电压调节器的故障（给交流发电机转子绕组通电，通过测试其是否有电磁吸力来证明）。若正常，进行下一步。

（3）检查电枢回路

1）用试灯检查交流发电机“B”接线端是否有电，确定故障是在外线路还是在发电机内部。

2）诊断电路故障时，可用试灯或万用表的电阻挡或电压挡。

二、充电系统充电不稳故障诊断与排除

1．故障现象

发动机在怠速以上运转时，电流表指示不稳或开灯后有闪亮现象。

2．故障原因

（1）传动带松动，有时打滑。

（2）充电系统导线接触不良。

（3）交流发电机故障

1）转子或定子线圈有局部断路或短路故障。

2）电刷与滑环间接触不良。

（4）电压调节器故障。

3．故障诊断与排除

（1）首先排除传动带打滑和导线接触不良等外在故障。

（2）检查电压调节器故障。

（3）检查交流发电机故障

1）轴承故障

2）转子与定子相碰。

3）电刷磨损过大或与滑环接触不良。

4）转子轴弯曲。

学习单元 3　起动机故障诊断与排除

学习目标

1. 能叙述起动机的组成和原理
2. 能正确地使用工具和仪器
3. 掌握检查起动机的操作技能和方法，能诊断并排除起动机的故障

相关知识

无负荷试验时起动机的故障现象及可能原因见表 3—2。

表 3—2　　无负荷试验时起动机的故障现象及可能原因

故障现象	可能原因
起动机转速慢，电流大	轴承磨损或阻力大
	电枢轴弯曲
	电枢线圈搭铁
	电枢线圈短路
	磁场线圈短路
起动机不转，电流大	轴承咬死
	正极电刷搭铁
	磁场线圈搭铁
起动机不转，电流小	电磁开关接点烧蚀或未接合
	换向器烧蚀
	电刷磨损或电刷弹簧断裂
起动机转速慢，电流小	换向器脏污
	电磁开关接点烧蚀
	接头松弛

技能要求

起动机空转的故障诊断与排除

1．故障现象

接通起动开关，起动机运转正常，发动机不转，起动机舱中有“嗡嗡”声。

2．故障原因

（1）起动机单向离合器打滑。

（2）飞轮齿圈轮齿严重磨损或损坏。

（3）电磁开关控制的起动机的电磁开关铁芯行程太短。

（4）拨叉与铁芯连接处脱开，或拨叉安装在单向离合器拨叉套外。

3．故障诊断与排除

（1）起动机空转时，有较轻的摩擦声，起动机驱动齿轮不能与飞轮轮齿啮合而产生空转，即驱动齿轮还没有啮合到飞轮轮齿中，电磁开关就提前接通，说明主电路的接触盘行程过短，应拆下起动机，进行起动机接通时刻的调整。

（2）起动机空转时，有严重的碰撞轮齿的声音，说明飞轮轮齿或起动机驱动齿轮严重磨损，应拆下起动机进一步检查，根据实际情况更换驱动齿轮或飞轮。

（3）起动机空转时，速度较快但无碰齿声音，说明单向离合器打滑，即驱动齿轮已经与飞轮轮齿啮合，但不能带动飞轮旋转，致使起动机电枢轴空转，此时应更换单向离合器总成。

学习单元 4　起动线路及元件故障诊断与排除

学习目标

1. 能叙述起动系统的组成和原理
2. 能正确地使用工具和仪器
3. 掌握检查起动线路及元件故障的操作技能和方法

相关知识

一、起动系统常见故障及排除方法

起动系统常见故障及排除方法见表 3—3。

表 3—3　　起动系统常见故障及排除方法

故障现象	故障原因	排除方法
起动机不转	点火开关损坏	更换点火开关
	插接器脱落	重新插紧插接器
	电磁开关故障	检修电磁开关
	蓄电池严重亏电或损坏	充电或更换蓄电池
	起动机内部故障	检修起动机
起动机运转无力	蓄电池亏电	充电
	蓄电池极柱或起动机接线柱接触不良	清除氧化物并紧固
	电磁开关内触点、接线盘烧蚀	修复或更换电磁开关
	电动机故障	检修电动机
起动机空转	单向离合器打滑或驱动齿轮磨损过度	更换单向离合器
	拨叉或弹簧损坏	更换拨叉或弹簧
	电磁开关拉钩与拨叉未钩住或损坏	重新安装或更换
	起动机的齿圈轮齿损坏	更换齿圈
	驱动齿轮端面与挡套间隙过大	调整间隙
起动机不停	拨叉复位弹簧折断	更换拨叉复位弹簧
	电磁开关触点烧蚀粘住	修复或更换电磁开关
	单向离合器运动发卡	检修并润滑

续表

故障现象	故障原因	排除方法
起动机异响	轴承松旷	更换轴承
	电磁开关线路断路	检修或更换电磁开关
	驱动齿轮轮齿损坏	更换驱动齿轮

二、起动机不转的检测工艺流程

起动机不转的检测工艺流程如图 3—2 所示。

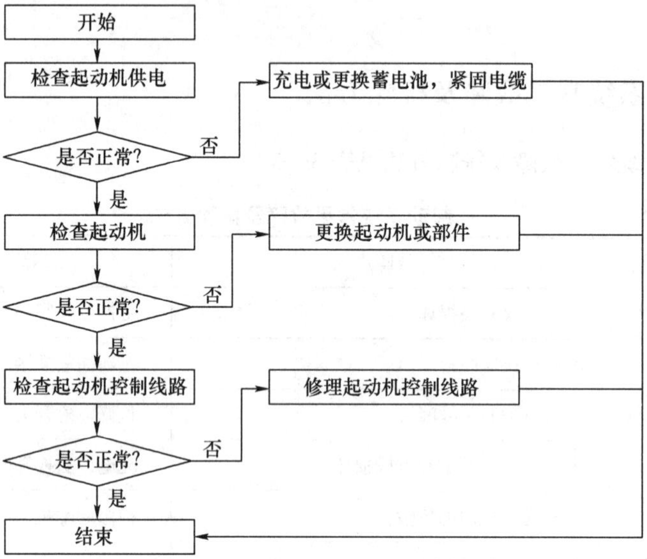

图 3—2 起动机不转的检测工艺流程

技能要求

一、起动机不转的故障诊断与排除

1．故障现象

接通起动机开关，起动机不转。

2．故障原因

（1）电源故障。

（2）起动机故障。

（3）起动继电器故障。

（4）起动系统电路故障。

3．故障诊断与排除

（1）按喇叭或打开前照灯，若喇叭响声变小或前照灯灯光比平时暗淡，说明蓄电池容量过低或电源导线接触不良。

（2）用跨接线短接起动机电磁开关上的两个接线柱（30 接线柱与 C 接线柱），若起动机不转且无火花，说明电动机有故障，应解体检修；若起动机运转，说明电动机正常。

（3）用跨接线连接电磁开关上的蓄电池正接线柱和 50 接线柱（即吸引线圈与保持线圈流入端）。若起动机不工作，说明电磁开关有故障，应进一步检查电磁开关；若起动机工作，说明 50 接线柱至蓄电池之间的线路或点火开关有故障。

（4）用跨接线短接起动继电器的开关与起动机 50 接线柱，若起动机工作，说明起动继电器有故障。

（5）用跨接线短接点火开关与蓄电池接线柱，若起动机工作，说明点火开关及其连线有故障。

二、起动机起动无力的故障诊断与排除

1．故障现象

起动时，起动机转速明显偏低甚至停转，起动机有“咔嗒”声。

2．故障原因

（1）电源故障。

（2）起动机故障。

（3）起动继电器故障。

（4）点火开关故障。

（5）起动系统线路故障。

3．故障诊断与排除

（1）检查电源。使用万用表或蓄电池检测仪检查蓄电池存电情况，蓄电池电压应不小于 12.4 V。检查蓄电池极柱与线夹及起动电路导线连接处是否有松动，若某连接处松动或发热，则说明该处接触不良。

（2）检查起动机。如果判断电源无问题，用旋具将起动机电磁开关上端子 30 和端子 C 接线柱短接，如果起动机运转不良，则说明是电动机内部有故障，应拆检起动机；如果起动机空转正常，则进行后面的步骤。

（3）检查电磁开关。应检查电磁开关保持线圈，如果保持线圈电阻正常，则说明故障在起动继电器或有关线路上。

（4）检查起动继电器。将起动继电器上的“电池”和“起动机”两接线柱短接，若起动机转动，则说明起动继电器内部有故障，否则应进一步检查。

（5）检查点火开关及线路。将起动继电器的“电池”与点火开关用导线直接相连，若起动机能正常运转，则说明故障在起动继电器至点火开关的线路中，可对其进行检修。

第二节　照明、信号及仪表系统故障诊断与排除

学习单元 1　照明系统故障诊断与排除

学习目标

1. 了解汽车照明系统的结构和基本工作原理
2. 掌握前照灯的安装及调整方法
3. 掌握汽车照明系统一般故障的判断及检测方法
4. 能检测分析照明系统元件及线路故障

相关知识

一、前照灯的调整

调整前照灯应使用前照灯调整仪并严格按照维修要求的数值进行调整。调整前照灯的同时一起调整雾灯。

1. 左前照灯的调整如图 3—3 所示。右前照灯的调整螺钉与左前照灯的是镜像对称的。

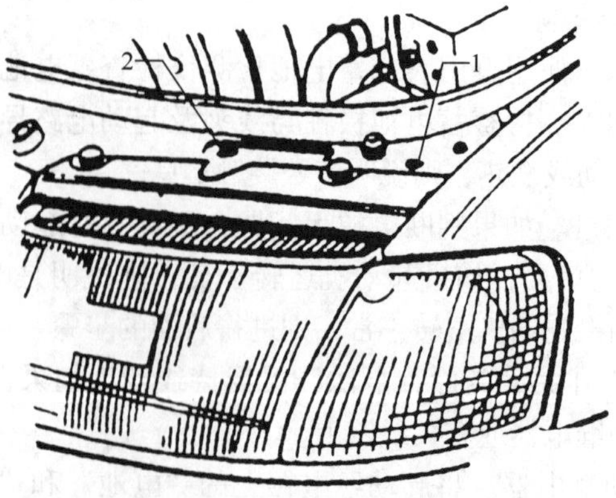

图 3—3　调整前照灯

1—横向移动调整螺钉　2—垂直移动调整螺钉

2. 在调整前照灯之前，应把照明范围调节器调整在位置 0 上。

3. 将十字槽头螺母扳手或内六角扳手通过锁紧支座中的钻孔，旋转横向移动或垂直移动调整螺钉，直到调整合适为止。

二、汽车照明系统诊断方法

1. 操作前准备万用表、跨接导线、常用工具一套、作业指导书（电路图）。

2. 接通点火开关，操作前照灯开关，观察前照灯点亮情况。

3. 当前照灯出现故障时，首先要区分是机械故障还是电气故障，一般出现机械故障时，外表会出现烧蚀现象。

4. 根据以上检查情况，分析故障原因并记录。

5. 用万用表或其他仪器检测电路、元件，确定故障点，排除故障并记录下来。

6. 验证故障。

7. 整理工具和量具，进行清洁，并按要求放好。清洁地面。

三、汽车照明系统故障诊断

1．更换近远光灯灯泡

（1）拆除前照灯背面的大罩盖。

（2）拔出灯的连接插头 2，如图 3—4 所示。

（3）在定位销 4 上旋压弹簧夹 1，并且把它翻转到侧面。

（4）从反射罩中取出灯泡 3。

（5）安装新的灯泡，使摩擦盘圆片上的定位销在反射罩上的凹槽中。

（6）在安装一只新的近远光灯泡之后，检查前照灯的调整角度。

2．断路故障检查

（1）用试灯检查。将试灯的一端夹在发动机或车架上，接通开关，把试灯另一端依次与蓄电池到该灯之间连接电路上的各测试点相连，如试灯亮，再与下一个测试点接触，直至试灯不亮为止。试灯在亮与不亮的两个测试点之间有断路故障。

（2）用万用表检测。用万用表直流电压挡测试与用试灯检查的方法基本相同。将万用表黑表笔搭铁，红表笔分别与各测试点相接触，检测其电源电压是否正常。

3．短路故障检查

当接通照明开关时，熔丝立即烧坏，说明照明开关接通的照明线路有短路故障，其短路部位通常在开关与灯之间。

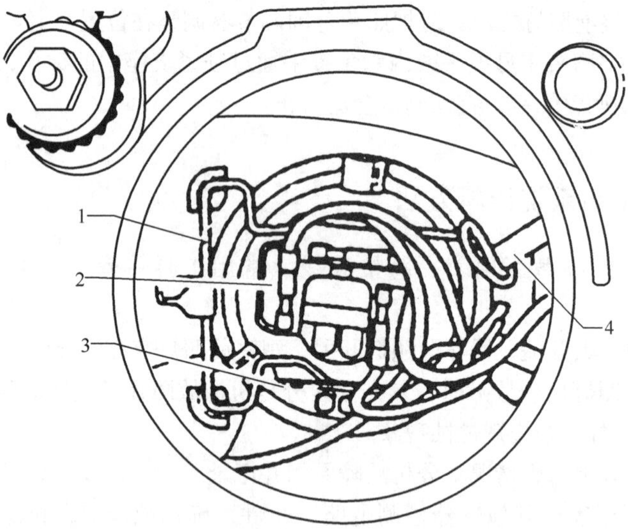

图 3—4　更换近光灯或远光灯灯泡

1—弹簧夹　2—插头　3—近光灯灯泡或远光灯灯泡　4—定位销

技能要求

以“帕萨特近远光电路”为例讲述，相关电路图如图 3—5 ~ 图 3—7 所示。

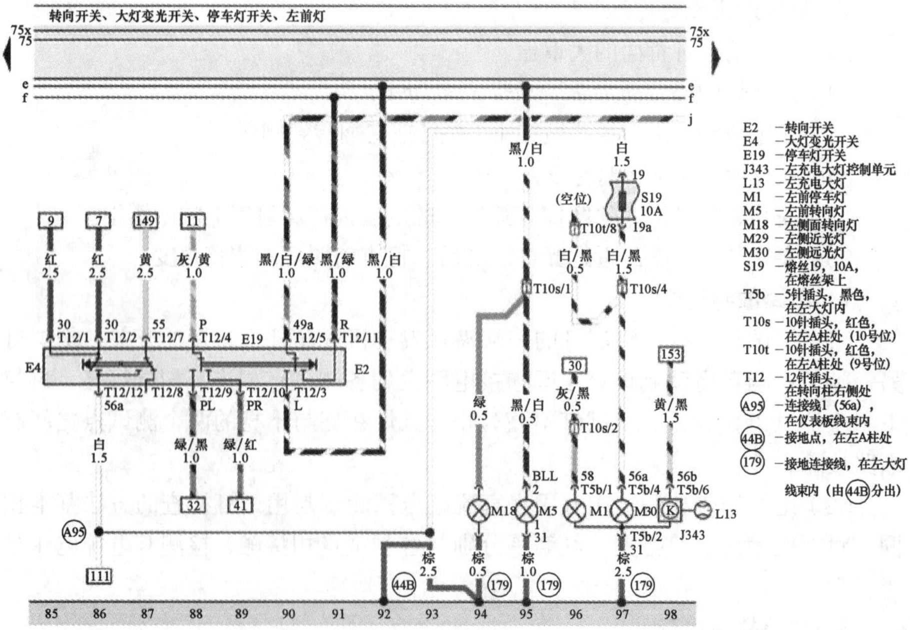

图 3—5　帕萨特近远光电路（一）

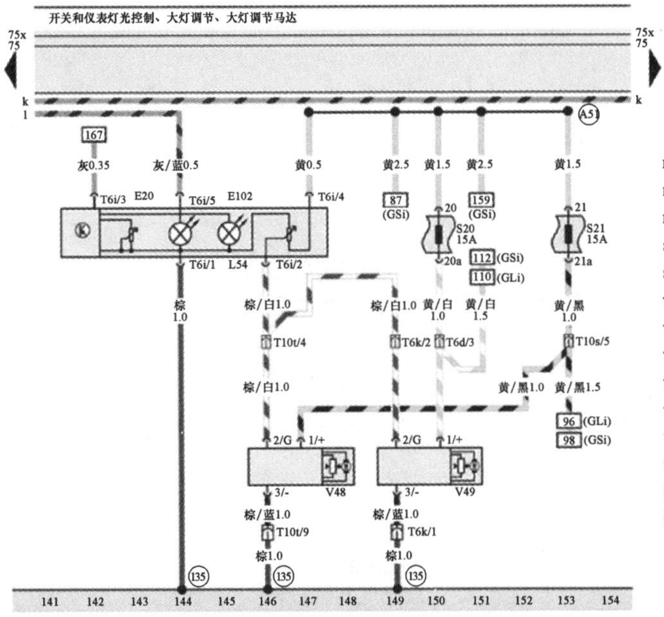

E20 –开关和仪表灯控制
E102 –大灯调节器
L54 –大灯调节器照明灯
S20 –熔丝20，10A(15A)，在熔丝架上
S21 –熔丝21，10A(15A)，在熔丝架上
T6d –6针插头，红色，在右A柱处(8号位)
T6i –6针插头，黑色，在大灯调节开关上
T6k –6针插头，红色，在右A柱处(9号位)
T10s –10针插头，红色，在左A柱处(10号位)
T10t –10针插头，红色，在左A柱处(9号位)
V48 –左大灯调节马达
V49 –右大灯调节马达
(A51) –连接线(56)，在仪表板线束内
(135) –接地连接线，在仪表板线束内
(由(30)分出)

图 3—6　帕萨特近远光电路（二）

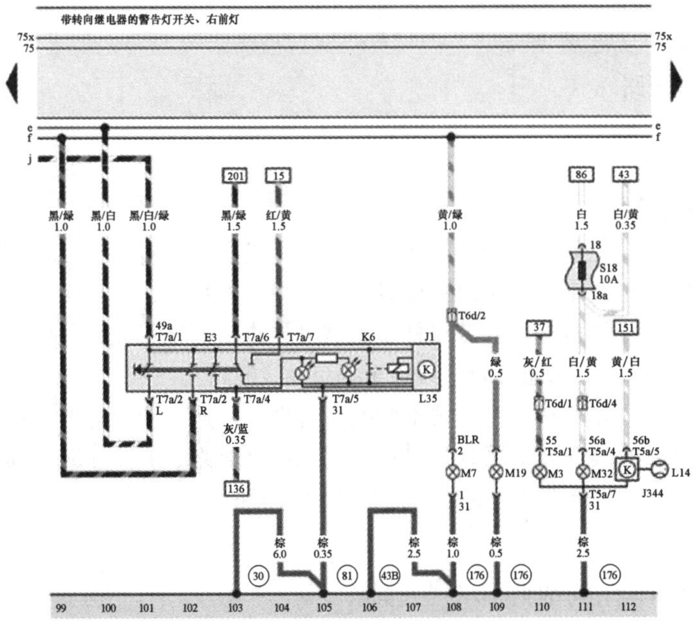

E3 –警告灯开关
J1 –转向继电器
J344 –右充电大灯控制单元
K6 –警告灯开关的报警灯
L14 –右充电大灯
L35 –警告灯开关的照明灯
M3 –右前停车灯
M7 –右前转向灯
M19 –右前侧转向灯
M32 –右远光灯
S18 –熔丝18，10A，在熔丝架上
T5a –5针插头，黑色，在右大灯内
T6d –6针插头，红色，在右A柱处(8号位)
T7a –7针插头，在警告灯开关上
(30) –接地点，在仪表板下，在左A柱处
(43B) –接地点，在右A柱处
(81) –接地连接线，在仪表板线束内
(由(30)分出)
(179) –接地连接线，在大灯线束内
(由(43B)分出)

图 3—7　帕萨特近远光电路（三）

一、前照灯远近光灯均不亮的故障诊断与排除

1．故障现象

接通车灯开关至 2 或 3 挡时，示宽灯和仪表正常，前照灯远近光灯均不亮。

2．故障原因

（1）灯泡损坏。

（2）熔丝熔断。

（3）灯光开关或继电器损坏。

（4）线路断路或短路等。

3．故障诊断与排除

（1）将车灯开关接至前照灯挡位，用试灯检查变光开关的“火线”接线柱。若试灯不亮，用试灯检查车灯开关相应接线柱；若试灯亮，表明两开关之间的导线断路，车灯开关损坏。

（2）检查变光开关接线柱，若试灯亮，表明变光开关损坏。

（3）用导线分别连接变光开关的“火线”接线柱与远近光灯接线柱，此时，远近光灯均应点亮。

二、前照灯远光灯不亮的故障诊断与排除

1．故障现象

打开前照灯开关时，远光灯不亮。

2．故障原因

（1）变光器损坏。

（2）线路断路或短路。

（3）灯丝烧断。

（4）灯座接触不良。

3．故障诊断与排除

（1）先将车灯开关接至前照灯挡，接通点火开关，查看远光灯。若远光灯亮，表明远光灯接线柱至线束导线断路，或者两远光灯灯丝烧坏，为确定具体故障原因，可在左或右接线板远光灯接线柱上用试灯检查：若试灯亮，为两远光灯灯丝烧坏；若试灯不亮，为远光灯接线柱至线束导线断路。

（2）若指示灯不亮，先检查远光灯技术状况。若良好，连接变光灯的火线接线柱和远光接线柱，观察前照灯及远光灯：若远光灯亮，则表明变光开关损坏；若不亮，则表明远光灯接线柱至变光开关之间导线断路。

三、前照灯近光灯不亮的故障诊断与排除

1．故障现象

打开前照灯开关时，近光灯不亮。

2．故障原因

（1）变光器损坏。

（2）线路断路或短路。

（3）灯丝烧断。

（4）灯座接触不良。

3．故障诊断与排除

（1）将车灯开关打开，连接变光灯开关的“火线”接线柱和近光灯接线柱，观察前照灯。若灯亮，则说明变光开关损坏；若灯不亮，则说明变光开关至线束导线断路或两近光灯灯丝烧坏。

（2）在左或右接线板近光灯接线柱上用试灯检查：若试灯亮，表明近光灯灯丝烧坏；若试灯不亮，则表明变光开关至线束导线断路。

四、前照灯发光强度低的故障诊断与排除

1．故障现象

打开前照灯开关，前照灯亮度不够。

2．故障原因

（1）交流发电机输出电压低。

（2）插接件接触不良。

（3）搭铁不良。

3．故障诊断与排除

（1）发动机中速以上运转时，测量发电机的输出电压，若正常，检查有关插接件，若松动及时拧紧。

（2）若插接件正常，应检查前照灯灯座搭铁处是否良好，若接触不好，应除锈，并拧紧前照灯与车架之间的搭铁线。

学习单元2　信号系统故障诊断与排除

学习目标

1. 了解汽车信号系统的结构和基本工作原理
2. 掌握汽车信号系统一般故障的判断及检测方法
3. 能检测分析信号系统元件及线路故障

相关知识

一、信号灯光常见故障

汽车上的灯光信号一般有两种：一是闪烁信号（转向灯）；二是持续信号（制动信号灯、倒车灯、后雾灯）。常见故障是信号灯不亮或信号灯不能正常工作。

转向信号灯常见故障有灯光不亮、灯光常亮不闪、闪光频率变化等，故障原因及排除方法见表3—4。其中，灯不亮包括所有转向信号灯不亮、一侧（左

侧或右侧）转向信号灯不亮或个别转向信号灯不亮等。

表 3—4　　　　　转向信号灯常见故障原因及排除方法

故障现象	故障原因	故障排除方法
灯光不亮	1. 熔丝断开 2. 闪光器损坏 3. 开关损坏 4. 线路断开 5. 灯泡损坏	1. 更换熔丝 2. 更换闪光器 3. 更换开关 4. 检查线路 5. 更换灯泡
灯光常亮不闪	1. 闪光器损坏 2. 线路连接错误	1. 更换闪光器 2. 检查线路连接
灯光闪烁频率变化	1. 灯泡功率不当 2. 闪光器不工作 3. 电源电压过高或过低	1. 检查灯泡类型 2. 更换闪光器 3. 检查电源

二、转向信号灯故障诊断流程

转向信号灯故障诊断流程如图 3—8 所示。

图 3—8　转向信号灯故障诊断流程

三、电喇叭故障诊断与维护

1. 电喇叭常见故障

电喇叭音量小、电喇叭不工作。

2．电喇叭的维护

检查电喇叭声响是否正常。如果喇叭不响、声音哑、常鸣，则检修电喇叭。如果电喇叭工作正常，但其音调或音量不符合要求，则予以调整。普通电喇叭音调与音量调整如图 3—9 所示。调整音调时，松开音调调整螺钉的锁紧螺母，用旋具转动音调调整螺钉；调整音量时，松开音量调整螺钉的锁紧螺母，用旋具转动音量调整螺钉。

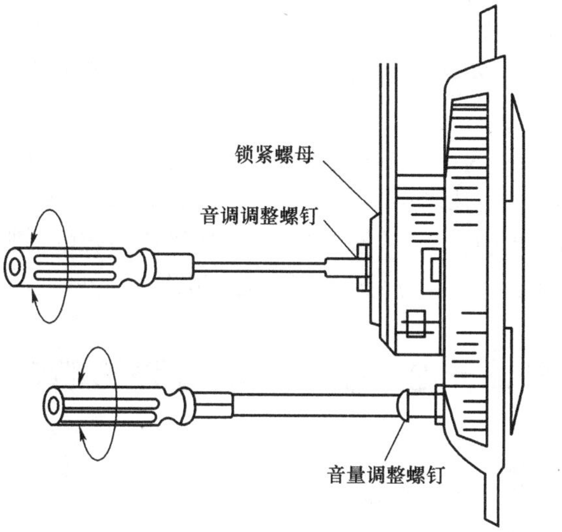

图 3—9　普通电喇叭音调与音量调整

技能要求

一、左、右侧转向灯均不工作的故障诊断与排除

1．故障现象

打开左、右转向灯控制开关，左、右转向灯均不点亮。

2．故障原因

熔丝烧断，闪光器损坏，转向灯开关出现故障，线路有断路的地方。

3．故障诊断与排除

（1）检查熔丝是否烧断，如烧断需更换。

（2）检查闪光器，将闪光器的两个接线柱 B、L 短接，转动转向灯开关，转向信号灯若亮，说明闪光器损坏，需要更换。

（3）若以上正常，检查转向灯开关及其接线，酌情修理或更换。

除以上方法外，还可以先打开危险报警开关。若左、右转向灯仍不点亮，说明闪光器有故障。

二、电喇叭不工作的故障诊断与排除

1．故障现象

按下电喇叭按钮，电喇叭不响。

2．故障原因

熔丝烧断，继电器或喇叭按钮有故障，线路断路。

3．故障诊断与排除

（1）检查熔丝、电喇叭搭铁情况及线路连接，这些情况都正常时，进行下一步检查。

（2）将继电器“S”接线柱直接搭铁，若电喇叭响，说明电喇叭按钮有故障，可能是电喇叭按钮搭铁不良，需处理；若电喇叭仍不响，进行下一步。

（3）将继电器上的“B”与“H”接线柱短接，若电喇叭响，说明继电器有故障，更换继电器；若仍不响，可能是继电器到电喇叭之间的线路有故障。

学习单元3　仪表系统故障诊断与排除

学习目标

1. 理解汽车信息系统的综合故障分析方法
2. 能使用检测设备检测分析并排除典型仪表系统的综合故障

相关知识

一、汽车仪表系统综合故障诊断分析方法

很多电子仪表板都由计算机进行控制，同时具有自检功能。只要给出指令，电子仪表板的电子控制器便对其主显示装置进行系统检查。若出现故障，便以不同的方式警告驾驶员，显示系统出现故障，同时将出现故障部位的故障码进行储存，以便维修时将故障码调出，指出故障部位。当确认仪表板有故障时，应进行检测。目前常见的检测方法有以下几种。

1．用快速检测器检查

快速检测器能发出模拟各种传感器的信号，用它能够迅速测出故障部位。如在使用快速检测器向仪表板输入信号时，仪表板能够正确显示，说明传感器或其电路有故障。若显示器仍不能显示，再将快速检测器直接接到仪表板的有关输入插座上，此时若显示器能正常显示，说明线束或连接器有故障，否则说明仪表板有故障。

2．用电脑快速测试器检查

这种测试器能够模拟燃油的流量和车速传感器的信号，把测试器所发出的信号从不同部位输入，即可检验传感器、线束、电脑和显示装置工作是否正常。

3．用液晶显示仪表测试器检查

该测试器在测试时，直接接到仪表板上，能为仪表板和信息中心提供参照输入信号，这就可检测出信息中心的工作状态。这种测试的目的是对仪表板有无故障做进一步的验证。

二、普通仪表的常见故障

燃油表、冷却液温度表和机油压力表的常见故障有单个仪表不工作或仪表显示不准、多个仪表不工作等。

1．单个仪表不工作或仪表显示不准

（1）检查传感器导线连接是否松脱。如果正常，则检查仪表线路。

（2）在仪表线路正常的情况下，用 10 Ω 的电阻代替传感器，一端接传感器导线，另一端直接搭铁，接通点火开关（ON），观察仪表，如图 3—10 所示。如果指针摆动，则说明传感器有故障，应更换传感器。如果指针不动，则说明仪表有故障，应更换仪表。

（3）检查仪表显示是否准确，应参照相关车型维修手册。如果检查结果不符合要求，则更换传感器或仪表。

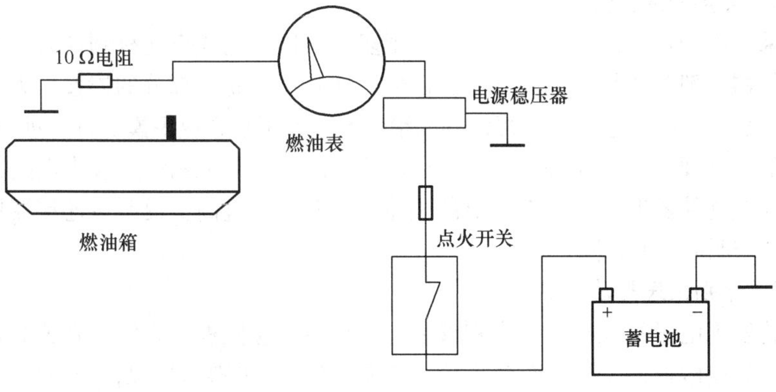

图 3—10　仪表检查示意图

2．多个仪表不工作

在电磁式和电热式仪表电路中，一般设有熔丝，并配有电源稳压器。若多个仪表同时不工作，应检查仪表熔丝和电源稳压器是否有故障，如图 3—11 所示 。

三、汽车仪表系统综合故障诊断与排除

一般来说，采用电子仪表板的汽车都由计算机进行控制，同时具有自检功能。只要给出指令，电子仪表板的电子控制器便对其主显示装置进行系统检查。

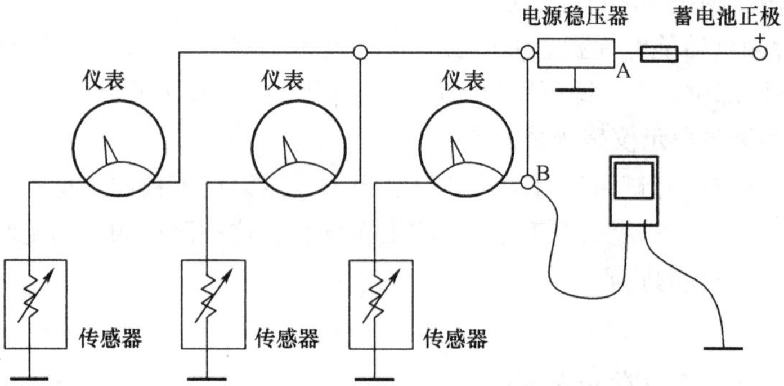

图 3—11　电源稳压器电路的检查

若出现故障，便以不同的方式警告驾驶员，显示系统出现故障，同时将出现故障部位的故障码储存，以便维修时将故障码调出，指出故障部位。

汽车电子仪表显示系统的故障一般出现在传感器、连接器、导线、个别仪表及显示器上。检修时应先将传感器电路断开或拆下，用检测设备对它们逐个进行检查。

1．传感器的检测

对各种电阻式传感器，通常采用测量电阻的方法来确定其好坏，即把所测得的电阻值与其规定的标准电阻值进行比较。若测得的电阻值小于规定值，表明传感器内部短路；若电阻值过大或无穷大，则说明传感器内部接触不良或断路，应更换传感器。

2．连接器的检查

采用电子仪表的汽车，往往需要很多连接器把电线束连接到仪表板上。这些连接器一般都采用不同的颜色，以便辨认它属于哪一部分的连接。为保证其连接可靠、牢固，连接器上都设有闭锁装置。可用眼看或手摸的方法进行检查，连接器装置要齐全、完好，插头、插座应接触可靠、无锈蚀。仪表电路工作中用手触摸连接器时，应没有明显的热感觉，若温度过高，说明该连接器接触不良，应查明原因并排除。

3．个别仪表故障排除

若发现电子仪表板上有个别仪表发生故障，应检查与此仪表有关的各个部分。首先应检查各导线的连接情况，包括各连接器的接触情况，线束是否破损、搭铁、短路、断路等。若有检测设备，可用检测设备分别对该仪表及其传感器进行检测，查明故障原因，能修则修，不能修则更换新件。

4．显示器故障检修

一旦电子仪表板上的显示屏部分笔画、线段出现故障，应将仪表板上的显示器调整到静态显示状态，仔细观察是否还有别的故障，可使用检测设备对与此有关的电路或装置进行认真检查。如果仅有一两个笔画或线段不亮或不显示，则说明逻辑电路板通过多路传输的脉冲信号正确，可能是显示装置的部分线段工作不正常。遇此情况应进一步检查，若属于接触不良的应加以紧固，确保其电路畅通；若是电子器件本身的问题，应更换显示器件或显示电路板。

技能要求

一、冷却液温度表指针不动的故障诊断与排除

1．故障现象

发动机工作时，冷却液温度表的指针不动，反映不出发动机冷却液的工作温度。

2．故障原因

（1）稳压器工作不正常。

（2）冷却液温度表自身故障（如双金属片发热线圈断路或脱落）。

（3）冷却液温度表传感器故障（如热敏电阻失效）。

（4）线路故障。

3．故障诊断与排除

（1）将冷却液温度表传感器的接线端子拔下，使该导线直接搭铁，打开点火开关，观察冷却液温度表的指针情况：如果指针开始移动，则说明故障在冷却液温度传感器；如果指针仍无指示，则说明故障在仪表自身、稳压器或线路。

（2）如果冷却液温度表和燃油表同时出现故障，稳压器或线路出现故障的可能性较大，应首先检查稳压器工作是否正常。

（3）在排除稳压器和线路故障后，即可断定故障发生在冷却液温度表自身。

二、燃油表指针总指向无油位置的故障诊断与排除

1．故障现象

无论油箱内燃油有多少，燃油表指针总指向无油位置不动。

2．故障原因

（1）稳压器工作不正常。

（2）燃油表自身故障。

（3）燃油表传感器故障或浮子机构被卡住。

（4）线路有断路故障。

3．故障诊断与排除

（1）将燃油表传感器的接线端子拔下，使该导线直接搭铁，打开点火开关，观察燃油表指针情况：如果指针开始向油满刻度方向移动，则说明故障在燃油表传感器；如果指针仍无反应，则说明故障在仪表自身、稳压器或线路。

（2）如果燃油表和冷却液温度表同时出现故障，稳压器或线路出现故障的可能性较大，应首先检查稳压器工作是否正常。

（3）在排除稳压器和线路故障后，即可断定故障发生在燃油表自身。

第三节　辅助电器系统故障诊断与排除

学习单元 1　汽车音响系统故障诊断与排除

学习目标

1. 理解汽车音响系统的故障分析方法
2. 能使用检测设备检测分析及排除典型汽车音响系统常见故障

相关知识

常见汽车音响的故障有以下几种：

1．虚假故障

虚假故障是指由于操作不正确或动了某个开关和按钮，产生不正常的情况。此时音响本身没有故障，只是使用过程中的问题，使用者容易误以为是机器故障。因此出现故障时不要慌张，不要盲目认为音响坏了，而应仔细阅读产品说明书，对照操作程序找出原因或打电话询问有关维修站或专家。

2．左右声道音量不一致

首先检查主机平衡按钮是否在中间位置，再检查前级输入和输出左右 LEVEL 控制按钮是否一样，以及扩大机输入灵敏度左右声道设定是否一样。如仍未排除故障，可将主机信号线左右对调，检查喇叭音量较小的那一边是否变大，如果变大表示主机有问题，反之是信号线的问题。

3．某一声道高音无声

先检查分音器的配线是否接通，然后用电流表测量分音器端有没有声音，如果没有声音可能是将喇叭输入端接至低音输出端。

4．噪声大

这种故障的产生原因可能是磁带质量不佳。如更换较好磁带仍有噪声，应检查 RCA 信号端子的负端是否接通，如果主机端的 RCA 信号输出端负端已经断路，可用电流表测量负端与主机端是否接通。

5．音量时大时小

先检查电源地线与车壳的节点是否松动，再检查前级和后级的输入和输出 RAC 是否正常，最后检查音量旋钮是否正常。

6．收音无声，放音正常

检查收放音状态转换开关的触点是否接触良好；检查收音电路的供电电阻是否断路、滤波电容是否断路。对于某些电调机型，还应检查电子音源选择控制是否正常。

7. 收音、放音均完全无声

所谓完全无声是指电源开启后扬声器一点动静都没有，用耳朵贴近扬声器，连一点“沙沙”的声音也没有。这种故障常出现在电源、扬声器或功放电路，检修流程如下：

（1）普通机型。打开收放机电源，看显示屏是否点亮，如果不亮应检查引线、电源插头、电源开关及熔丝和外部连线。如果显示屏点亮，用干扰法碰触音量控制器中心轴头，若仍然无声，说明故障在低放、功放前级。检查静音电路是否动作，必要时断开静音电路。检查功放 IC 及其外围元件。

（2）电调机型。打开收放机电源，看显示屏是否点亮，如果不亮应检查引线、电源插头、电源开关及熔丝和外部连线。对于电源由 CPU 控制的机型，还应检查 CPU 供电与电源控制电路。如果显示屏点亮，观察是否有波段、内容显示，如果有内容显示，检查 CPU 供电、晶振及收放状态信号是否正常。如果显示屏点亮且显示屏内容正常，应检查静音及功放电路。

8. 无论收音放音，扬声器只有“沙沙”声

扬声器只有“沙沙”声说明功放电路基本正常，可用干扰法碰触音量电位器中心抽头，如果扬声器发出正常音量的“咔咔”声说明功放电路正常。因调幅 AM、调频 FM 和磁带放音电路同时损坏的可能性不大，所以这种故障往往是音量、可调控制电路故障，如引线脱焊等。

9. 调幅 AM 收音无声

（1）普通机型。检查调幅收音电路供电，如不正常，检查波段转换开关是否接触不良。如供电正常，用干扰法由后向前逐级碰触 AM 通道有关测试点，以判断故障范围。

（2）电调机型。检查 AM 调谐器的供电 B+ 端，如不正常，检查 CPU 控制的波段转换电路；如供电正常，再测量调谐电压 VT 在搜索电台时是否在 1 ~ 8 V 间变化，检查 AM 本振输出到 CPU 本振输入回路中的耦合电容是否正常。若以上检查都正常，说明 AM 调谐器损坏，需要整体更换。

10. 调频 FM 收音无台

（1）普通机型。检查调频收音电路供电，如不正常，检查波段转换开关是否接触不良。如供电正常，用干扰法由后向前逐级碰触 FM 通道有关测试点，以判断故障范围。

（2）电调机型。检查 FM 调谐器的供电 B+ 端，如无电压，检查 CPU 控制的波段转换电路；如供电正常，测量调谐电压 VT 在搜索电台时是否在 1 ~ 8 V 变化，检查 FM 本振输出到 CPU 本振输入回路的耦合电容是否正常。如果正常，用干扰法检查 FM 通道前置放大管、陶瓷滤波器、中放 IC、立体声解码 IC 是否正常。若以上检查都正常，说明 FM 调谐器损坏，需整体更换。

11. 自动搜索时频率显示变化正常，但是不锁台（AM/FM 不停搜索）

因搜索时频率显示变化正常，说明调谐电压 VT 正常，且 CPU 收到了本振信号，不锁台的原因是 CPU 没有收到锁台信号。

12．显示屏不显示

液晶是一种介于固体和液体之间的中间物质状态，当光线透过或被反射时，由于液晶分子排列状态的变化而呈现不同的光学特性。液晶本身不会发光，汽车音响一般采用电压控制透射型液晶显示屏，它需要背光源，如果没有背光源，显示屏就不显示任何内容。因机器工作正常，所以此故障是背光源损坏。

汽车音响中的背光源有的采用灯泡照明，有的采用二极管制作在一块照明板中，有两个引脚与主电路板相连。对于前者，检修时更换照明灯泡即可。对于后者，应更换带有二极管的照明板。

13．CD 读目录慢，读出目录放音时常出现停顿和跳音现象

故障可能在激光头组件及聚焦电路中。首先应清洗激光头。将机芯拆下，从背面线路板上找到激光头驱动电动机的两根引线，用电烙铁将其熔断，取一节 1.5 V 干电池作为电动机电源，将激光头透镜沿丝杆移至便于维修的位置，取下外护罩，用无水酒精擦拭物镜表面。因物镜下还有分光镜，需轻轻移开激光头物镜（注意不要损坏物镜的反聚焦线圈），以同样的方法清洁分光镜。装回所拆各部件，通电试机。

激光唱机因激光头脏造成的故障较为常见，但激光头为精密光电器件，清洁激光头应掌握正确的方法，否则会造成激光头报废。

14．放入 CD 后按键，机芯无反应，不能将唱片送出

开机检查，按键，同时用万用表测量加载电动机引线端，如果无驱动电压，故障可能在电源部分或微处理器系统控制部分。首先检查出碟按键的接触情况，若用万用表电阻挡测量发现接触良好，且通往微处理器的线路板也无短路情况，则可能为电源部分的 PNP 型晶体管的 bc 结、be 结反向电阻变小，可用常见的 9015 晶体管替换。多次操作按键时加载电动机反复动作，如果替代件没有发热，则修理完毕。

技能要求

收放机不工作的故障诊断与排除

1．故障现象

打开收放机开关，发现收放机不工作。

2．故障原因

扬声器故障、供电断路、搭铁不良、信号不良、收音机损坏等。

3．故障诊断与排除

收放机扬声器电路图（桑塔纳 2000）如图 3—12 所示。

（1）直接用跨接线、替代法检查扬声器（R）的状况。

（2）若扬声器正常，用万用表结合电路图，检测信号输出端（T8d/3）的电压值（电压应为 12 V）和搭铁端（T8d/4）的电阻值，看输出端和搭铁端是否正常。

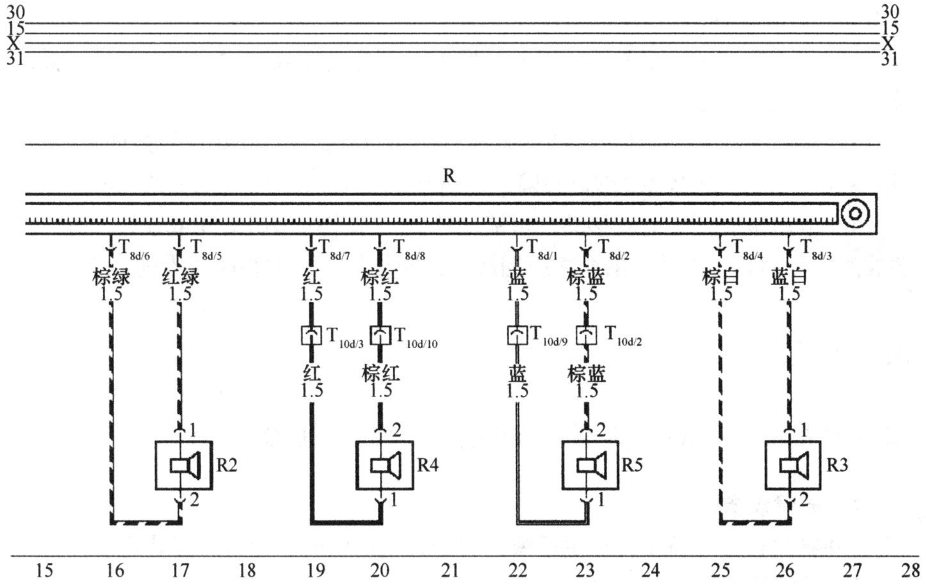

图 3—12　收放机扬声器电路图（桑塔纳 2000）

（3）若输出端和搭铁端均正常，用万用表测量信号输出端（T8d/3）和右前扬声器（1）之间的导线是否导通。

（4）若端子间导线是导通的，用试灯先检查熔丝盒中的收音机熔丝，然后用万用表检测收音机的熔丝的电阻，最后看收音机的输入端子是否有电压。若以上都正常，则更换收音机。

学习单元 2　电动座椅系统故障诊断与排除

学习目标

1. 理解汽车电动座椅系统的故障分析方法
2. 能使用检测设备检测分析并排除电动座椅系统故障

相关知识

一、电动座椅的电路检修项目

主要包含控制开关检修、线路检修、电动机检修三个方面。

二、电动座椅的常见故障现象及原因

1. 所有电动座椅都不能动，可能的原因是电动座椅电路断路器损坏、熔断

器熔断、线路搭铁不良。

2. 一个电动座椅不能动，可能的原因是该电动座椅的输入电源线路断路或接触不良、搭铁线路断路、开关失效。

3. 电动座椅前后端不能垂直升降或整个座椅不能垂直升降，可能的原因是前或后垂直调节电动机故障或线路故障、控制开关失效、传动装置失效或调整不当。

4. 电动座椅不能前后移动，可能的原因是水平电动机故障或连线故障、开关故障、传动装置失效。结合相应的故障诊断结果，采取相应的措施排除故障。

技能要求

本田雅阁轿车电动座椅不工作的故障诊断与排除

1. 故障现象

一辆雅阁 2.3 L 轿车，车主反映，驾驶席电动座椅不能前后移动调整。

2. 故障原因

前后移动调节开关损坏，前后调节电动机损坏，线路断路。

3. 故障诊断与排除

（1）电动座椅前后调节开关的检查

1）拔出调节开关的按钮，拆下开关罩，拔下调节开关的两个插头，从开关罩上拆下调节开关，如图 3—13 所示。

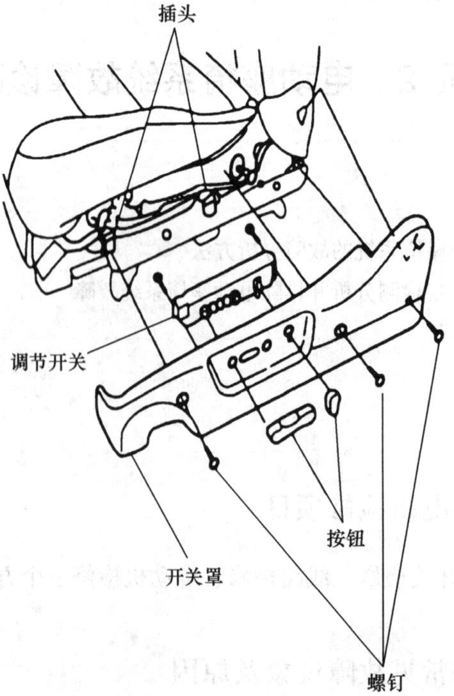

图 3—13 拆下调节开关

2）用万用表电阻挡检查调节开关（前后移动调节开关）的导通情况，如图3—14所示。调节开关导通情况见表3—5。如果符合要求，则表明调节开关正常。如果不符合要求，则表明调节开关损坏，应更换调节开关。

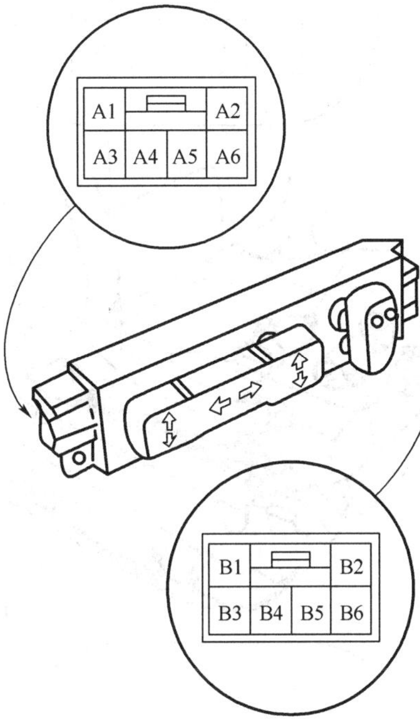

图3—14　调节开关

表3—5　**调节开关导通情况**

调节开关位置	调节开关对应端子	是否导通
接通向前移动调节	A1—B5、A5—B2	导通
接通向后移动调节	A1—B6、A5—B5	导通

3）插上电动座椅调节开关插头，检查电动座椅前后调整是否恢复正常。如果仍不能调整，则检查调节开关至前后移动调节电动机之间的线路或前后移动调节电动机。

4）装上调节开关、开关罩和按钮。

（2）电动座椅前后调节电动机的检查

1）拆下调节开关罩，拔下调节开关的两个插头，如图3—15所示。

2）使蓄电池直接对前后移动调节电动机通电，检查前后移动调节电动机运转情况。如果符合要求，则表明前后移动调节电动机正常。如果前后移动调节电动机不运转，则检查前后移动调节电动机或前后移动调节电动机与调节开关之间的线路。前后调节电动机运转情况见表 3—6。

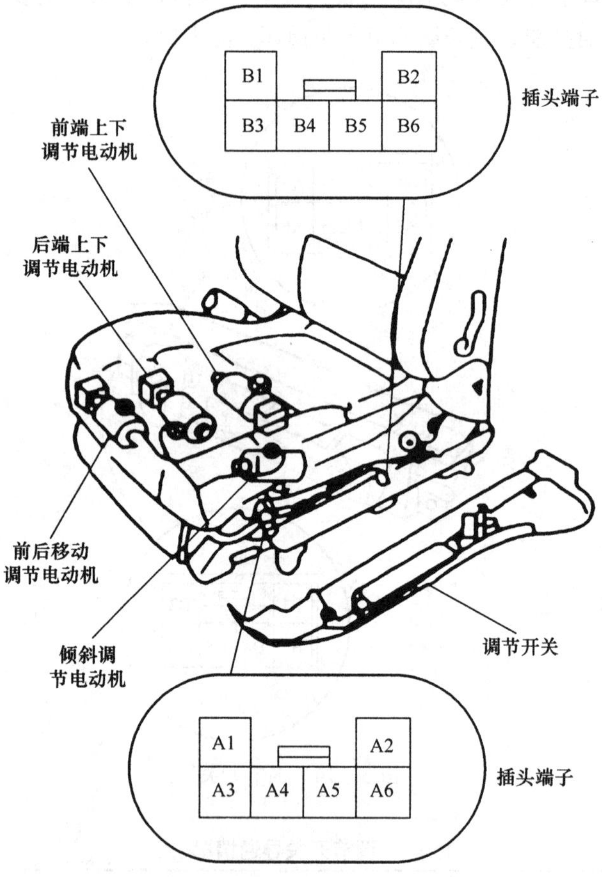

图 3—15 调节开关插头端子

表 3—6 前后调节电动机运转情况

接蓄电池正极端子	接蓄电池负极端子	前后调节电动机是否转动
A5	A1	是（向前）
A1	A5	是（向后）

3）拆下驾驶席座椅轨道端盖，拧下驾驶席座椅的固定螺栓（如图 3—16 中黑三角所示），拆开座椅线束和线束夹，拆下驾驶席座椅。

4）拔下前后移动调节电动机插头，检查前后移动调节电动机是否正常。如果前后移动调节电动机损坏，则更换前后移动调节电动机。如果前后移动调节电动机正常，则检查前后移动调节电动机与调节开关之间导线是否断路。

5）装上驾驶席座椅（螺栓力矩为 34 N·m）。

6）装上调节开关罩。

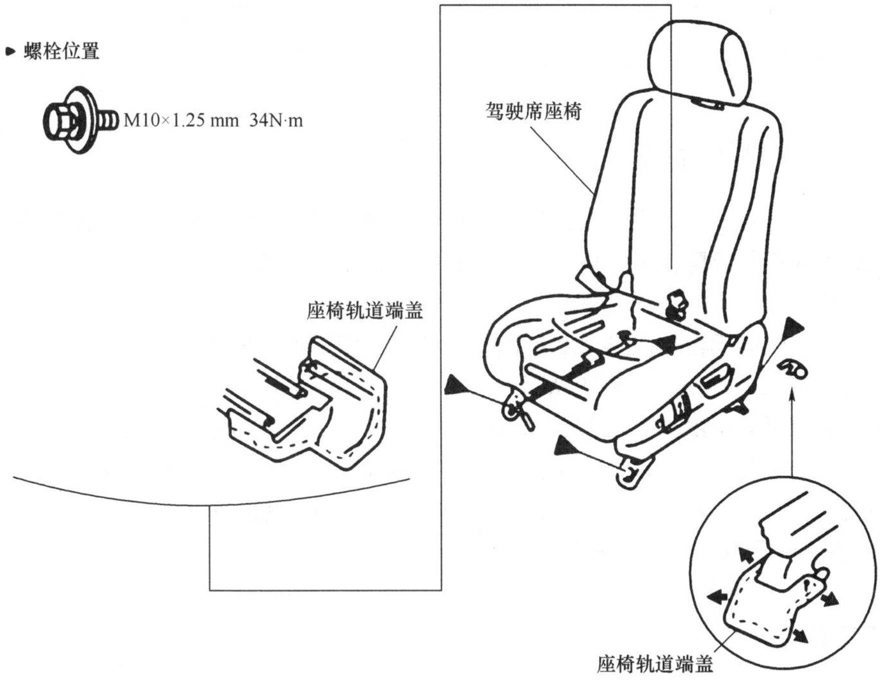

图 3—16　拆下驾驶席座椅

学习单元 3　电动天窗系统故障诊断与排除

学习目标

1. 理解汽车电动天窗系统的故障分析方法
2. 能使用检测设备检测分析并排除电动天窗系统故障

相关知识

一、常见电路故障现象及原因

1．故障现象

电动天窗常见故障有天窗漏水、天窗系统不工作、天窗系统中途停止工作、天窗运行缓慢和时走时停等。

2．故障原因

（1）电动天窗系统不工作，主要原因是电路熔断器断路、控制开关及继电器故障、点火开关故障、控制电动机和限位开关故障、配线故障等。

（2）电动天窗系统工作异常，主要原因是控制开关和继电器故障、控制电动机和限位开关故障、配线故障等。

二、故障诊断流程

由于不同车型的电动天窗组件结构有差异，因此在维修时需要结合车型和维修手册进行故障诊断排除。一般包括天窗控制开关检修、天窗电动机的检修两部分。

检查电动天窗熔断器是否断路，若断路，则更换熔断器；若正常，检修天窗电控单元电源端，打开点火开关，测量电控单元相应端子电压。若不正常，说明电源至天窗电控单元间线路故障；若正常，检修天窗电控单元搭铁端。若不导通，说明天窗电控单元至搭铁端有断路故障；若导通，检查天窗控制开关相应端子。若正常，则表明天窗控制单元故障，更换电控单元；若不正常，表明天窗控制开关故障，更换控制开关，排除故障。

技能要求

一、电动天窗漏水的故障诊断与排除

1．故障现象

关闭电动天窗后，发现天窗漏水。

2．故障原因

轨道有砂石等异物，端盖与轨道密封不好，调整不正确。

3．故障诊断与排除

检查天窗运行轨道有无砂石等异物；若无异物，再检查端盖与轨道密封是否良好；若密封没有问题，再调节天窗。

二、天窗系统不工作的故障诊断与排除

1．故障现象

打开电动天窗开关，电动天窗不工作。

2．故障原因

P/W 熔丝故障、P/W 电动天窗继电器故障、连接导线故障。

3．故障诊断与排除

（1）检查 P/W 熔丝是否正常。若不正常，查明原因，应维修或更换。

（2）若 P/W 熔丝正常，检查 P/W 电动天窗继电器是否正常。若不正常，应更换。

（3）若 P/W 电动天窗继电器正常，检查连接导线。

三、天窗系统中途停止工作的故障诊断与排除

1．故障现象

打开电动天窗开关，电动天窗在运行过程中突然停止工作。

2．故障原因

电动天窗控制开关和继电器故障、电动天窗电动机和限位开关故障、连接导线故障。

3．故障诊断与排除

（1）检查电动天窗控制开关的工作情况，若不正常，应更换。

（2）若控制开关正常，检查电动天窗继电器是否正常。若不正常，应更换。

（3）若继电器正常，检查连接导线。

学习单元 4　巡航系统故障诊断与排除

学习目标

1. 理解汽车巡航系统的故障分析方法
2. 能使用检测设备检测分析并排除巡航系统故障

相关知识

一、部件的检查

当巡航控制系统发生故障时，首先应进行直观检查，检查巡航控制系统的线束及插接器是否完好，部件是否丢失或损坏等。直观检查后一般应进行故障自诊断，其内容包括巡航控制系统状态指示的检查、读取故障码、输入信号检查、取消信号检查等。

在进行故障自诊断时，如果读取到故障码，应进行故障码诊断，以进一步确定故障部位；如果没有读取到故障码，可按照故障征兆进行故障诊断。

二、诊断电路的检查

1．检查电压

接通点火开关，测量位于仪表板左侧下方的诊断座的 Tc 与 E1 端子之间的电压，电压值应为蓄电池电压。否则，进行下一步骤。

2．检查线束

检查巡航控制 ECU 与诊断座之间及诊断座与搭铁之间的线束，如果线束有

故障，进行修理。

技能要求

巡航系统故障诊断与排除

以 2003 款北京帕杰罗速跑（PAJERO SPORT）3.0 L 汽车为例。

1．故障现象

自动定速巡航失效。

2．故障原因

车速传感器故障、线路断路。

3．故障诊断与排除

该车巡航系统与其他车型定速巡航系统大致相同，在结构上，该系统将真空执行器与节气门融为一体，取消中间连线和拉线，其中控制开关不仅能操作自动定速巡航，同时对于定速巡航中的故障，可以人工读取故障码，这一点是与其他车型的不同之处。根据上述故障现象，先读取故障码，具体读取方法如下（不用 MUT-Ⅱ）：

（1）在接通设定开关 SET 的情况下，将点火开关打到 ON 位。

（2）在 1 s 内接通恢复开关（RESUME）。

（3）再次接通设定开关 SET，踩制动踏板 5 s 或更长时间，通过 CRUISE 灯闪亮读取故障码。

若读取故障码为 12，其含义是车速传感器信号异常，应仔细检查车速传感器及其线路。若发现其插线脱落，可将插线插好后试车，如果自动定速巡航系统功能恢复，说明故障排除。

学习单元 5　电动后视镜系统故障诊断与排除

学习目标

1. 理解汽车电动后视镜系统的故障分析方法
2. 能使用检测设备检测分析并排除电动后视镜系统故障

相关知识

一、电动后视镜的常见故障和原因

1．常见故障

电动后视镜都不能调节或个别电动后视镜不能调节。

2．故障原因

电动后视镜都不能调节的原因有熔丝断开、插接器松脱或线路断路、开关故障等。

个别电动后视镜不能调节的原因有插接器松脱或线路断路、电动机或开关故障等。

二、电动后视镜调节异常的检测流程

先进行电动后视镜的熔断器、插接器等的性能检查，再根据图 3—17 所示流程进行检测。

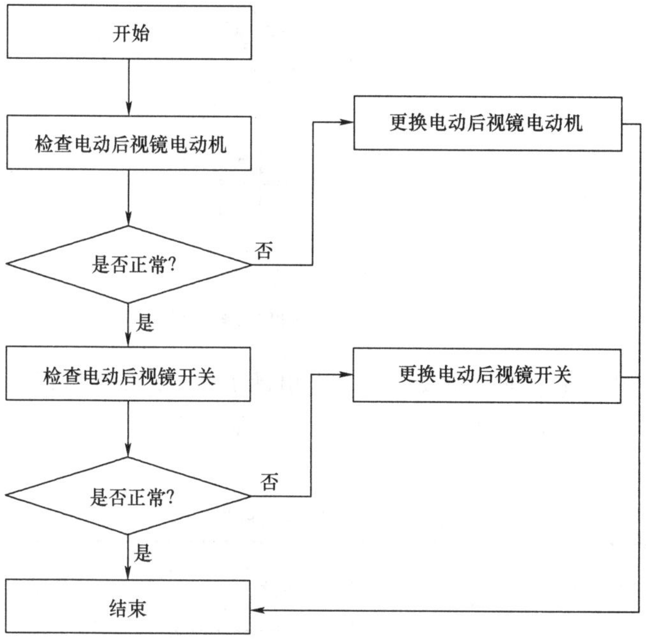

图 3—17　电动后视镜调节异常的检测流程

技能要求

左电动后视镜上下调节异常的故障诊断与排除

以雅阁 2.3 L 轿车为例。

1．故障现象

左电动后视镜上下调节异常。

2．故障原因

插接器松脱或线路断路、电动机或开关有故障。

3．故障诊断与排除

（1）检查左电动后视镜电动机

1）关闭点火开关。

2）拆下驾驶席侧（左前）车门内饰板。

3）断开左电动后视镜插头，如图 3—18 所示。

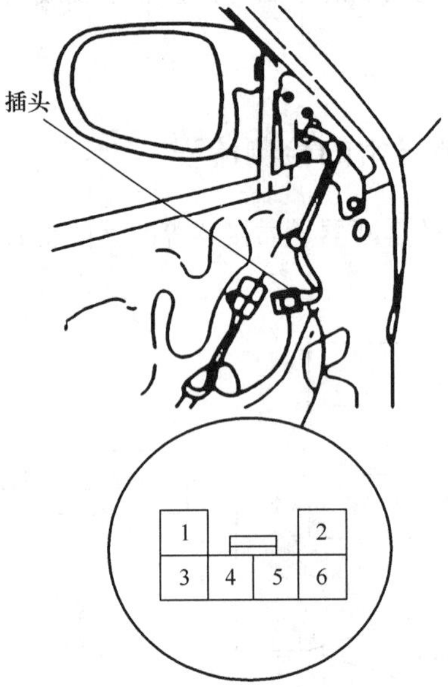

图 3—18　左电动后视镜插头端子

4）用蓄电池直接对后视镜上下调节电动机通电，检查后视镜电动机运转情况。左后视镜电动机运转情况见表 3—7。如果不符合要求，则更换左电动后视镜。

表 3—7　　左后视镜电动机运转情况

接蓄电池正极	接蓄电池负极	左后视镜是否转动
端子 5	端子 4	是（向上）
端子 4	端子 5	是（向下）

5）连接左电动后视镜插头。检查左电动后视镜上下调节是否恢复正常。如果没有恢复，则检查电动后视镜开关。

6）装上驾驶席侧车门内饰板。

（2）检查左电动后视镜开关

1）关闭点火开关。

2）拆下驾驶席侧（左前）车门内饰板。

3）断开电动后视镜开关插头，拆下电动后视镜开关，如图 3—19 所示。

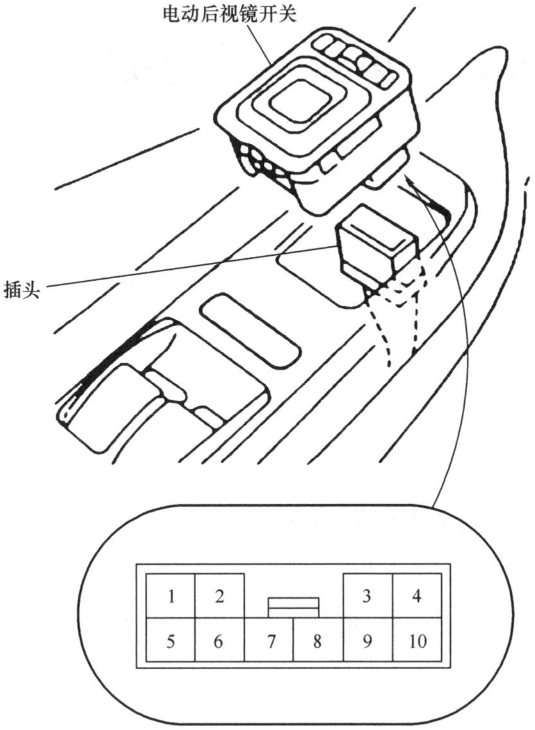

图 3—19　电动后视镜开关

4）检查电动后视镜开关端子之间的导通情况，相应端子应导通，否则，说明电动后视镜开关损坏。左电动后视镜调节开关各端子导通情况见表 3—8。

表 3—8　　　　左电动后视镜调节开关各端子导通情况

开关位置＼端子		1	2	4	7	8	9	10
左电动后视镜	上	○	—	○				
			○	—	○			
	下	○	—	—	○			
			○	○				

5）连接电动后视镜开关插头。

6）装上电动后视镜开关。

7）装上驾驶席侧车门内饰板。

学习单元 6　中控门锁系统故障诊断与排除

学习目标

1. 理解汽车中控门锁系统的故障分析方法
2. 能使用检测设备检测分析并排除中控门锁系统故障

相关知识

一、中控门锁系统常见故障和原因

1．常见故障

所有门锁均不能锁止和开锁，单个门锁不能锁止和开锁，单个门锁不能锁止或开锁。

2．故障原因

（1）所有门锁均不能锁止和开锁的原因有熔断器断开、电源线断路或插接器松脱、中控开关搭铁锈蚀或松脱、门锁控制器故障等。检查熔断器是否断开；如果熔断器正常，则检查中控开关电源线路和插接器连接是否正常；如果电源电路正常，则检查中控开关搭铁是否良好；检查中控开关是否损坏。

（2）单个门锁不能锁止和开锁、单个门锁不能锁止或开锁的原因有门锁开关故障、门锁电动机（或电磁铁）故障、线路断路或插接器松脱等。检查门锁电动机（或电磁铁）是否正常；检查门锁开关是否正常；检查门锁电动机（或电磁铁）至门锁开关线路或插接器连接是否正常。

二、中控门锁不能上锁的检测流程

中控门锁不能上锁的检测流程如图 3—20 所示。

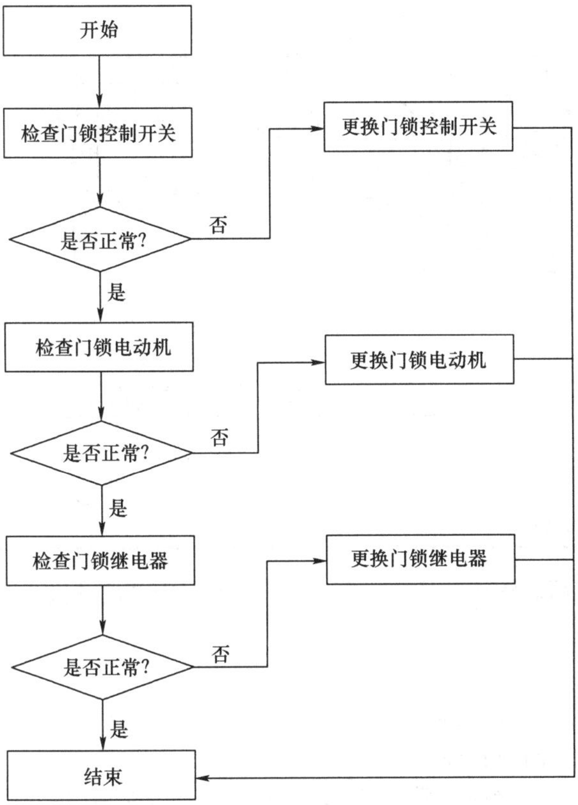

图 3—20　中控门锁不能上锁的检测流程

技能要求

中控门锁左后门锁不能上锁的故障诊断与排除

以夏利 2000 轿车为例。

1．故障现象

左后门锁不能上锁。

2．故障原因

左后门锁控制开关损坏、左后门锁故障、继电器故障、线路断路。

3．故障诊断与排除

（1）检查左后门锁控制开关

1）拆下左后门锁控制开关。

2）检查左后门锁控制开关导通性。门锁控制开关及其端子如图 3—21 所示。左后门锁控制开关导通性见表 3—9。如果不符合要求，则更换左后门锁控制开关。

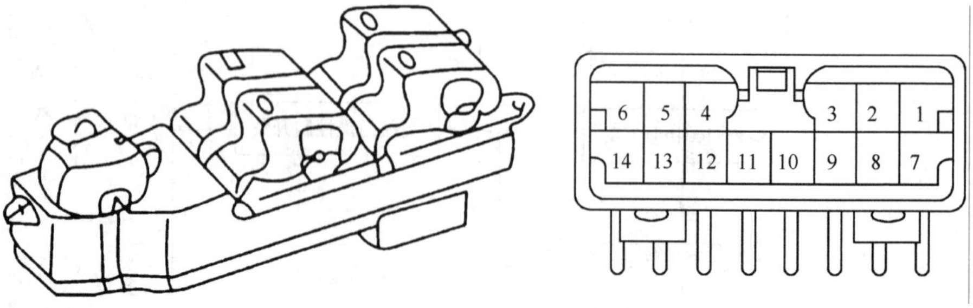

图 3—21　门锁控制开关及其端子

表 3—9　　左后门锁控制开关导通性

开关位置	检查端子	导通性
锁止（LOCK）	2—3、2—4	导通
开锁（UNLOCK）	3—7、4—7	导通

3）如果左后门锁控制开关正常，则检查左后门锁电动机及线路，或检查门锁继电器及线路。

4）装上左后门锁控制开关。

（2）检查左后门锁电动机

1）拔下左后门锁插头。

2）用蓄电池直接向左后门锁电动机供电，检查左后门锁电动机动作情况，如图 3—22 所示。如果不符合要求，则更换左后门锁电动机。

3）如果左后门锁电动机正常，则检查门锁继电器及线路。

4）插上左后门锁插头。

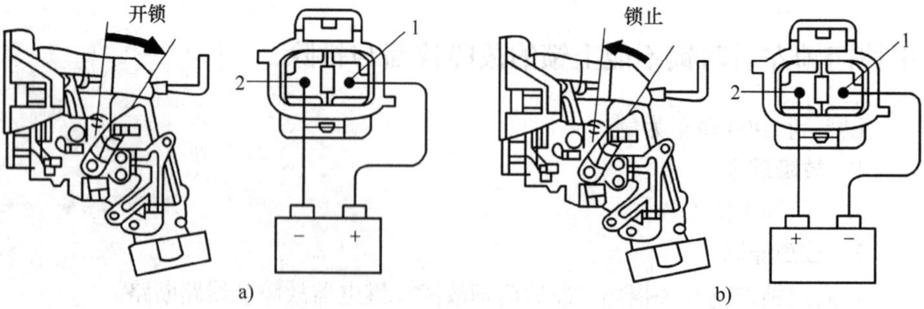

图 3—22　检查门锁电动机动作情况（开锁、锁止）

a) 开锁　b) 锁止

学习单元 7　刮水系统故障诊断与排除

学习目标

1. 理解汽车刮水系统的故障分析方法

2. 能使用检测设备检测分析并排除刮水系统故障

相关知识

一、刮水系统的常见故障

刮水器各挡都不工作，个别挡位不工作，刮水臂不能停在正确位置，刮水器速度慢，间歇刮水不正常，刮水器喷嘴工作不正常等。

二、刮水系统故障诊断与排除方法

检修电动刮水器时，先确定是电气故障还是机械故障，其方法是拆开刮水电动机与传动机构的连接，接通刮水器开关，如果刮水电动机工作正常，则故障在机械部分。

机械故障的主要原因有杆件连接松脱、杆件变形、刮水臂损坏，应进行检修或更换机件。

电气故障的主要原因有熔丝断开、接线松脱、刮水电动机损坏、刮水器开关损坏、间歇继电器损坏、线路断路等，应进行检修或更换部件。

技能要求

一、刮水器各挡都不工作的故障诊断与排除

1．故障现象

接通点火开关后，无论刮水器开关置于哪一挡位，刮水器均不工作。

2．故障原因

熔断器烧断，刮水电动机或刮水器开关故障，机械传动部分故障，线路断路或插接件松脱。

3．诊断与排除

首先检查熔断器是否熔断，插接件是否松脱，线路有无断路；然后检查开关是否正常；最后检查电动机及机械传动部分。

二、刮水器个别挡位不工作的故障诊断与排除

1．故障现象

接通点火开关后，刮水器个别挡位（低速、高速或间歇挡）不工作，其余正常。

2．故障原因

刮水电动机或开关有故障，间歇继电器有故障，线路断路或插接件松脱。

3．诊断与排除

如果是高速或低速挡不工作，可先检查该挡位对应的线路是否正常；然后检查开关是否正常；最后检查电动机电刷。如果是间歇挡不工作，应检查刮水器开关的间歇挡、所在线路及间歇继电器是否正常。

三、刮水臂不能停在正确位置的故障诊断与排除

1．故障现象

开关断开或间歇工作时，刮水臂不能停在风窗底部。

2．故障原因

自动停位装置损坏，刮水器开关损坏，刮水臂调整不当，线路连接错误。

3．诊断与排除

首先检查刮水臂的安装是否正确；然后检查开关线路连接是否正确；最后检查自动停位机构的触片和滑片接触是否良好。

四、刮水器喷嘴工作不正常的故障诊断与排除

1．故障现象

所有喷嘴都不工作或个别喷嘴不工作。

2．故障原因

清洗电动机或开关损坏，线路断路或插接件松脱，清洗液液面过低或连接管脱落，喷嘴堵塞。

3．诊断与排除

如果所有喷嘴都不工作，先检查清洗液液面和连接管是否正常；然后检查清洗电动机电路及插接件是否有断路及松脱处；最后检查开关和电动机是否正常。如果个别喷嘴不工作，则是喷嘴堵塞或输液支管出现问题。

学习单元 8　电动车窗系统故障诊断与排除

学习目标

1. 理解汽车电动车窗系统的故障分析方法
2. 能使用检测设备检测分析并排除电动车窗系统故障

相关知识

一、电动车窗的常见故障

所有车窗均不能升降，部分车窗不能升降或只能向一个方向运动，某个车窗两个方向都不能运动，电动车窗有异响等。

二、电动车窗常见故障诊断思路

电动车窗检修主要包括主开关的检修、分开关的检修和车窗电动机的检修三个方面。检查主开关、分开关各端子之间导通状况是否和车辆维修手册规定一致。拆下车窗电动机，将蓄电池正负极分别接到车窗电动机两端子时，电动机应能正常转动，反向接入时，电动机应能反转，否则说明电动机故障。对采用多路传输通信控制方式的电动车窗系统的检修需要借助专用检测仪、示波器等设备进行波形等数据分析。

三、电动车窗不能升降的检测流程

电动车窗不能升降的检测流程如图 3—23 所示。

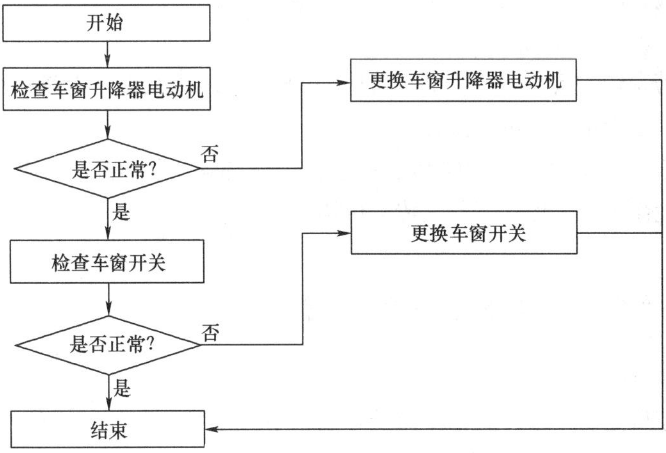

图 3—23　电动车窗不能升降的检测流程

技能要求

一、所有车窗均不能升降的故障诊断与排除

1. 故障现象

打开电动车窗控制开关，所有车窗均不能升降。

2．故障原因

熔断器断路，总线路断路，主控开关损坏，搭铁不良。

3．故障诊断与排除

（1）检查熔断器是否断路。

（2）若熔断器良好，将点火开关接通，检查总开关与分开关上的相线电压是否正常。如电压为零，应检查电源线路；若电压正常，检查搭铁线是否良好。

（3）若搭铁不良，应清洁、紧固搭铁线；若搭铁良好，应对主控开关进行检查。

二、部分车窗不能升降或只能向一个方向运动的故障诊断与排除

1．故障现象

打开电动车窗开关，发现右前车窗不能升降，右后车窗只能升不能降。

2．故障原因

该车窗的按键开关损坏，该车窗的电动机损坏，连接导线断路，主控开关损坏等。

3．故障诊断与排除

（1）检查主控开关的按键开关与该车窗的按键开关工作是否正常。

（2）检查该车窗的电动机正反转是否正常。

（3）检查连接导线。

（4）若车窗只能向一个方向运动，一般是按键开关或分线路断路，可先检查线路连接是否正常，再检修开关。

（5）若一个车窗两个方向都不能运动，应先检查电动机；若电动机正反转正常，应检修传动机构，多数是传动机构卡死。

三、电动车窗有异响的故障诊断与排除

1．故障现象

打开左后电动车窗开关，车窗升降过程中有异响。

2．故障原因

传动机构安装调整不当，电动机盖板或固定架与玻璃碰擦。

3．故障诊断与排除

（1）检查各部件的连接情况。

（2）调整各部件的安装位置。

（3）检查安装支架弧度是否正确。

学习单元 9　防盗系统故障诊断与排除

学习目标

1. 理解汽车防盗系统的故障分析方法
2. 能使用检测设备检测分析并排除防盗系统故障
3. 理解点火钥匙的匹配方法

相关知识

防起动控制系统常见故障的诊断与排除见表 3—10。

表 3—10　防起动控制系统常见故障的诊断与排除

故障现象	故障原因	故障排除
用点火钥匙开启点火开关，防起动指示灯约 2 s 后开始闪烁，发动机不能起动	1. 点火钥匙不正确 2. 点火钥匙未经密码记忆操作 3. ECM/PCM 有故障	1. 更换点火钥匙 2. 进行重写，以记忆钥匙密码 3. 更换 ECM/PCM
用点火钥匙开关开启点火开关，防起动装置指示灯不亮	1. 防起动装置指示灯有故障 2. 点火钥匙信号接收器有故障 3. 线路有故障	1. 检修，更换 2. 更换 3. 对起动控制系统线路进行检查，排除故障

技能要求

一、防盗系统故障诊断与排除

1．故障现象

按下遥控器的任一按钮，门锁、转向灯和喇叭均无反应。

2．故障原因

（1）遥控器电池电压过低或电池无电。

（2）遥控器进水、生锈、腐蚀。

（3）遥控器电路故障。

（4）遥控信号接收器故障。

（5）遥控器未匹配。

3．故障诊断与排除

（1）检查遥控器电压，若电压不正常，则更换电池。按下遥控器，观察门锁、转向灯和喇叭的工作情况。若正常，故障排除。若仍然不能正常工作，则检查遥控器是否有进水、生锈、腐蚀等情况。

（2）遥控器因进水、生锈、腐蚀导致无法正常工作的，应更换遥控器。按下遥控器，观察门锁、转向灯和喇叭的工作情况。若正常，则故障排除。

（3）若遥控器无进水、生锈、腐蚀等故障，检查遥控器的匹配情况，若遥控器不匹配，则进行遥控器的匹配。匹配完成后，按下遥控器，观察门锁、转向灯和喇叭的工作情况，若正常，则故障排除。若遥控器匹配，则进行下一步检查。

（4）检查遥控器接收器，若不能接收信息，则进行线路检修；若能接收信息，进行故障排除验证。按下遥控器，观察门锁、转向灯和喇叭的工作情况。若正常，则故障排除。

二、帕萨特轿车匹配点火钥匙

需要附加的或新的钥匙必须与防盗系统或舒适系统的电气控制进行匹配。匹配过程必须在所有的点火钥匙上进行，包括已经匹配过的现存的钥匙。在选择了匹配功能后，已经匹配过的钥匙将显示出来。匹配过程中可以使用V.A.G1551上的C按钮中断匹配过程。需要注意的是，在进行点火钥匙的匹配时，V.A.G1551的经销商编号将被存储在防盗控制单元内。

匹配时要求所有的点火钥匙和带有被覆盖的密码的钥匙牌都在手边，插入点火开关的钥匙齿形必须正确。以如下的匹配为例。

1. 连接故障诊断仪，开始自诊断。屏幕显示：

快速数据传输	帮助
选择功能 ××	

2. 按下按钮1和0，用10选择功能“匹配”。屏幕显示：

快速数据传输	Q
10- 匹配	

3. 按下Q确认输入。屏幕显示：

匹配
输入频道号 ××

4. 按下按钮0和0，使用频道号00清除所有的钥匙。不清除现有的或匹配的钥匙就不能匹配一个新的钥匙。按下Q确认输入。屏幕显示：

匹配	Q
输入学习值	

5. 按下Q确认输入。屏幕显示：

匹配	→
学习值已被清除	

6. 按下→按钮。屏幕显示：

快速数据传输 帮助
选择功能 ××

7. 按下按钮 1 和 0，用 10 选择功能“匹配”，屏幕显示：

快速数据传输 Q
10- 匹配

8. 按下 Q 确认输入。屏幕显示：

匹配
输入频道号 ××

9. 按下按钮 0 和 1，使用频道号 01 清除所有的钥匙，屏幕显示：

匹配 Q
输入频道号 01

10. 按下 Q 确认输入。屏幕显示：

频道 1…匹配 1 →
钥匙 1 ←1 3→

上面一行显示要“学习”的钥匙的数量（标准 =1）。用按钮 1 和 3 选择钥匙的数量。

11. 按下→键。屏幕显示：

频道 1 …匹配 1 →
输入匹配数 ×××××

12. 按下 4 次 0 键然后输入匹配的所有点火钥匙的数量，包括现有的钥匙（例如 00003），匹配钥匙最大的数量为 4。按下 Q 确认输入。屏幕显示要“学习”的无线电钥匙的数量。

频道 1 …匹配 3 Q
钥匙 1 ←1 3→

13. 按下 Q 确认输入。屏幕显示：

频道 1 …匹配 3 Q
存储修改值吗？

14. 按下 Q 确认输入。屏幕显示：

频道 1…匹配 1 →
修改值已经被存储

15. 按下 Q 后显示跳到 1，这是系统错误。按下→键。屏幕显示：

快速数据传输 帮助
选择功能 ××

16. 对每一把无线电钥匙都必须按下一个按钮以进行“学习”（上例为 3 把钥匙）。

17. 切断点火开关，取下钥匙。对无线电钥匙实行功能测试。

18. 选择功能 02- 查询故障码。如果没有故障码存储，则匹配成功。

说明：所有钥匙都可以以一个匹配顺序进行“学习”；匹配所有的点火钥匙不能超过 15 s（按下一个按钮）；匹配是否成功可以用功能 08- 读取测量数值块中的显示组 013 显示出来。前两个测量数值必须显示“正常”，最后一个测量数值必须显示钥匙的位置（第一、第二、第三、第四把钥匙）。

学习单元 10　安全气囊系统故障诊断与排除

学习目标

1. 理解汽车安全气囊系统的故障分析方法
2. 能使用检测设备检测分析并排除安全气囊系统故障

相关知识

一、安全气囊系统检修时的注意事项

1. 由于安全气囊故障很难确认，因此存储在 SRS ECU 的故障信息对故障诊断十分重要，在拆下蓄电池负极电缆前务必读取故障码，否则故障码将被清除，从而影响安全气囊的检修。

2. 在安全气囊检修前，应拔出点火钥匙，并拆下蓄电池负极电缆 20 s 或更长时间，使备用电源完全放电，以免检修中因备用电源供电使气囊误展开。

3. 绝对不能检测气囊组件（测量点火器的电阻），否则气囊可能会展开。检测其他部件及线路时，应断开气囊组件插接器，使用高阻抗（10 kΩ 以上）的万用表，最好使用数字万用表。

4. 拆装、搬移或安放气囊组件（未展开）时，应将气囊组件的盖板一面朝上，不得将气囊组件重叠堆放，也不得将任何物品放在气囊组件上。

5. 禁止对气囊组件、碰撞传感器进行修理，如果损坏或失效，则必须更换新件。

6. 安装转向盘时，其安装位置必须正确，并使螺旋电缆连接器位于中间位置，否则，将影响转向盘的转动，或损坏螺旋电缆连接器。

7. 在引爆报废的气囊组件时，应使用专用工具，并按规范进行安全引爆。

8. 安全气囊检修后，应检查 SRS 警告灯的工作状态是否正常。

二、安全气囊误引爆的原因

1. 温度过高，引起气体发生器中火药燃烧。
2. 过分撞击，使雷管爆发。
3. 电磁波引起误触发，如大功率手提电话机等。
4. 修理时，操作不慎。
5. 乘客座椅上的压力传感器感受到不小于 150 N 的力。

三、安全气囊系统故障诊断方法

1．安全气囊警告灯法（保养提示灯法）

（1）故障显示。当接通点火开关或起动发动机后，仪表板上的安全气囊警告灯常亮不熄时，表明系统已检测到故障，应对安全气囊系统进行故障码检查。

（2）用户故障分析。向用户进行尽可能详细的故障查询。

（3）警告灯的检查。检查安全气囊警告灯的运作，如果警告灯常亮，则表明在安全气囊控制装置中，存有一个或多个故障码。当安全气囊警告灯亮时，系统会显示故障码，则进行相应故障码的检查。如果安全气囊警告灯不亮，则说明安全气囊警告灯电路有故障。如果安全气囊警告灯电路出现断路，安全气囊警告灯就不会亮，也不会有故障码。在进行下一步检查之前，首先要排除警告灯电路故障。

（4）故障码的检查及记录。检查故障码，记录输出的任何故障码，如果输出正常故障码，则电源电路曾经有不正常现象或电源电压过低，因此要进行电源电压检查。

（5）在上一步检查中输出故障码只能说明与该故障码有关的电路曾经发生过故障，但不表明现在故障是否仍然存在或已消失。据此，有必要在清除故障码后，再重新进行故障码检查以确定目前的情况。

（6）再次检查及记录故障码。如无故障码，则表明系统曾发生过故障但已排除；如输出故障码，则进行相应的电路检测。

（7）故障排除。将点火开关开、关（开等待 20 s，关 20 s）5 次后，检查故障码。如果有故障码输出，则故障仍然存在，应对故障码表进行检查，对出现故障码的有关电路进行故障排除分析。在检修工作结束后，应用模拟法进行验证试验。

（8）根据诊断系统输出的故障码按连接顺序进行电路检查。

2．扫描仪法

接通点火开关时，如果故障警告灯亮约 6 s 后不熄灭，说明系统有故障存在；如果警告灯不亮，说明故障警告灯线路有故障。

扫描仪检查程序如下：

（1）将点火开关置于 OFF（断开）挡。

（2）将扫描仪电源线插到点烟器座上。

（3）将扫描仪接到诊断通信电路或检查插接器诊断插口上。

（4）接通点火开关，起动扫描仪，检查故障码。

（5）断开点火开关，进行故障排除分析，之后再接通点火开关，在扫描仪中消去所存的故障码。

（6）取下扫描仪。

四、安全气囊警告灯常亮的检测流程

安全气囊警告灯常亮，说明安全气囊有故障，应按规定的检测流程进行故障分析，如图 3—24 所示。

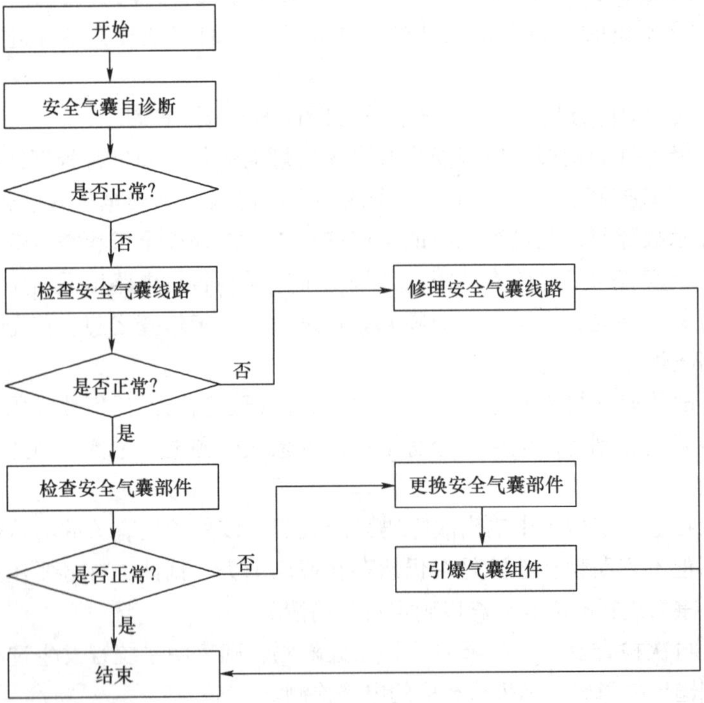

图 3—24　安全气囊警告灯常亮的检测流程

五、安全气囊系统故障码及分析

以北京现代为例对仪器检测结果进行分析，北京现代轿车推荐使用 HI-DS SCAN 故障检测仪。

1．读取故障码的方法

（1）将点火开关置于点火位置。

（2）把 HI-DS SCAN 故障检测仪连接在防撞装饰板下方的自诊断连接器上。

（3）把点火开关置于 ON 位，接通电源。

（4）进入 SRS 系统。

（5）读取故障码。

2．故障码及其分析

（1）蓄电池电压过高和蓄电池电压过低（B1101 和 B1102）。如果出现这个故障码，说明电源系统电压不正常。本系统正常工作电压为 9 ~ 12 V，如果超过 12 V，将会出现以上故障码，此时应首先检查电源系统。

（2）碰撞传感器故障（B1328、B1329、B1333、B1334）。该故障说明驾驶侧和乘客侧的碰撞传感器故障或通信故障。原因可能是碰撞传感器本身、其导线或者是控制模块的故障。

（3）驾驶侧气囊电阻过大或过小（B1346、B1347）。当出现这些故障时，应重点检查驾驶侧螺旋线束，如果线束完好，则应检查相关线路。气体发生器和控制模块如果出现故障也会出现此故障码。驾驶侧气囊的电阻值应为 1.9 ~ 3.0 Ω。

（4）驾驶侧气囊电路短路（B1348、B1349）。驾驶侧安全气囊电路包括控制模块、螺旋线束和有两条点火电路的驾驶侧安全气囊。当检测到以上故障时，应检查螺旋线束、导线、气体发生器和控制模块本身。

（5）乘客侧气囊电阻过大或过小（B1352、B1353）。乘客侧安全气囊电路包括控制模块和有两条点火电路的乘客侧安全气囊。出现该故障码的可能原因是导线线束断路或短路。乘客侧气囊的电阻值应为 1.8 ~ 2.4 Ω。如果气体发生器本身和控制模块出现问题，也会出现该故障码。

（6）乘客侧电路短路（B1354、B1355）。乘客侧安全气囊电路包括控制模块和有两条点火电路的乘客侧安全气囊。出现该故障码时，应检查线束与搭铁或电源电路是否短路、乘客侧安全气囊和控制模块是否有故障。

（7）安全带拉紧器电阻过大或过小（B1361、B1362、B1367、B1368）。安全带拉紧器电路包括控制模块和轿车两侧两个拉紧器。出现该故障应检查线束是否短路或断路、安全带拉紧器和控制模块是否有故障。安全带拉紧器的电阻应为 1.9 ~ 2.8 Ω。

（8）驾驶侧安全带拉紧器电路短路（B1363、B1364、B1369、B1370）。安全带拉紧器电路包括两拉紧器和控制模块。出现该故障时应检查线束是否短路、安全气体发生器和控制模块是否有故障。

（9）侧面安全气囊电阻过大或过小（B1378、B1379、B1382、B1383）。侧面安全气囊电路包括控制模块和两个侧面安全气囊。出现该故障时，应检测线束是否短路或断路、侧面安全气囊和控制模块是否有故障。侧面安全气囊的电阻应为 1.8 ~ 2.6 Ω。

（10）侧面安全气囊电路短路（B1380、B1381、B1384、B1385）。侧面安全气囊电路包括控制模块和两个侧面安全气囊。出现该故障时，应检查线束是否搭铁或与电源短路，侧面安全气囊和控制模块出现问题也会出现该故障码。

（11）点火电路互连故障（B1395）。气囊总成和其他总成之间的短路片裂开、点火电路互连时，出现此故障码。出现该故障时，应将点火开关置于LOCK位，拆下蓄电池负极电缆，并至少等待3 min，然后分离各气囊组件和气囊控制模块，再测量各导线之间的电阻，其电阻应为无穷大，否则应检查短路的故障点。

（12）侧面碰撞传感器故障（B1400、B1403、B1409、B1410）。侧面碰撞检测系统包括气囊控制模块和两个侧面碰撞传感器。当检测到以上故障码时，应检查导线线束和侧面碰撞传感器。

（13）窗帘式安全气囊电阻过大或过小（B1473、B1474、B1477、B1478）。窗帘式安全气囊是指上侧面的帘式气囊。当车辆发生碰撞事故时，它能从上面保护驾乘人员。它的工作原理与侧面气囊相同。当出现以上故障码时，应检查导线是否短路或断路，还要检查窗帘式气囊的气体发生器和气囊控制模块。

（14）窗帘式安全气囊电路短路（B1475、B1476、B1479、B1480）。该故障的出现是由搭铁线路或者电源线路短路引起的。当出现以上故障码时，应检查导线是否短路或断路，还要检查窗帘式气囊的气体发生器和气囊控制模块。

（15）乘客侧安全气囊开关故障（B1527、B1528、B1529、B1530）。乘客侧安全气囊开关装在乘客侧座椅下面，当乘客侧座椅上坐人时，开关接通，控制模块接收到该信号时，如果发生碰撞，乘客侧的安全气囊就会引爆；如果乘客侧座椅无人，开关断开，即使发生碰撞，乘客侧的安全气囊也不会打开。当出现该故障时，应检查座椅下的乘客侧安全气囊开关，同时还要检查相关导线。该故障在拆装乘客侧座椅时极易出现。

（16）碰撞记录故障（B1620、B1650、B1651、B1652、B1655）。以上故障码出现时，检测仪器不能清除，说明该车以前曾经发生过碰撞，一旦确认故障码无误后，必须更换安全气囊控制模块。

（17）扣环拉紧器电阻过大或过小（B1701、B1702、B1706、B1707）。扣环拉紧器电路包括两个扣环和安全气囊控制模块。当出现以上故障时，应检查线束是否短路或断路，扣环拉紧器和控制模块是否有故障。

（18）扣环拉紧器电路短路故障（B1703、B1704、B1708、B1709）。扣环拉紧器电路包括两个扣环和安全气囊控制模块。当出现以上故障时，应检查搭铁线束和电源线束是否短路，如果线束正常，还应检查扣环拉紧器和控制模块是否有故障。

（19）SRS指示灯故障（B2500）。SRS指示灯位于仪表盘内，当辅助安全系统正常时，点火开关置于ON位置后SRS指示灯闪烁约6 s，然后自动熄灭。如果安全气囊系统有故障，SRS指示灯将点亮，以警告驾驶员安全气囊系统异常。控制模块检测SRS指示灯ON和OFF时的控制输出端子的电压，并判定请求的状态是否与实际状态相符。当出现该故障时，应检查熔丝、线束和控制模块。

技能要求

一、安全气囊警告灯常亮的故障诊断与排除

以爱丽舍 1.6 L 轿车为例进行分析。

1．故障现象

安全气囊警告灯常亮。

2．故障原因

安全气囊线路故障，安全气囊部件故障。

3．诊断与排除

（1）关闭点火开关，将诊断仪与诊断座连接。

（2）打开点火开关，开启诊断仪，通过诊断仪识别安全气囊，读取安全气囊故障码。

（3）若无故障码，通过诊断仪模拟驱动 SRS 警告灯。如果 SRS 警告灯不灭，则表明 SRS 警告灯线路搭铁，应检修 SRS 警告灯线路。

（4）若有故障码，通过诊断仪清除故障码。如果清除故障码后，SRS 警告灯仍亮，则表明安全气囊运行异常。

（5）在确认故障后，对安全气囊进行检修。检查气囊组件、SRS ECU 插接器的连接状况。如果松脱，则重新插接或修理。

（6）断开气囊组件插接器。参照安全气囊线路连接示意图（见图 3—25）与电路图，用万用表检查安全气囊系统线路是否断路或短路。不得对气囊组件进行测试，防止气囊误展开。

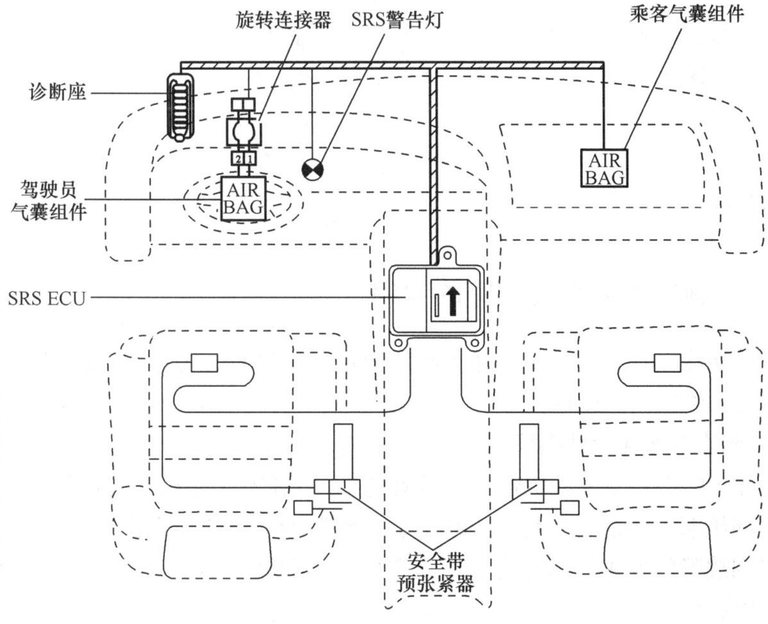

图 3—25　爱丽舍 1.6 L 轿车安全气囊线路示意图

（7）在更换了 SRS ECU 后，通过诊断仪对 SRS ECU 编码和初始化。

（8）安全气囊检修后，通过诊断仪清除故障码。

（9）安全气囊检修完毕，检查 SRS 警告灯工作状态。如果 SRS 警告灯至少亮 6 s 后熄灭，则表明安全气囊正常。

二、安全气囊系统自诊断功能

安全气囊系统具有自诊断功能，下面以比亚迪 F3 安全气囊系统为例进行讲解。

将点火开关转至 ACC 或 ON 位，检查 SRS 警告灯是否点亮。如果警告灯点亮 5 s 左右，然后熄灭并持续 5 s 以上，则系统正常。如果警告灯保持点亮而不熄灭，说明安全气囊 ECU 已探测到一种或多种故障，应读取故障码并排除故障。如果在点火开关接通 5 s 后，SRS 警告灯有时点亮，甚至在点火开关置于 LOCK 位后，SRS 警告灯又点亮，表明 SRS 警告灯电路可能存在短路。

第四节　空调系统故障诊断与排除

学习单元 1　空调制冷循环系统故障诊断与排除

学习目标

1. 掌握空调制冷循环系统故障的原因及特征
2. 掌握空调制冷循环系统故障的诊断方法及程序
3. 能够诊断并排除空调制冷循环系统故障

相关知识

一、空调制冷循环系统故障的原因

空调制冷循环系统故障的主要原因有制冷剂循环元件损坏、制冷剂量不符合车辆要求以及元件过脏。

1．制冷剂循环元件损坏

制冷剂的循环由发动机带动压缩机进行。压缩机、电磁离合器等元件损坏，造成空调压缩机不能有效地建立压力，导致制冷剂不能实现良好的循环，从而导致空调故障的发生。元件内部堵塞造成制冷剂循环不畅也会导致空调制冷故障的发生。

2．制冷剂量不符合要求

汽车空调所用的制冷剂的用量是有相关要求的，制冷剂的量过多和过少都会对空调的制冷效果产生一定的影响。制冷剂量过少的原因一般是制冷循环管路的泄漏；制冷剂量过多的原因一般是维修人员在制冷剂加注时没有严格按照车辆的需求进行。

3．元件过脏

制冷剂循环过程中涉及制冷剂的热交换，如果热交换器表面有脏污，就会导致热交换不良从而影响空调的制冷效果。

二、诊断空调制冷循环系统故障的方法

1．手感法

维修技术人员在不使用温度检测工具的情况下，可以使用手感法来判断空调系统的故障，即用手触摸正在运行中的空调系统各部件及连接管路的表面，细心感知其温度的变化和差异，配合少量的诊断和检测设备，就可以对汽车空调系统的故障做出基本判断。特别是在发动机噪声比较大的情况下，更适合采用“手感法”诊断汽车空调系统的故障。

在正常情况下，高压管路呈现高温状态，部件表面温度为 50 ~ 65℃，用手触摸高压区（特别是金属件），应当感觉到先暖后热，直至烫手，手掌可以握住 30 s 左右。用手触摸冷凝器出口至膨胀阀入口之间的管道，温度应该是一样的，如果出现温差，就说明那里有堵塞现象；低压回路呈现低温状态，部件表面温度为 5 ~ 6℃，用手触摸低压区各部件，能够感觉到由凉到冷，连接部位有水露，但是没有霜冻现象。用手试探蒸发器冷气格栅处吹出的冷风的凉度和风量，蒸发器出风口的温度应为 4 ~ 5℃。在不结霜的前提下，蒸发器表面的温度越低越好。

2．仪器诊断法

由于手感法只能进行大致位置的判断，因此常用一些仪器设备来辅助分析，常用的仪器主要有压力表、听诊器、检漏仪等。

三、诊断空调制冷循环系统故障的过程

当空调制冷循环系统发生故障时，可依如下顺序进行诊断：

1．判断压缩机工作是否正常

（1）可以用听的方法来判断压缩机离合器是否工作。

（2）通过用手触摸感知压缩机进出口管路的温度来大致判断压缩机的工作情况。

2．制冷剂量及元器件问题

（1）通过目视检查相关元器件的外观。

（2）使用空调压力表组对制冷循环回路压力进行检测以判断具体问题。

技能要求

空调制冷循环系统故障的诊断与排除

1．故障现象

打开空调，发现空调出风口温度基本没有变化或变化较小达不到使用要求。

2．故障原因

（1）压缩机总成损坏。

（2）电磁离合器故障。

（3）冷凝器散热片被尘垢堵塞。

（4）风扇不转。

（5）储液干燥瓶损坏。

（6）泄漏。

（7）膨胀阀故障。

3．故障排除方法

（1）用双手交替触摸压缩机的进气管（管径较粗）和出气管，如果进气管手感冰凉，出气管手感较烫，两者之间有较大的温差，说明压缩机工作正常（压缩机正常运转时，会发出清脆而均匀的阀片跳动声）；如果两处的温差较小，再看歧管压力表，若显示高压与低压相差不大，说明压缩机工作不良，原因可能是制冷剂不足、温度传感器损坏、压缩机电磁阀烧毁等。

（2）用手触摸压缩机，如果压缩机外壳较热，再看高低压表组，若显示低压侧的压力太高，高压侧的压力太低，说明压缩机内部密封不良，应更换压缩机。

（3）观察高低压表组，如果压缩机高压侧与低压侧的温差不大，压力都过低，说明空调系统内的制冷剂太少；若没有温差，说明制冷剂漏失过多，应进行检查，进一步查明泄漏的部位和原因。

（4）用手触摸和比较冷凝器输入管和输出管两者的温度，在正常情况下，输入管应较热，温度为65℃左右；输出管应较冷，温度为50℃左右。如果两者的温度相差不大，甚至是相同的，说明冷凝器未能将制冷剂冷却。

（5）在正常情况下，储液干燥瓶是热的，温度为50℃左右。用手触摸储液干燥瓶前、后管道的温度，若发现温度不一致，进口处很热，出口处是冷的，甚至表面出现水露，说明其内部堵塞。原因是干燥剂破碎、制冷系统中有杂物和油污，使制冷剂流动不畅，即发生了脏堵，需要马上排除堵塞，或者更换储液干燥过滤器。

（6）膨胀阀是汽车空调系统中灵敏度极高的部件，其手感温度比较特殊（与压缩机的情况相反）。在正常情况下，其进口处是高温区，手感较热；出口处是低温区，手感冰凉，有水露。若发现膨胀阀出口处有霜冻现象，说明膨胀阀的阀口已经堵塞，其原因可能是脏堵，也可能是冰堵。若膨胀阀进口和出口处几乎没有温差，汽车空调系统不制冷，出风口出热风，这种情况一般是由于

膨胀阀有故障，无法实现制冷剂循环。此时应更换膨胀阀，然后检漏、抽真空、充注制冷剂。

（7）各接头的检查：用手轻轻旋转和摇动各接头，检查各个管路接头是否已经松动，电器元件插接器的连接是否振松，这些部位对于汽车空调系统的正常工作有很大的影响。

学习单元 2　自动空调控制线路及电控元器件故障诊断与排除

学习目标

1. 掌握自动空调控制线路及电控元器件故障的原因
2. 掌握自动空调控制线路及电控元器件故障的诊断方法
3. 能够诊断并排除自动空调控制线路及电控元器件故障

相关知识

一、自动空调控制线路及电控元器件故障的原因

汽车自动空调是指采用计算机控制系统，真正实现自动控制的汽车空调。它是在普通（手动）空调系统的基础上，采用各种传感器、程序装置、伺服电动机和控制模块带动执行机构运转，从而实现自动控制的目的。自动空调系统不仅能按照驾驶员的需要送出最适宜温度的风，而且可以根据实际需要调节风速和风量。自动空调的电控系统故障可通过自诊断仪器检测，以快速进行故障诊断分析和排除。

1．传感器故障

由于传感器损坏或安装错误，使传感器输出信号异常，造成自动空调运转不正常。

2．执行器故障

由于执行器损坏，造成自动空调电脑不能进行相关元器件的控制而导致空调运转不正常。

3．自动空调电脑故障

自动空调电脑承担着整个自动空调系统的控制，自动空调电脑损坏将导致空调系统运转不正常。

4．导线故障

传感器和执行器通过导线和自动空调电脑进行通信，导线故障将导致通信不畅，从而影响自动空调的正常工作。

二、自动空调控制线路及电控元器件故障诊断方法

自动空调系统的电气线路较传统车型复杂了许多，给检修和维护带来了一定的困难。但是它具有自我诊断和失效保护功能，工作时 ECU 不断检测系统的工作状况，并把系统工作状况与程序参数进行比较，如果超出了参数极限，ECU 就探测到某一项故障，并用故障码指出系统的故障部位。所以在维修自动空调系统时，先用自诊断功能来获取汽车空调系统故障的第一手资料，如读取故障码、进行元器件动作测试等，根据获取的信息进行检查和维修。只要能够对上述工作原理有详细的了解，按照正确的方法和程序进行检修，就可以起到事半功倍的效果。检修的基本方法如下。

1．使用故障诊断仪

现代轿车应用了许多计算机模块，它们通过一个多路系统 CCD 与 ECU 共享信息，使用故障诊断仪，将其连接到诊断口，就可以读出大部分故障码。对照检修程序手册，便能迅速地找到故障点。例如通用的 OBD Ⅱ诊断系统，它们都配备了较丰富的车型适配器与程序存储卡。以 OBD Ⅱ为例，进入 ECU 诊断程序的步骤如下：

（1）利用部件结构图找出诊断插接器。

（2）将正确的程序存储卡插入 OBD Ⅱ诊断仪。

（3）将点火开关转到 ON 挡，完成发动程序后，显示屏将出现一个多级选择菜单。

（4）下拉菜单进入 ECU 诊断程序，读出故障码。

（5）按照检修程序手册，查找故障部位并排除。

2．元器件检查

（1）温度传感器。空调上使用多个温度传感器，如环境温度传感器、车内温度传感器等。这些元件由温敏电阻构成。检查时测量该传感器的电阻值，通过对照表判断传感器的状况。

（2）压力传感器。该传感器安装在高压侧管上以检测制冷剂压力，并将制冷剂压力信号输出至空调放大器。空调放大器根据传感器特性将该信号转换为压力，以控制压缩机。在检查时可以在正常供电的情况下测量其输出电压，对照相应的表格判断元器件的状况。

（3）电动机。空调系统有多个电动机协同工作。判断电动机是否正常可用诊断仪的元件驱动功能来实现，再通过线路检查最终判定电动机的状况。

三、自动空调系统检修注意事项

自动空调系统实际上是一个计算机控制的电子电路，因此不能按照传统方法检修，以免造成人为故障或器件损坏，应遵循下列注意事项：

1. 禁止采用“试火”的方法让任何被控制电路搭铁或对其施加电压，且切

勿使用试灯。

2. 只能用高阻抗的万用表（如数字万用表）检测电路，对各种传感器进行检测时应尤其小心。

3. 更改接线，断开任何到传感器或执行器的电气连接之前，应首先关掉点火开关。

4. 接触 ECU 芯片时，手指应触摸良好的搭铁处，更换元件时，应戴好防静电金属护腕，防止静电损坏电路元件。

5. 拆下蓄电池时，应遵守维修手册的程序，防止掉电时间过长而导致 ECU 内部数据的丢失。

技能要求

自动空调控制线路及电控元器件故障诊断与排除

1．故障现象

空调不制冷，电磁离合器没有吸合。

2．故障原因

（1）电磁离合器及其线路损坏。

（2）空调压力传感器及其线路损坏。

（3）温度传感器及其线路损坏。

（4）空调系统控制电脑及其线路损坏。

（5）空调开关及其线路损坏。

3．故障排除方法

（1）连接故障诊断仪，读取故障码信息。如果有故障码，按照维修手册的流程进行测量和故障的排除。

（2）如没有故障码，读取数据流信息。查看异常的数据流信息，对产生该信息的传感器及其线路进行测量和诊断。

（3）调用元件驱动功能，驱动电磁离合器，检查电磁离合器工作情况，如果异常，对其进行测量和诊断。

学习单元 3　半自动空调控制线路及电控元器件故障诊断与排除

学习目标

1. 掌握半自动空调控制线路及电控元器件故障的原因
2. 掌握半自动空调控制线路及电控元器件故障的诊断方法
3. 能够诊断并排除半自动空调控制线路及电控元器件故障

相关知识

汽车半自动空调的温度控制与自动空调的温度控制有很大的差别。自动空调在设定好工作温度后，控制电路会根据温度传感器的信号，控制混合气风门温度配比与压缩机工作情况。而汽车半自动空调起动后，其压缩机基本上处于连续工作的状态，因此，其温度控制的方法比较特殊，主要体现在以下方面：

1. 调温旋钮是通过改变冷热风混合比例实现调温的，冷风的来源是空调蒸发器，热风是通过发动机的散热器或者说发动机的余热获得的。

2. 空调压缩机是斜盘式活塞泵，不可变排量输出，因此无法通过改变排量实现温度控制。

3. 空调蒸发器上面有一个温度传感器，打开 A/C 开关后 ECU 检测蒸发器的温度，通过控制电磁离合器使压缩机间断工作，从而使蒸发器温度始终维持在 1.5 ~ 2.5℃，误差为 ±0.4℃。所以，打开 A/C 开关后 A/C 灯亮，但压缩机并不一定在持续工作，如果蒸发器温度已经足够低，压缩机就不工作。但是在多数情况下，由于汽车空调的工作环境，压缩机是一直运行的，特别是南方，夏天温度很高，蒸发器的温度很难低至 1.5 ~ 2.5℃。

另外，温度传感器的作用是提供空调蒸发器的温度信息给 ECU 以供其判断。ECU 根据温度传感器的信息来决定并控制空调压缩机运行、停止，从而维持空调蒸发器近似恒温（1.5 ~ 2.5℃）。

汽车半自动空调系统不是通过直接感应车内温度而运行和停机，而是通过检测空调蒸发器温度来实现的，当其温度低于 1.5℃时，ECU 即控制压缩机暂停（车内温度由吹出的冷风和热风量、外界温度和车内人员散热决定。车内温度一般是不可能达到 1.5℃的）。

一、半自动空调常见故障及原因

1. 传感器故障

由于传感器损坏或安装错误，使得传感器输出信号异常，造成半自动空调运转不正常。

2. 执行器故障

由于执行器损坏，造成半自动空调电脑不能进行相关元器件的控制而导致空调运转不正常。

3. 半自动空调电脑故障

半自动空调电脑承担着整个半自动空调系统的控制，半自动空调电脑损坏将导致空调系统运转不正常。

4. 导线故障

传感器和执行器通过导线和半自动空调电脑进行通信，导线故障将导致通信不畅，从而影响半自动空调的正常工作。

二、半自动空调控制线路及电控元器件故障的诊断方法

半自动空调的故障诊断相对于自动空调较为简单，但由于可以产生的故障码较少，因此排除故障时对于故障现象的确定和电路图的分析尤为重要。

1．鼓风机电路（见图 3—26、图 3—27）

当点火开关闭合时，继电器 J59 得电，触点闭合，鼓风机变速开关 E9 得电，鼓风机随变速开关的挡位工作。

X → S14 → J32 → E9（2）
- 1 → N23 → V2 →搭铁（1 挡）
- 2 → N23 → V2 →搭铁（2 挡）
- 3 → N23 → V2 →搭铁（3 挡）
- 4 → N23 → V2 →搭铁（4 挡）

2．冷却风扇控制电路工作原理（见图 3—26 ~ 图 3—28）

（1）当水温温控开关 F18 达到 95℃时，F18（3-2）端子将信号输入散热风扇控制器 J293T4/3 端子，散热风扇 V7、V8 电动机得电，冷却风扇低速运转。

30 → S1 → F18（3-2）→ V7（2）、V8（2）→搭铁

当水温温控开关 F18 达到 105℃时，F18（3-1）端子将信号输入散热风扇控制器 J293T10/ 7 端子，散热风扇控制器 J293T4/2 端子供电给 V7、V8 电动机，冷却风扇高速运转。

30 → S1 → F18（3-1）→ J293T10/7

J293T4/2 → V7（1）、V8（1）→搭铁

（2）当空调开关 A/C 闭合时，环境温度开关 F38 闭合，空调继电器 J32 得电，触点闭合，冷却风扇低速运转。

X → S14 → E30（1-2）（A/C）→ F38 → J32（2-1）→搭铁（控制电路）

（J32 工作）J293T4/3 → V7（2）、V8（2）→搭铁

3．电磁离合器电路（见图 3—26 ~ 图 3—29）

当空调开关 A/C 闭合时，空调指示灯得电点亮，环境温度开关 F38 闭合，继电器 J32 和 J26 工作，压力开关 F129 接通（制冷剂压力大于 300 kPa 接通），电磁离合器 N25 得电：X → S14 → E30（3-2）（A/C）→ F38 → E33 → F40 → F129（2-1）→ J26（2-5）→ J293T10/7 端子，J293T10/10 端子→ N25 →搭铁（当压力高于 1 447.9 kPa 时，F129 高压接通）。

4．电路故障排除方法

（1）打开点火开关，打开鼓风机开关 E9（1、2、3、4 挡），检查鼓风机开关。

（2）如果鼓风机开关不正常，检查鼓风机电路。

（3）如果鼓风机开关正常，打开空调开关 A/C。

1）空调指示灯亮，正常；空调指示灯不亮，检查指示灯电路。

2）冷却风扇低速运转，正常；冷却风扇低速不运转，检查冷却风扇电路。

3）电磁离合器吸合，正常；电磁离合器不吸合，检查电磁离合器电路。

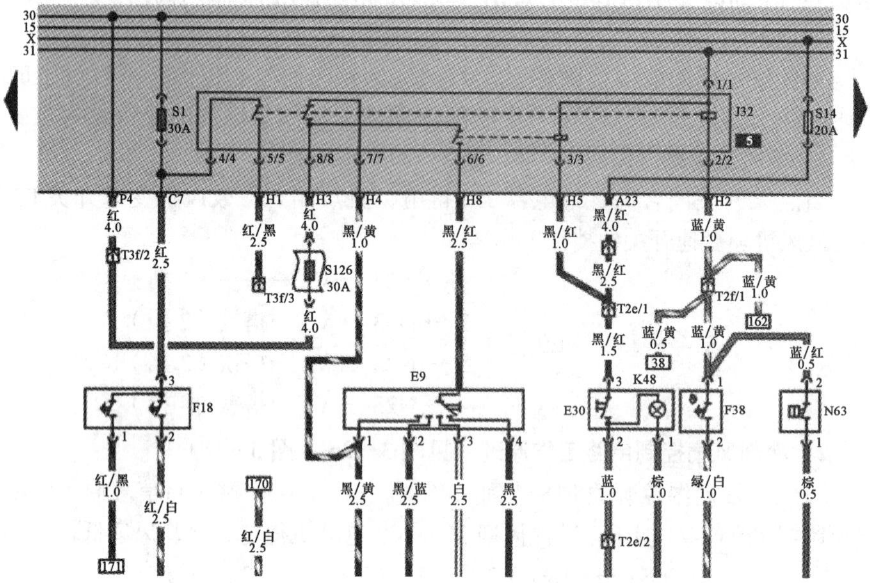

图 3—26　空调电路图（一）

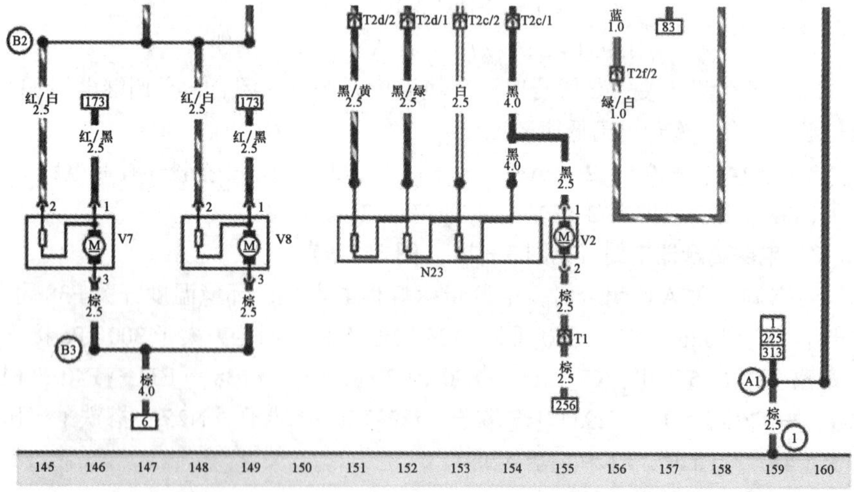

图 3—27　空调电路图（二）

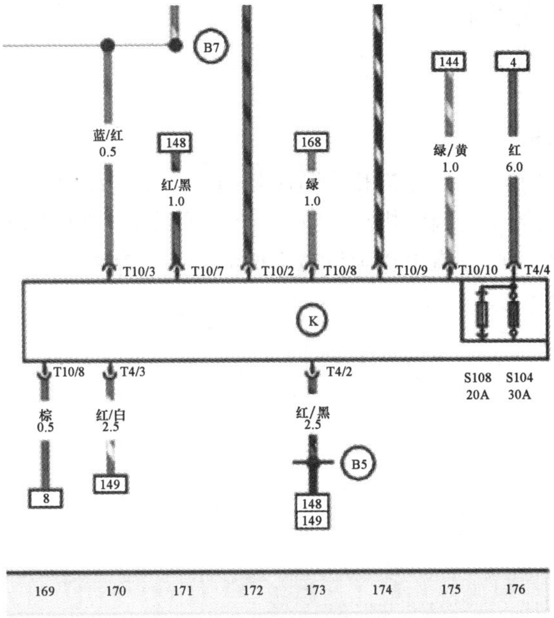

图 3—28 空调电路图（三）

E9—风速开关
E30—空调 A/C 开关
F18—散热风扇热敏开关
F38—室温开关
J32—空调继电器
K48—空调 A/C 开关指示灯
N23—鼓风马达减速电阻
N63—进风门电磁阀
S1—散热风扇熔丝（不用空调时），30A
S14—空调继电器熔丝，20A
S126—空调鼓风马达熔丝，30A
T1—空调鼓风马达线束与仪表板线束插头连接，1 针，在中央电器后面
T2c—空调操纵线束与空调鼓风马达线束插头连接，2 针，在加速踏板上方
T2d—空调操纵线束与空调鼓风马达线束插头连接，2 针，在油门踏板上方
T2e—仪表板开关线束与空调操纵线束插头连接，2 针，在空调操纵面板后面
T2f—发动机线束与空调操纵线束插头连接，2 针，在中央电器后面
T3f—空调操纵线束与发动机线束插头连接，3 针，在中央电器后面
T29—仪表板线束与仪表板开关线束插头连接，29 针，在组合仪表下方
V2—鼓风马达
V7—左散热风扇
V8—右散热风扇
①—接地点，在发动机控制单元旁车身上
Ⓐ1—接地连接线，在发动机线束内
Ⓑ2—连接线，在前照灯线束内
Ⓑ3—接地连接线，在前照灯线束内

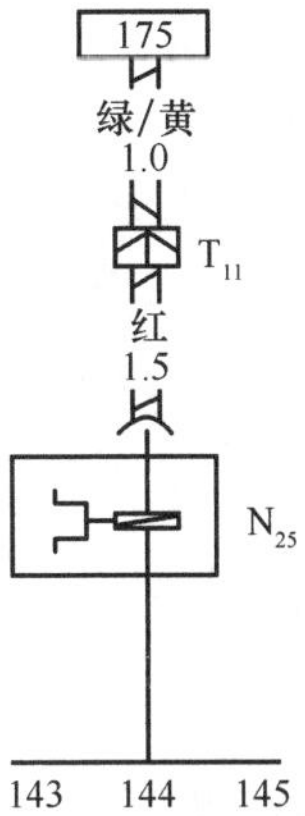

图 3—29 空调电路图（四）

技能要求

半自动空调控制线路及电控元器件故障诊断与排除

1．故障现象

空调鼓风机不工作。

2．故障原因

（1）鼓风机熔丝损坏。

（2）鼓风机开关损坏。

（3）鼓风机总成损坏。

（4）线路损坏。

3．故障诊断与排除

半自动空调的主要检查方法和诊断流程与自动空调相同。但由于诊断仪可以查询的故障信息较少，因此排故过程中应依据不同车型的电路图，遵循检查方法由简单到复杂，由故障率高到故障率低的检查顺序对涉及的元器件和线路按维修手册进行检查。

第四章

新能源汽车动力系统检修

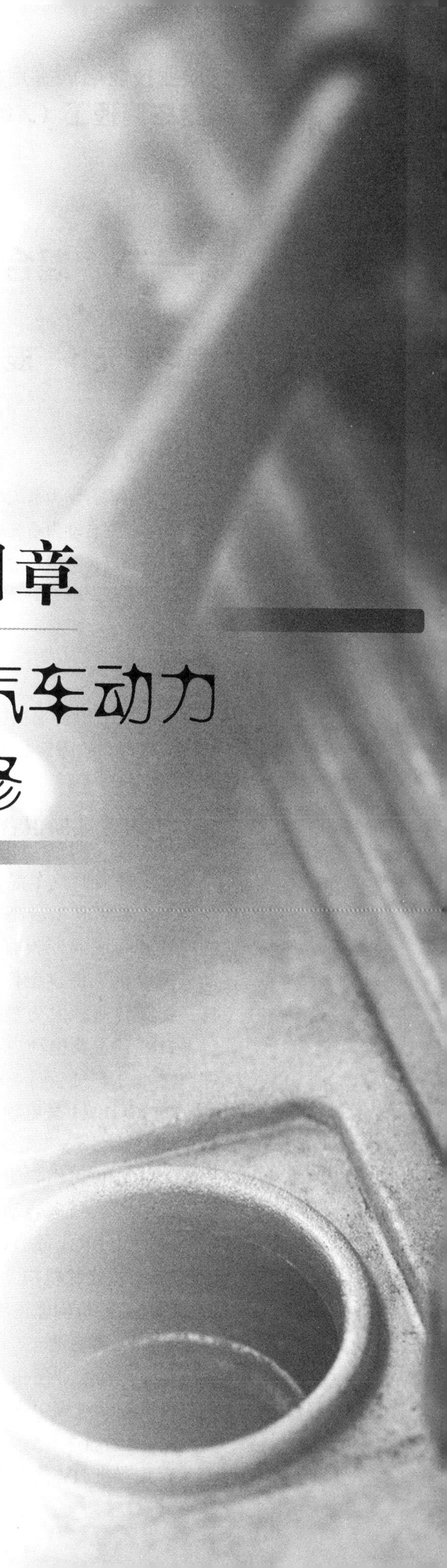

第一节　混合动力汽车故障诊断与排除

学习单元 1　混合动力汽车动力系统故障诊断与排除

学习目标

1. 掌握混合动力系统结构与原理
2. 掌握混合动力系统故障的诊断方法
3. 能诊断排除混合动力汽车混合动力系统故障

相关知识

本章以丰田普瑞斯混合动力汽车为例，介绍混合动力汽车混合动力系统的结构、原理和故障诊断排除方法。

一、丰田普瑞斯混合动力系统的结构组成

丰田普瑞斯汽车混合动力系统也称为 THS-Ⅱ，它采用了可将系统工作电压由 201.6 V 升至最高电压 500 V 的增压转换器和可将直流电转换为交流电的逆变器组成的变频器系统，为 MG1（1 号电动机发电机）和 MG2（2 号电动机发电机）提供工作电压。电动机减速行星齿轮机构用来降低电动机的转速，使高转速、大功率的 MG2 最适合混合动力传动桥内的动力分配。

THS-II 主要由动力系统和高压蓄电池（HV 蓄电池）两大机构组成，主要零部件如图 4—1、图 4—2 所示。

1．MG1（1 号电动机发电机）

MG1 由发动机控制旋转，产生高压电以运行 MG2 或给 HV 蓄电池充电。同时，MG1 也可作起动机以起动发动机。

2．MG2（2 号电动机发电机）

MG2 由 MG1 或 HV 蓄电池的电力驱动，为车辆提供驱动力。

3．行星齿轮机构

行星齿轮机构能正确分配发动机驱动力，以直接驱动车辆和发电机。

4．HV 蓄电池

汽车起动、加速和上坡行驶过程中，HV 蓄电池向 MG2 供电。

汽车制动过程中或未踩下加速踏板时，MG1 和 MG2 向 HV 蓄电池充电。

5．变频器

变频器将 HV 蓄电池的高压直流电转换为驱动 MG1 和 MG2 的高压交流电，

反之亦然，将 MG1 和 MG2 产生的高压交流电转换为高压直流电，向 HV 蓄电池充电。

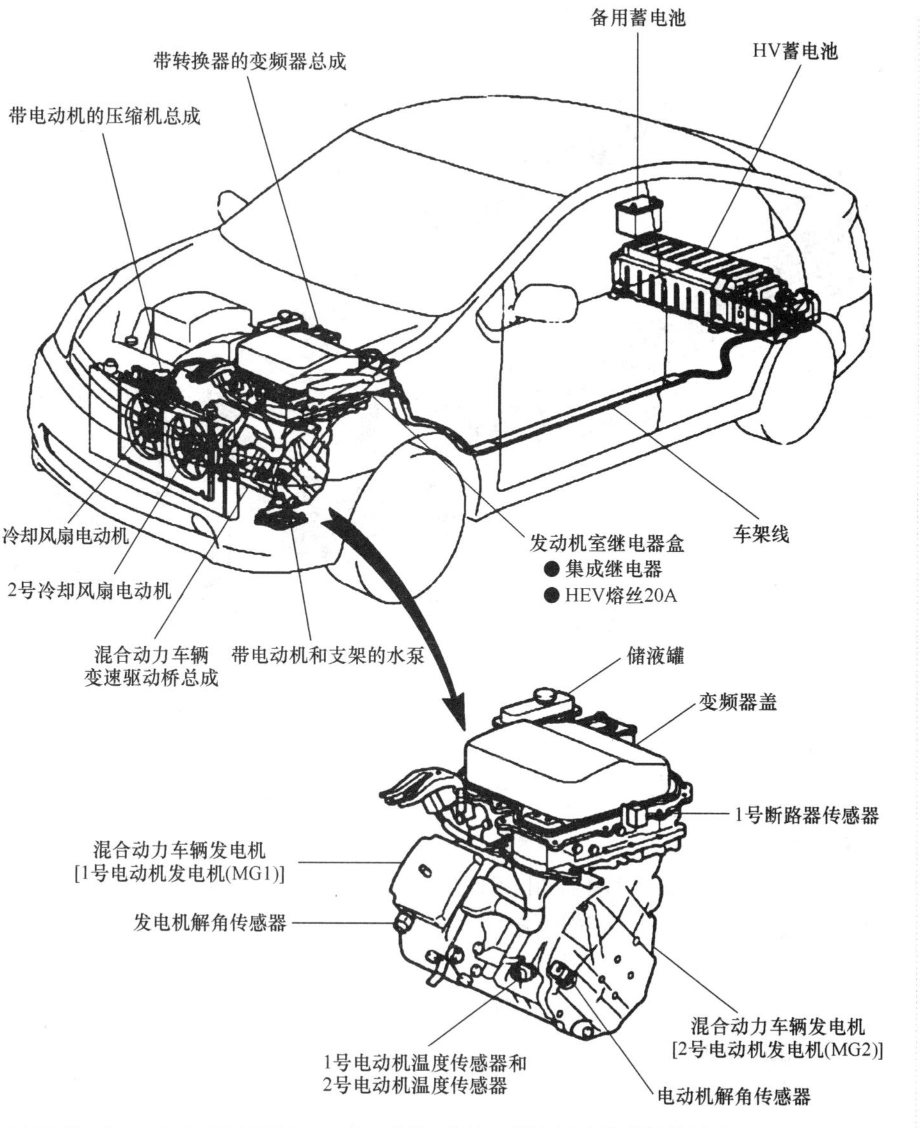

图 4—1 丰田普瑞斯混合动力车动力系统

6．增压转换器

增压转换器将 HV 蓄电池的额定电压从直流电 201.6 V 升压到直流电 500 V，反之亦然，将直流电 500 V 降到直流电 201.6 V。

7．DC/DC（直流 / 直流）转换器

8．空调变频器

9．HV 控制 ECU

HV 控制 ECU 接收来自各传感器和 ECU（发动机 ECU、蓄电池 ECU、防滑控制 ECU 和动力转向 ECU）的信息，根据此信息计算所需转矩和输出动力，将计算结果传输到发动机 ECU、变频器总成、蓄电池 ECU 和防滑控制 ECU。

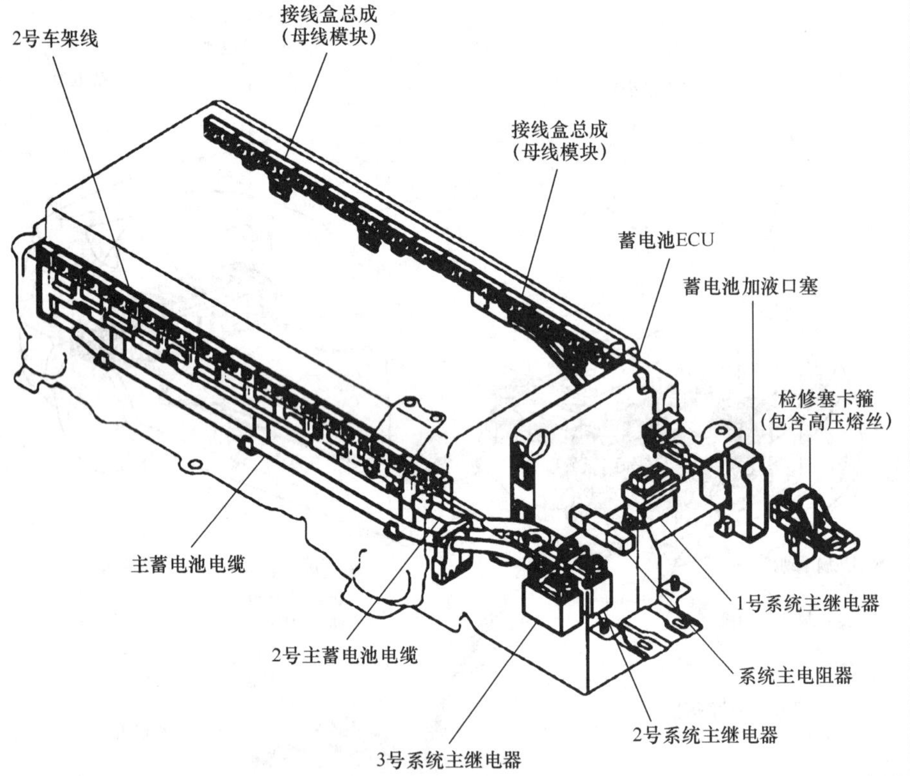

图 4—2　丰田普瑞斯混合动力车 HV 蓄电池

10．发动机 ECU

发动机 ECU 根据从 HV 控制 ECU 接收到的目标发动机转速和所需的发动机驱动力激活发动机 ETIS-i（智能节气门电控系统）。

11．蓄电池 ECU

蓄电池 ECU 监控蓄电池的充电状态。

12．防滑控制 ECU

防滑控制 ECU 控制通过 MG2 起效的再生制动和液压制动，以使总制动力和仅带液压制动的普通车辆的总制动力相等。同时，进行一般的制动系统控制（带 EBD 的 ABS、制动辅助和增强型 VSC）。

13．加速踏板位置传感器

加速踏板位置传感器将加速踏板角度转换为电子信号并输出到 HV 控制 ECU。

14．挡位传感器

挡位传感器将挡位转换为电子信号并输出到 HV 控制 ECU。

15．SMR（系统主继电器）

SMR 利用来自 HV 控制 ECU 的信号，连接并切断蓄电池和变频器总成之间的高压电源电路。

16．互锁开关

互锁开关用于变频器和检修塞卡箍，改变已安装的变频器和检修塞卡箍的盖。

17．断路器传感器

断路器传感器若检测到车辆发生碰撞，则中断高压电路。

18．检修塞卡箍

检查并维修车辆需要拆下此塞，切断 HV 蓄电池的高压电路。

二、丰田普瑞斯混合动力系统工作原理

1．控制功能

（1）HV 控制 ECU 控制。HV 控制 ECU 通过对挡位、加速踏板位置和车速的信号来控制 MG1、MG2、发动机、再生制动控制和 HV 蓄电池充电状态（SOC）。

HV 控制 ECU 监控 SOC 和 HV 蓄电池的温度、MG1 和 MG2 的温度，以便更好地控制这些项目。

挡位位于 N 挡时，HV 控制 ECU 切断电源，关闭 MG1 和 MG2。

如果驱动轮失去牵引力，则 HV 控制 ECU 会发挥马达牵引力控制功能来限制 MG2 转动，以保护行星齿轮装置并避免 MG1 产生过流。

为保护高压电路并确保电路安全切断，HV 控制 ECU 使用 3 个继电器连接并切断高压电路以进行 SMR 控制。

（2）发动机 ECU 控制。发动机 ECU 接收到来自 HV 控制 ECU 的电源请求值和目标转速，并控制发动机 ETCS-i 系统、发动机燃油喷射量、发动机点火正时和发动机 VVT-i（可变气门正时）系统。

（3）变频器控制。根据 HV 控制 ECU 提供信号，变频器将 HV 蓄电池的直流电（DC）转换为驱动 MG1 和 MG2 的交流电（AC），反之亦然。另外，变频器将 MG1 的电力供给 MG2。从 MG1 到 MG2 进行供电时，电流在变频器内转换为直流电。

HV 控制 ECU 发送信号到变频器内部的功率晶体管以切换 MG1 和 MG2 的 U 相、V 相和 W 相来驱动 MG1 和 MG2。

如果 HV 控制 ECU 接收到来自变频器的过热、过流或异常电压信号，则会停止工作。

（4）增压转换器控制。根据 HV 控制 ECU 提供的信号，增压转换器将 HV 蓄电池的 201.6 V 直流电升到 500 V 的直流电。

由 MG1 和 MG2 产生的 500 V 交流电通过变频器转换为直流电并根据 HV 控制 ECU 的信号将 500 V 直流电降到 201.6 V 直流电。

（5）转换器控制。DC/DC 转换器将 HV 蓄电池的 201.6 V 直流电降到 12 V 直流电向车身电气组件供电，同时对 12 V 辅助蓄电池进行充电。

转换器保持辅助蓄电池端子的恒定电压。

（6）空调变频器控制。空调变频器将 HV 蓄电池的 201.6 V 直流电转换为 201.6 V 交流电，向运行空调系统电动压缩机提供电力。

（7）MG1 和 MG2 的控制。MG1 由发动机驱动，产生 500 V 交流电以驱动 MG2，并给 HV 蓄电池充电。同时 MG1 也可作为起动机以起动发动机。

汽车制动过程中或未踩下加速踏板时，MG2 产生电流给 HV 蓄电池充电也称为再生制动系统。

转速传感器检测到 MG1 和 MG2 的速度和位置后，将其输出到 HV 控制 ECU。安装在 MG2 上的温度传感器检测到 MG2 的温度并将其传输到 HV 控制 ECU。

（8）防滑控制 ECU 控制。汽车制动时，防滑控制 ECU 计算总制动力并传输再生制动力请求到 HV 控制 ECU，HV 控制 ECU 接收到此信号并计算出所需的再生制动力值并传输到防滑控制 ECU。根据这个值，防滑控制 ECU 计算并执行所需的液压制动力。

（9）蓄电池 ECU 控制。蓄电池 ECU 检测 HV 蓄电池的状况并控制冷却风扇，以使 HV 蓄电池保持在预测温度范围内，以此来有效地控制这些组件。

（10）换挡控制。HV 控制 ECU 根据挡位传感器提供的信号检测挡位（P、R、N、D 或 B），并控制 MG1、MG2 和发动机，以建立适合所选挡位的行驶条件。

变速器控制 ECU 通过 HV 控制 ECU 提供的信号检测到驾驶员已按下 P 挡开关，然后变速器控制 ECU 运行换挡执行器以机械地锁止变速驱动桥。

（11）碰撞控制。汽车发生碰撞时，如果 HV 控制 ECU 接收到来自空气囊 ECU 的空气囊展开信号或来自位于变频器内部的断路器传感器的执行信号，则关闭 SMR 和电源开关以切断整个电源。

（12）电动机驱动模式控制。驾驶员手动按下位于仪表板的 EV 驱动模式开关时，如果满足所需条件，则 HV 控制 ECU 只通过 MG2 行驶车辆。

（13）巡航控制系统运行控制。安装在 HV 控制 ECU 中的巡航控制 ECU 接收到巡航控制开关信号时，它计算巡航控制所需数值，并计算发动机、MG1 和 MG2 的驱动力以达到最佳运行效果。

（14）指示灯和警告灯点亮控制。它使指示灯点亮或闪烁，以提醒驾驶员车辆状态或系统故障。

（15）诊断。HV 控制 ECU 检测到故障时，HV 控制 ECU 诊断并储存与故障对应的故障码。

（16）失效保护。HV 控制 ECU 检测到故障时，HV 控制 ECU 根据已经储存在存储器中的数据判定停止或控制执行器和各 ECU。

2．工作原理

丰田普瑞斯混合动力系统工作原理如图 4—3 所示。

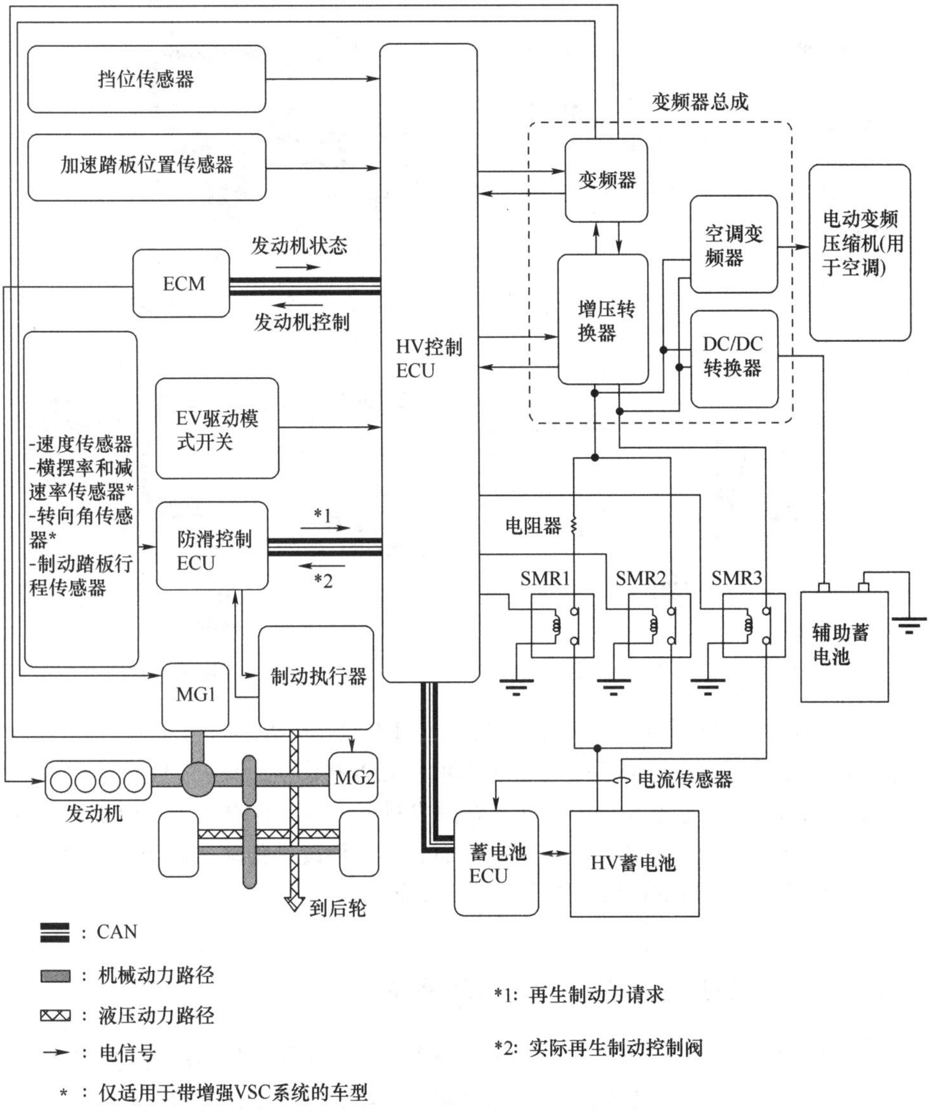

图 4—3 丰田普瑞斯混合动力系统工作原理

系统控制下列模式，以获得最有效的操作来适应行驶状态：

（1）起动：HV 蓄电池提供电力到 MG2，给驱动车轮提供动力，如图 4—4 所示。

（2）发动机加速期间：发动机通过行星齿轮驱动车轮，并驱动 MG1，为 MG2 提供动力，如图 4—5 所示。

（3）对 HV 蓄电池充电：发动机通过行星齿轮驱动 MG1，为蓄电池充电，如图 4—6 所示。

（4）减速驾驶期间：车辆减速时，车轮的动能转换为电能，并通过 MG2 为蓄电池重新充电，如图 4—7 所示。

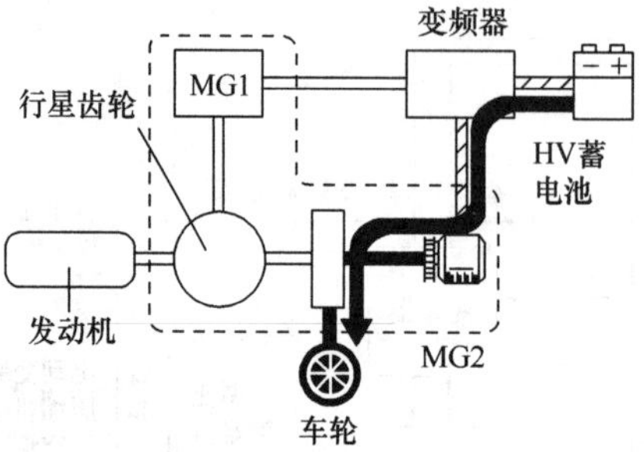

图 4—4　起动

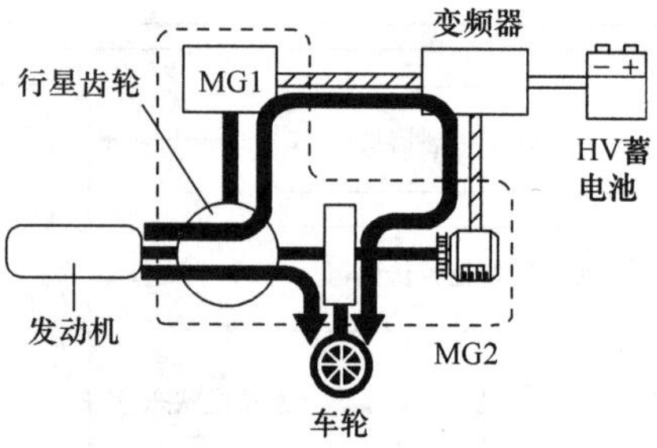

图 4—5　发动机加速期间

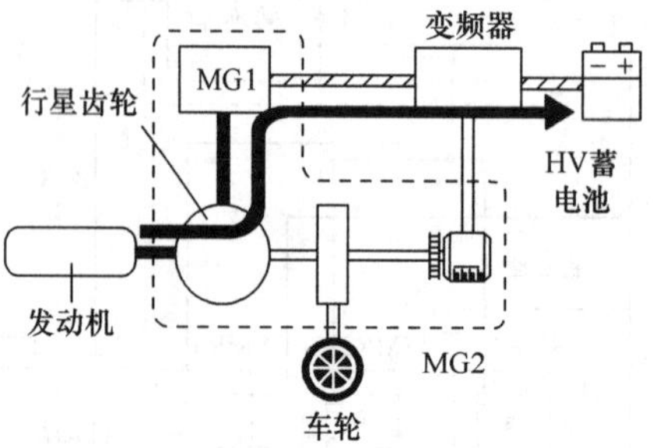

图 4—6　对 HV 蓄电池充电

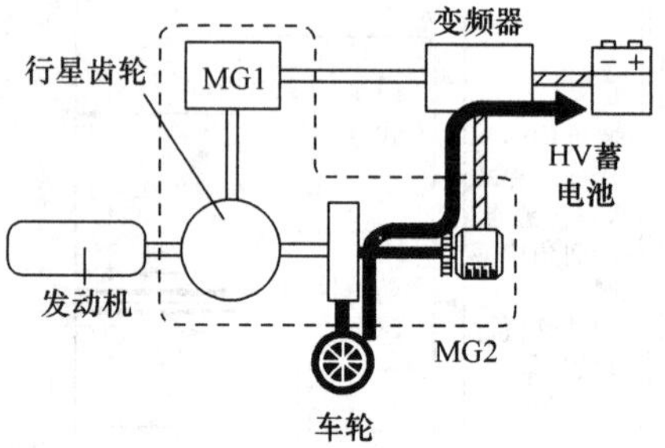

图 4—7　减速驾驶期间

HV 控制 ECU 根据行驶状态在模式［(1)、(2)、(3)、(1)+(2)+(3)或(4)］之间切换。当 HV 蓄电池的 SOC（充电状态）低时，通过旋转 MG1，由发动机为 HV 蓄电池充电。因此，在减少排气方面，混合动力车辆拥有比一般汽油发动机车辆更好的燃油经济性。而且，这种改进的动力传动系统消除了电动车辆的局限（例如巡航范围小或对外部充电装置的依赖）。

三、丰田普瑞斯混合动力系统诊断系统

HV 控制 ECU 有随车自诊断系统。如果不正当操作和使用混合动力车辆控制系统或其他组件，ECU 就会检测出故障，使组合仪表上的主警告灯点亮或者在复式信息显示器上发出其他信号，如 HV 系统警告、HV 蓄电池警告或放电警告等，如图 4—8 所示。

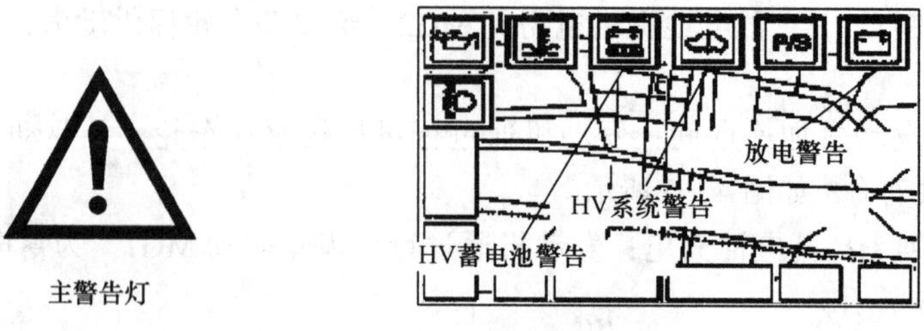

图 4—8　故障警告灯

提示：主警告灯点亮表示 THS-Ⅱ有故障，在检查模式下主警告灯闪烁。

1．随车自诊断系统（OBD）

OBD 车辆发生故障后，只需要将符合 OBD 扫描工具或者智能测试仪Ⅱ连接到车辆上，就可以读取从车辆 ECU 输出的各种数据。OBD 在检测到下列故障时点亮仪表盘上的检查发动机警告灯（CHK ENG），如图 4—9 所示。

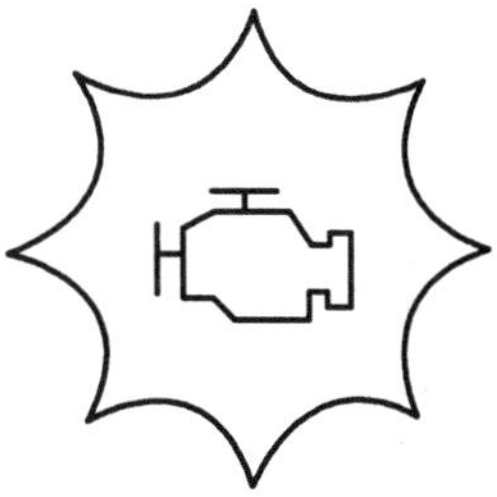

图 4—9　检查发动机警告灯（CHK ENG）

（1）排放控制系统 / 组件故障。

（2）动力传动系统控制组件（影响车辆排放）故障。

（3）电控单元 ECU 故障。

另外，诊断故障码被保存在 HV 控制 ECU 存储器中。

如果在连续 3 个行驶周期中没有出现同样的故障，则 CHK ENG 会自动关闭，而故障码（DTC）继续保存在 HV 控制 ECU 存储器中。

将智能测试仪Ⅱ或 OBD 扫描工具连接到车辆的数据链路连接器（DLC3）上以检测故障码（DTC），如图 4—10 所示。智能测试仪Ⅱ或 OBD 扫描工具还可以帮助清除 DTC 或者检测定格数据和不同类型的 THS-Ⅱ数据（有关操作说明，参考它们各自的操作手册）。DTC 包括通用标准控制代码和制造商控制代码。通用标准控制代码必须按通用标准的规定来进行设定，而制造商控制代码可以由制造商在规定范围内自主设定。

定格数据记录了故障被检测到时的行驶状态。故障发生后，这可以帮助确定当时车辆的状态为行驶中、制动中、驻车中或者倒车中。

2．检查故障诊断座（DLC3）

HV 控制 ECU 使用通用标准的通信协议。DLC3 的端子如图 4—11 及表 4—1 所示。

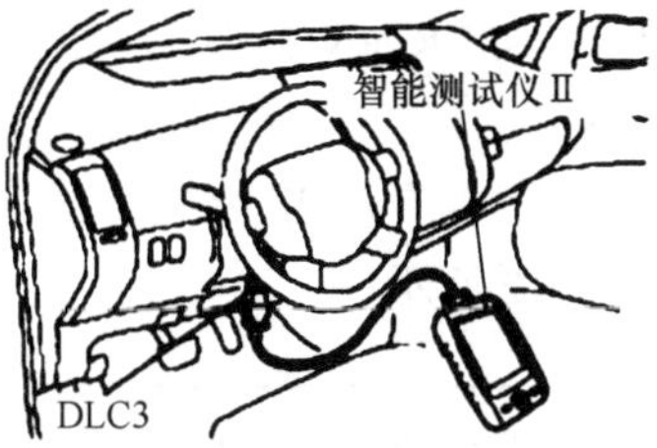

图 4—10　将智能测试仪Ⅱ连接到车辆的数据链路连接器（DLC3）上

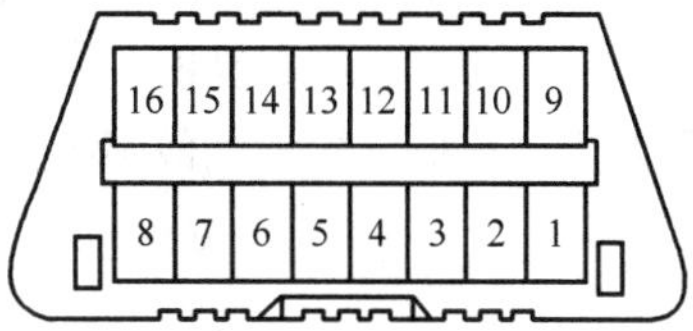

图 4—11　故障诊断座（DLC3）的端子

表 4—1　故障诊断座（DLC3）各端子说明

符号	端子号	名称	参考端子	结果	状态
SIL	7	总线“+”连线	5- 信号接地	产生脉冲	传送过程中
CG	4	底盘接地	车身接地	1 Ω 或更小	始终

续表

符号	端子号	名称	参考端子	结果	状态
SG	5	信号接地	车身接地	1 Ω 或更小	始终
BAT	16	蓄电池正极	车身接地	11 ~ 14 V	始终
CANH	6	HIGH- 级 CAN 总线	14-LOW- 级 CAN 总线	54 ~ 69 Ω	关闭电源开关
CANH	6	HIGH- 级 CAN 总线	16- 蓄电池正极	1 MΩ 或更大	关闭电源开关
CANH	6	HIGH- 级 CAN 总线	4- 底盘接地	1 kΩ 或更大	关闭电源开关
CANL	14	LOW- 级 CAN 总线	16- 蓄电池正极	1 MΩ 或更大	关闭电源开关
CANL	14	LOW- 级 CAN 总线	4- 底盘接地	1 kΩ 或更大	关闭电源开关

如果将智能测试仪Ⅱ电缆连接到 DLC3 上，打开电源开关并操作智能测试仪Ⅱ而显示器没有显示任何有效信息，则表明车辆或者测试仪本身有故障。将测试仪连接到其他车辆上，如果在同样模式下通信正常，则检查原车辆的 DLC3 和通信总线；如果在同样模式下通信仍然异常，则测试仪本身可能有故障。

3．检查备用蓄电池

（1）测量备用蓄电池电压。电压：11 ~ 14 V。

（2）检查备用蓄电池、熔断器、熔丝、线束、连接器和接地。

4．检查发动机故障警告灯（CHK ENG）

（1）电源开关闭合和“READY”灯关闭时，CHK ENG 点亮。如果 CHK ENG 没有点亮，则对 CHK ENG 电路进行故障排除。

（2）“READY”灯点亮时，CHK ENG 应关闭。如果 CHK ENG 一直亮，则诊断系统已在系统中检测到故障或异常，如图 4—12 所示。

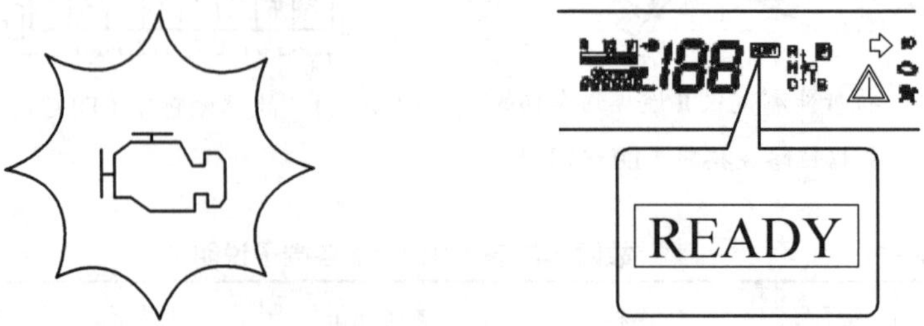

图 4—12　检查发动机故障警告灯（CHK ENG）及 READY 灯

四、丰田普瑞斯混合动力系统故障诊断排除要点

1．丰田普瑞斯混合动力系统故障诊断排除步骤（见图 4—13）

在第3、4、5、8步使用智能测试仪Ⅱ。

1	车辆进入车间

↓

2	客户所述故障分析

↓

3	将智能测试仪Ⅱ连接到DLC3

提示：
如果测试仪显示通信故障，请检查DLC3。

↓

4	检查并记录DTC和定格数据

提示：
如果输出与CAN通信系统有关的故障的DTC，则首先检查并修理CAN通信。

↓

5	清除DTC

↓

6	故障症状确认

（a）故障未出现，转到A。
（b）故障出现，转到B。

B → 进行步骤8

A ↓

7	症状模拟

↓

8	检查DTC

↓

9	电路检查

↓

10	故障识别

↓

11	调整和/或修理

↓

12	确认试验

↓

结束

图 4—13　丰田普瑞斯混合动力车故障诊断排除步骤

2．丰田普瑞斯混合动力系统故障诊断检查（见表 4—2）

表 4—2　　　　丰田普瑞斯混合动力系统故障诊断检查

Prius 故障检查表	分销商姓名	部门负责人	分销商负责人
	办公室		

车辆规格						
车辆规格	车型	NHW 20-AHE	故障发生日期	*　*	里程表读数	miles km
	车牌号		维修日期	*　*	生产日期	*　*
	车辆识别码		选择	□导航（□制造商装配　□分销商） □寒冷气候规格　□其他（　　　）		

调查结果							
调查结果	申述内容（尽可能正确地按照事件发生的前后顺序）			客户所述特点			
				车辆以前的使用			
				主要行驶地区	□城市　□郊区 □山区 □其他地区（　　　）		
				使用频率	□每天 □　次 / 周　次 / 月		
	行驶情况	路面情况	车辆情况				
	车速 ____mph ____km/h □起动时 □加速时 □正常行驶时 □减速时 □制动时 □停车时 □驻车时 □转弯时 □ ABS 作用时 □巡航控制行驶时 □ EV 模式行驶时 □其他 （　　　）	□水平路面 □上坡或下坡 □干铺装路面 □湿铺装路面 □粗糙铺装路面 □未铺装路面 □雪地或冰面 □颠簸或弯曲路面 □其他 （　　　）	□电源开关 ON(无准备） □起动时 □刚刚起动 □起动 __分钟后 □起动行驶 __分钟后 □停止系统时 发动机状态 □发动机停机时 □发动机旋转时 HV 蓄电池指示灯 □____/8 部分 □不能识别 空调状态 □ ON □ OFF □不能识别	电源开关指示灯 □点亮 （橙色或绿色） □闪烁 □不亮 挡位（指示） □ P □ R □ N □ D □ B □操作时 ___→___ □没有指示 □闪烁 □不能识别 P 挡位开关状态 □点亮 □闪烁 □不亮 □无法识别	警告灯 □⚠ □发动机 □充电 □ PS □ HV 蓄电池 □ HV □制动 （黄色或红色） □ ABS □ VSC □滑动 □冷却 □其他警告 （　　　） □无警告灯	制动操作 □制动缓慢 □制动突然 □左脚制动 □不工作 加速踏板操作 □踩下时 □松开时 □脚从踏板上移走时 发生频率 □始终 □____次 / 周或月 □仅有一次	

续表

<table>
<tr><td></td><td colspan="3">天气:______ □不能识别
温度:______ □不能识别
燃油液位
____/10 部分 □不能识别</td><td colspan="5"></td></tr>
<tr><td rowspan="14">车辆确认结果</td><td colspan="8">诊断故障码</td></tr>
<tr><td colspan="3">HV ★</td><td></td><td></td><td colspan="2">制动★</td><td></td></tr>
<tr><td></td><td>INF</td><td></td><td></td><td></td><td></td><td>INF</td><td></td></tr>
<tr><td colspan="2">SFI ★</td><td></td><td>电源控制</td><td></td><td colspan="2">网关</td><td></td></tr>
<tr><td colspan="2">蓄电池★</td><td></td><td>空调</td><td></td><td colspan="2">智能</td><td></td></tr>
<tr><td colspan="2">变速器控制★</td><td></td><td>SRS</td><td></td><td colspan="2">停机系统</td><td></td></tr>
<tr><td colspan="2">EPS ★</td><td></td><td>车身</td><td></td><td colspan="2">防盗</td><td></td></tr>
<tr><td colspan="5" rowspan="2">★：表示系统有存储定格数据的功能。如果已经设定了 DTC，请附上定格数据。</td><td colspan="2">导航</td><td></td></tr>
<tr><td colspan="3"></td></tr>
<tr><td colspan="5">车辆检查结果（确认项目、识别 / 假定故障零件的理由等）</td><td colspan="3">再现车辆发生故障的状态</td></tr>
<tr><td colspan="5"></td><td colspan="3">□始终
□有时
故障发生时的条件
（　　　　　　）
□不能再现</td></tr>
<tr><td colspan="5">更换零件</td><td colspan="3">修理后确认结果</td></tr>
<tr><td colspan="5">故障零件：正常 / 异常（发送日期：　　　）</td><td colspan="3">□正常　□再现故障
□其他　（　　　　　）</td></tr>
</table>

3．丰田普瑞斯混合动力系统常见故障

丰田普瑞斯混合动力系统常见故障见表 4—3，由于混合动力系统的多样性，具体故障问题应具体分析。

表 4—3　　　　混合动力系统常见故障

故障现象	故障原因	故障处理
车辆不能行驶	熔丝烧坏	更换
	开关坏	更换
	导线断路、短路、接地或接触不良	检查更换
	蓄电池组亏电	充电
	加速踏板电位器损坏	更换
	ECU 或控制器失效	检测维修或更换
	电动机损坏	检测维修或更换

续表

故障现象	故障原因	故障处理
车辆在爬坡时行驶缓慢至停止	车辆过载或电池电量不足	减轻负载、充电
车辆刚起步就进入全速行驶	控制器损坏	检测维修或更换
	主接触器触点常闭合	维修或更换
	加速踏板电位器损坏	更换
车起步后不动	电动机卡死	检测维修或更换
	控制器损坏	检测维修或更换
	加速踏板电位器损坏	更换
低速正常，全速无力	控制器损坏	更换
	电动机故障	检测维修或更换
	加速踏板电位器损坏	更换
行驶有异响	控制器未调好或损坏	调整、维修或更换
	电动机轴承损坏	维修或更换
整车或部分辅助电气设备不工作	辅助电气设备熔丝或继电器损坏	更换熔丝，修复继电器
仪表板显示温度过高	电池冷却鼓风机损坏	维修或更换鼓风机
	温度传感器损坏，老化、变质	更换传感器
	严重超载	减负至规定值
	冷却液不足	按规定添加
	控制器失效	检测维修或更换

4．丰田普瑞斯混合动力系统故障诊断注意事项

（1）检查混合动力控制系统注意事项。在检查高压系统之前，采取安全措施以避免发生触电事故，例如戴上绝缘手套来拆下检修塞卡箍。拆下检修塞卡箍后，将其放在口袋内，以避免在修理高压系统时，其他技师将它重新连接，如图 4—14 所示。

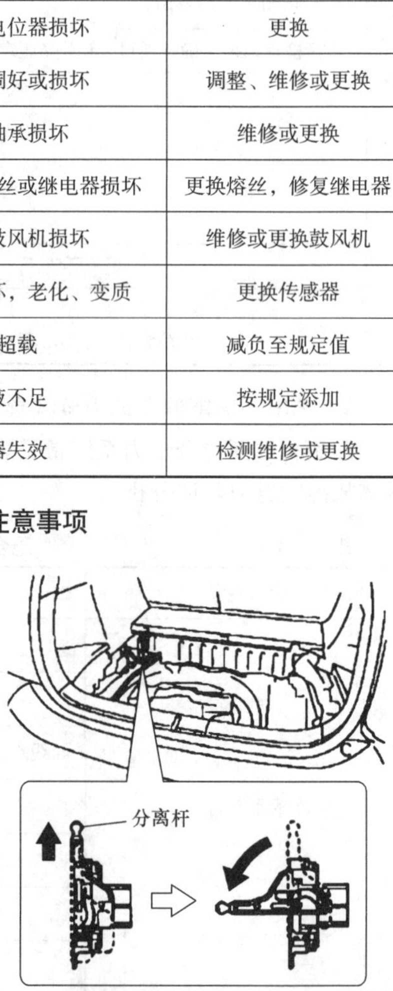

图 4—14　检修塞卡箍

注意：拆下检修塞卡箍时，闭合电源开关（READY）可能导致故障。因此，除非在修理手册的指导下，否则不要闭合电源开关（READY）。

断开检修塞卡箍后，5 min 内不要接

触任何高压连接器或端子。

提示：至少需要 5 min 对变频器内的高压电容器进行放电。

由于可能出现液体泄漏的情况，在检查 HV 蓄电池内部时要戴上护目镜。

戴上绝缘手套，关闭电源开关，在接触高压系统的任何橙色配线之前，将备用蓄电池的负极端子断开。

进行电阻检查前，切断电源开关。

在断开或重新连接任何连接器前，切断电源开关。

安装检修塞卡箍时，分离杆必须向上翻起，然后向下锁止，如图 4—15 所示。一旦锁止在适当的位置，它就会打开互锁开关。分离杆一定要安全地锁止，否则系统会输出互锁开关系统的相应 DTC。

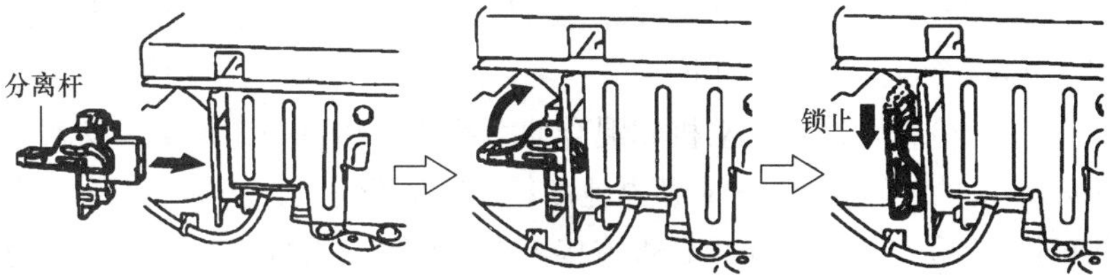

图 4—15　安装检修塞卡箍

（2）初始化应小心。断开蓄电池负极（－）端子后，当端子重新连接时，有些系统将被初始化（详见维修手册）。

（3）激活混合动力系统应小心。警告灯亮起或蓄电池断开又重新连接，则初次按下电源开关可能无法起动该系统。如果是这样，则再次按下电源开关。

打开电源开关（IG），断开蓄电池。如果在重新连接时钥匙不在钥匙孔内，则可能输出 DTC-B2799。

技能要求

一、丰田普瑞斯混合动力汽车动力切换冲击故障诊断与排除

1．故障现象

2007 款丰田普瑞斯混合动力汽车挂入前进挡时，踩下加速踏板，车辆行驶过程中出现动力切换冲击现象。

2．故障原因

（1）发动机动力不足或间歇性失火故障。

（2）制动灯开关断路或短路。

（3）巡航控制开关断路或短路。

（4）挡位传感器信号不良或无信号。

（5）加速踏板位置传感器信号错误。

（6）MG1（1 号电动机发电机）故障。

（7）MG2（2 号电动机发电机）故障。

（8）变频器总成故障。

（9）HV 蓄电池故障。

（10）发动机 ECU、变速器控制 ECU、电源控制 ECU 和 HV 控制 ECU 故障。

（11）混合驱动桥行星齿轮机构机械部分故障。

3．故障诊断与排除方法

首先应区分汽车动力切换冲击故障是由发动机本身动力不足或间歇性失火故障引起的，还是汽车混合动力系统故障，其次再区分汽车混合动力系统是动力系统部分还是 HV 蓄电池部分故障，最后再判断混合驱动桥行星齿轮机构机械故障。具体诊断排除方法如下：

（1）基本检查。检查发动机和混合动力系统冷却液是否正常，发动机和混合驱动桥润滑油是否正常，HV 蓄电池冷却系统是否正常，必须在混合动力系统高压切断时，检查各连接导线是否连接可靠无松动，看仪表板上的混合动力系统故障灯和发动机故障警告灯是否点亮。

（2）进行自诊断。如有故障码，应对故障码进行分析，然后根据维修手册提供的故障码排除故障。如无故障码，应用症状分析法排除故障。

（3）检查发动机是否有动力不足或间歇性失火故障，如有则检查排除。

（4）检查制动灯开关，如发现断路或短路应更换。

（5）检查巡航控制开关，如发现断路或短路应更换。

（6）检查挡位传感器信号，如发现信号不良或无信号应更换。

（7）检查加速踏板位置传感器信号，如有错误应更换。

（8）检查 MG1 和 MG2，如有故障则进行修理或更换。

（9）检查变频器总成，如有故障则进行修理或更换。

（10）检查 HV 蓄电池，如有故障则进行修理或更换。

（11）检查发动机 ECU、变速器控制 ECU、电源控制 ECU 和 HV 控制 ECU，如有故障则进行更换。

（12）检查混合驱动桥行星齿轮机构机械部分，如有故障则进行修理或更换。

二、丰田普瑞斯混合动力汽车驱动电动机故障诊断与排除

1．故障现象

2007 款丰田普瑞斯混合动力汽车行驶过程中，MG1（1 号电动机发电机）或 MG2（2 号电动机发电机）出现局部过热、振动、异响等故障现象，甚至严重时出现电动机驱动电机不转的故障现象。

2．故障原因

（1）电动机驱动电机运行时产生局部过热

1）电动机驱动电机内部短路，把电动机烧坏。

2）电动机驱动电机超负载运行造成电机损坏（电动机超负载不能超过 1 min）。

（2）电动机驱动电机运行时产生振动

1）电动机驱动电机定子偏心，铁芯短路或松动。

2）电动机驱动电机转子偏心（可变的气隙）。

3）电动机驱动电机转子故障（断条或短路环开裂，转子铁芯短路，转子条松动等）。

4）电动机驱动电机转子局部受热造成的热弯曲。

5）电动机驱动电机连接松动或断开造成的电气相平衡问题。

（3）电动机驱动电机产生异响

1）电动机驱动电机和混合驱动桥连接同轴度达不到标准。

2）电动机驱动电机转子与解析器配合不好。

3）电动机驱动电机转子上的轴承损坏。

（4）电动机驱动电机不转

1）熔丝烧断。

2）电源开关损坏。

3）加速踏板位置传感器损坏。

4）HV 控制 ECU 损坏。

5）电动机驱动电机烧坏。

6）电动机驱动电机各连接线线头松动。

3．故障诊断与排除方法

丰田普瑞斯混合动力汽车电动机驱动电机故障诊断与排除方法主要是从电动机驱动电机本体部分进行检查。

（1）进行自诊断。如有故障码，应对故障码进行分析，然后根据维修手册提供的故障码排除故障。如无故障码，应使用症状分析法排除故障。

（2）检查混合动力车辆电动机驱动电机总成

注意：操作前应戴好绝缘手套。

1）关闭电源开关。

2）拆下检修塞卡箍。

注意：以下操作切勿打开电源开关。

3）拆下变频器盖。

4）从变频器上断开混合动力车电动机驱动电机的三相交流电缆。

5）用毫欧表测量电动机驱动电机三相交流电缆端子间的电阻，如图 4—16 所示。

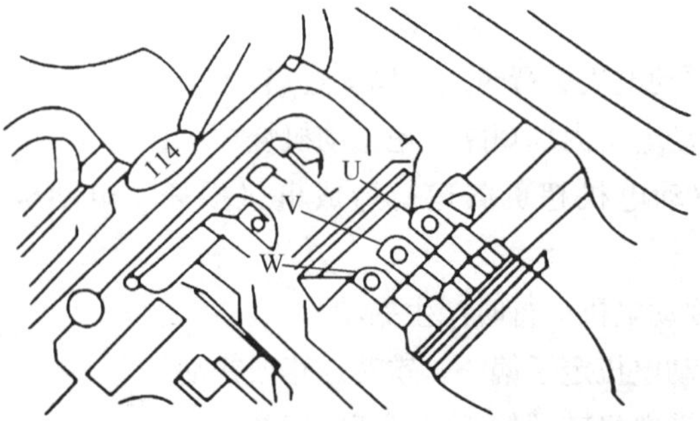

图 4—16　用毫欧表测量电动机驱动电机三相交流电缆端子间的电阻

注意：如果电动机驱动电机温度过高，电阻会有显著变化。因此，至少将车辆熄火 8 h 后再测量。

各端子间的标准电阻见表 4—4。用以下公式可以将非 20℃测得的电阻转换至 20℃时的电阻。

$$R_{20}=R_1\times[1+0.00393\times(T-20)]$$

式中，R 为测量时电阻；T 为测量时环境温度。

表 4—4　　各端子间的标准电阻

检测仪连接	规定条件
U（114-1）~ V（114-2）	20℃时小于 135 MΩ
V（114-2）~ W（114-3）	20℃时小于 135 MΩ
W（114-3）~ U（114-1）	20℃时小于 135 MΩ

6）用兆欧表测量电动机驱动电机三相交流电缆端子与车身接地间的绝缘电阻。绝缘电阻的标准电阻值见表 4—5 。

表 4—5　　绝缘电阻的标准电阻值

检测仪连接	规定条件
U（114-1）~ 车身接地	10 MΩ 或更大
V（114-2）~ 车身接地	10 MΩ 或更大
W（114-3）~ 车身接地	10 MΩ 或更大

7）重新连接电动机驱动电机的三相交流电缆，重新安装变频器盖和检修塞卡箍。

如测量不符合标准值，说明电动机驱动电机损坏，应更换电动机驱动电机总成。

（3）电动机驱动电机故障检查排除注意事项

1）检查电动机驱动电机及其变频器各固定点，检查螺栓是否松动。

2）检查电动机驱动电机及其变频器线束及插件是否有松动、老化等现象。

3）检查电动机驱动电机本体及变频器水冷管道是否通畅，及时清理冷却水道的堵塞现象。

4）检查电动机驱动电机本体及变频器表面灰尘，清理时必须断开动力电源。

5）测量电动机驱动电机的绝缘电阻时应使用 500 V 兆欧表，其值不低于 5 MΩ；否则，应对其进行除潮处理。

学习单元 2　混合动力汽车动力电池系统故障诊断与排除

学习目标

1. 掌握混合动力汽车动力电池结构
2. 掌握混合动力汽车动力电池故障的诊断方法
3. 能诊断并排除混合动力汽车动力电池故障

相关知识

本节以丰田普瑞斯混合动力汽车为例，介绍混合动力汽车动力电池系统的结构和诊断及排除方法。

一、丰田普瑞斯混合动力电池系统结构

丰田普瑞斯混合动力汽车动力电池采用镍氢电池，主要作用是通过 HV 蓄电池 ECU 来监控 HV 蓄电池总成的状态，并将此信息传送给 HV 控制 ECU，而且该系统控制蓄电池鼓风机电动机控制器，以此保持 HV 蓄电池总成的适当温度。

丰田普瑞斯混合动力汽车动力电池系统（见图 4—17）的质量为 53.3 kg。它由 28 组松下棱柱镍氢电池模块构成，每个模块又分别载有 6 个 1.2 V 电池，总计 168 个电池，串联标称电压合计 201.6 V，与第一代的 28 组 228 个电池相比有所减少。新车型中的单体电池间为双点连接，这样电池内部电阻得以减小。

丰田普瑞斯混合动力汽车动力电池重复充电和放电时，HV 蓄电池会产生热量，为确保其工作正常，汽车专门配备了 HV 蓄电池冷却系统。行李箱右侧的冷却风扇可以通过后排座椅右侧的进气口吸入车内空气。此后，从 HV 蓄电池顶部右侧进入的空气从上到下流经 HV 蓄电池模块并将其冷却。然后，空气流经排气管和车内，最终排到车外。HV 蓄电池 ECU 根据 HV 蓄电池内部的三个温度传感器和进气温度传感器给出的信号将 HV 蓄电池温度控制在合适的范围，如图 4—18 所示。

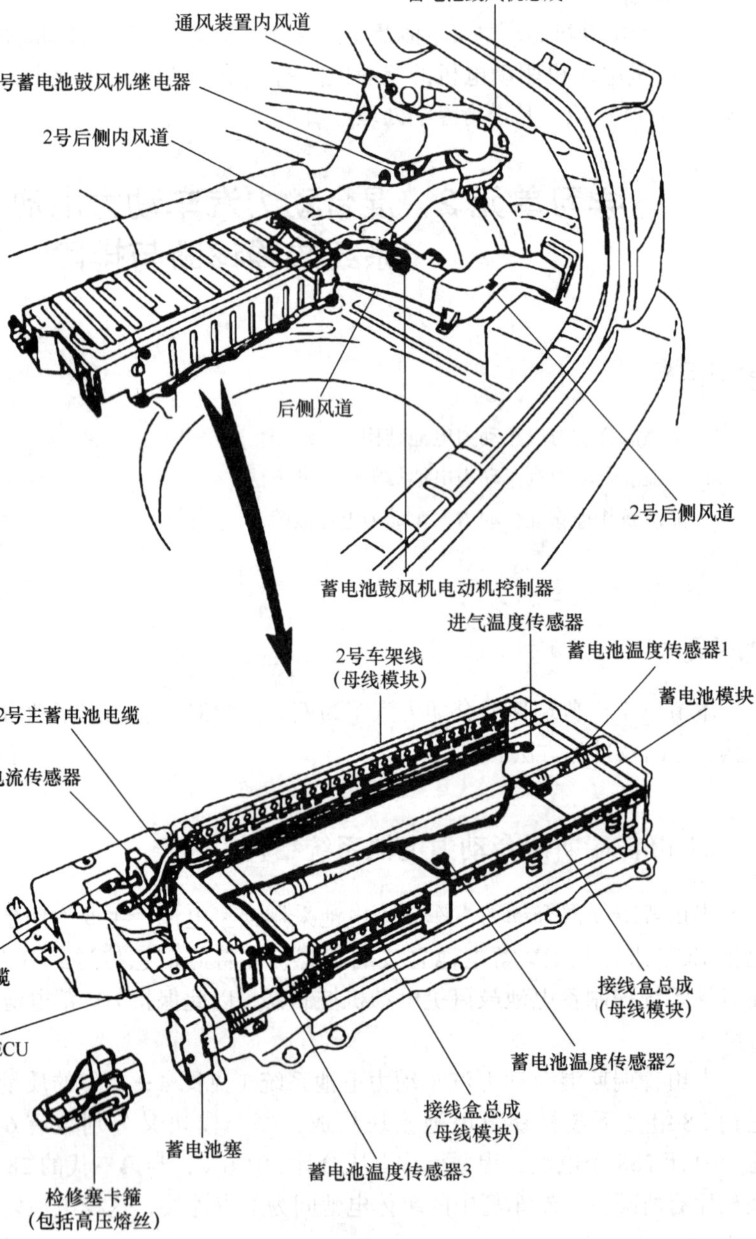

图 4—17　丰田普瑞斯混合动力电池系统

二、丰田普瑞斯混合动力电池系统控制功能

1．HV 蓄电池总成管理和安全保护功能

（1）在驾驶过程中，蓄电池总成加速时反复地被放电，而通过减速恢复制动被充电。蓄电池 ECU 根据电压、电流和温度测算 HV 蓄电池的 SOC（充电状

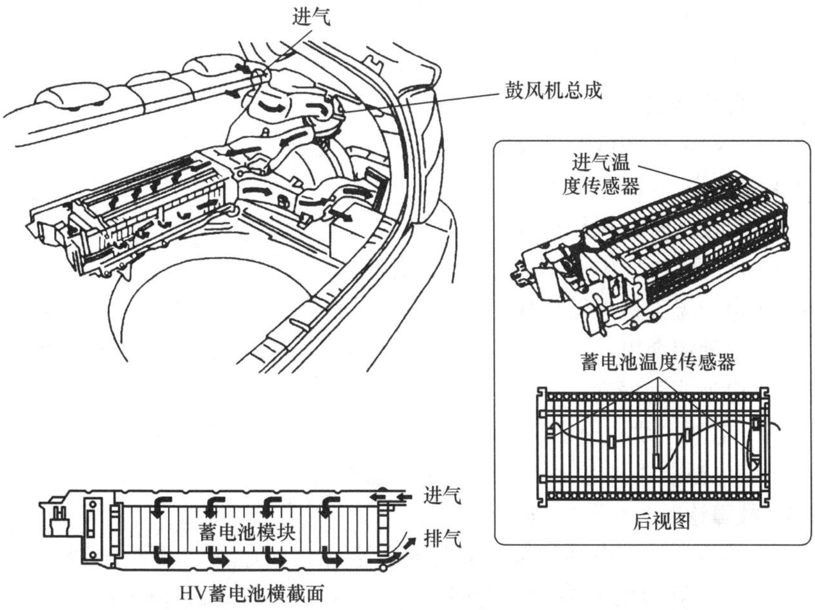

图 4—18 丰田普瑞斯混合动力电池冷却系统

态)，然后将结果输送给 HV 控制 ECU。结果，HV 控制 ECU 根据 SOC 执行充电 / 放电控制。

(2) 如果故障发生，则蓄电池 ECU 执行安全保护功能，依照故障程度保护 HV 蓄电池总成。

2．蓄电池鼓风机电动机控制

车辆行驶时，为了控制 HV 蓄电池总成温度的上升，蓄电池 ECU 依照 HV 蓄电池总成的温度决定并控制蓄电池鼓风机总成的操作模式。

3．CHK ENG 点亮控制

如果蓄电池 ECU 检测到影响发动机排气超标的故障，它就把 CHK ENG (检查发动机警告灯) 点亮要求输送给 HV 控制 ECU。蓄电池 ECU 不直接点亮 CHK ENG。

技能要求

丰田普瑞斯混合动力电池系统故障诊断与排除

1．故障现象

2007 款丰田普瑞斯混合动力汽车 HV 蓄电池主要有 HV 蓄电池警告灯点亮、HV 蓄电池总电压偏低、HV 蓄电池温度过高、HV 蓄电池冷却风机不转或转速过低、HV 蓄电池充电电压过高、HV 蓄电池极柱松动出现氧化物和外壳出现裂纹等故障现象。

2．故障原因

（1）单格电池极板短路。

（2）各单格电池失衡。

（3）HV 蓄电池 ECU 失效。

（4）HV 控制 ECU 失效。

（5）电池冷却鼓风机损坏。

（6）HV 蓄电池电极材料老化、变质。

（7）电池温度传感器损坏。

（8）电池组漏电。

（9）电池剧烈振动、老化、存在质量问题。

（10）电池接线柱松动。

（11）电池接线柱老化、存在质量问题。

3．故障诊断与排除方法

（1）检查 HV 蓄电池故障警告灯是否点亮，如点亮，说明 HV 蓄电池有故障并在 HV 控制 ECU 内存储故障码，进行自诊断，读取故障码并对故障码进行分析，然后根据维修手册提供的故障码排除故障。

（2）HV 蓄电池总电压偏低

1）检查单体电池端电压是否为零，如为零，说明单体电池极板变形短路，应更换单体电池。

2）检查各单体电池的电压、内阻差是否大于标准值，如大于标准值，说明单体电池损坏、老化、存在质量问题，应更换失衡的单体电池。

3）检查电池组绝缘电阻是否过低，如过低，说明单体电池绝缘不良、老化，应维修或更换单体电池。

（3）HV 蓄电池温度过高、HV 蓄电池冷却风机不转或转速过低

1）检查温度传感器是否损坏、老化、变质，如失效，应更换温度传感器。

2）检查冷却鼓风机是否有损坏或电阻过大故障，如有，应更换冷却鼓风机。

（4）HV 蓄电池充电电压过高。检查 HV 蓄电池充电电压是否超过规定值，如超过，说明单体电池电极材料老化、变质，应维修或更换单体电池。

（5）HV 蓄电池极柱松动出现氧化物和外壳出现裂纹

1）检查电池极柱表面是否出现白色氧化物或出现烧灼现象，如有，说明接线不牢固，应用砂纸除去氧化物，紧固连接线。

2）检查电池极柱是否松动，如松动，说明极柱老化、存在质量问题，应更换。

3）检查电池外壳是否有裂纹、漏液，如有，说明电池剧烈振动、老化、存在质量问题，应更换。

（6）检查 HV 蓄电池 ECU 和 HV 控制 ECU 是否失效，如失效或损坏，应更换。

第二节　纯电动汽车电池系统故障诊断与排除

学习目标

1. 掌握纯电动汽车电池系统的结构原理
2. 掌握纯电动汽车电池系统故障的诊断方法
3. 能排除纯电动汽车电池系统的故障

相关知识

现代纯电动汽车的电池系统大部分采用锂电池作为汽车电能存储装置，本书以锂电池为例介绍纯电动汽车电池系统的结构原理与故障诊断排除方法。

一、锂电池概述

锂电池（lithium battery）是指电化学体系中含有锂（包括金属锂、锂合金、锂离子、锂聚合物）的电池。锂电池大致可分为两类：锂金属电池和锂离子电池。锂离子电池不含金属态的锂，并且是可以充电的。可充电电池的第五代产品锂金属电池在 1996 年诞生，其安全性、比容量、自放电率和性能价格比均优于锂离子电池。由于其自身高技术要求的限制，现在只有少数几个国家还在生产这种锂金属电池。

习惯上，人们把锂离子电池也称为锂电池，但锂离子电池与锂金属电池是不一样的。锂离子电池目前有液态锂离子电池和聚合物锂离子电池两类。锂离子电池工作电压高、体积小、质量轻、能量高、无记忆效应、无污染、自放电小、循环寿命长，因此是 21 世纪发展的理想能源。锂电池最早期应用于心脏起搏器中，锂电池的自放电率极低，放电电压平缓，使得植入人体的起搏器能够长期运作而不用重新充电。锂电池一般有高于 3.0 V 的标称电压。

二、锂电池工作原理

锂金属电池一般使用二氧化锰作为正极材料，使用金属锂或其他合金金属为负极材料，使用非水电解液溶液。

放电反应：

$$Li+MnO_2 = LiMnO_2$$

锂离子电池一般使用锂合金金属氧化物为正极材料，石墨为负极材料，使用非水电解质。当对电池进行充电时，电池的正极上有锂离子生成，生成的锂离子经过电解液运动到负极。而作为负极的碳呈层状结构，它有很多微孔，到达负极的锂离子就嵌入到碳层的微孔中，嵌入的锂离子越多，充电容量越高。

同样道理，当对电池进行放电时（即使用电池的过程），嵌在负极碳层中的锂离子脱出，又回到正极。回到正极的锂离子越多，放电容量越高。通常所说的电池容量指的就是放电容量。

三、锂电池的特点

普通锂离子电池具有以下特点。

（1）能量比高。锂离子电池具有高储存能量密度，已达到 460 ~ 600 W·h/kg，是铅酸蓄电池的 6 ~ 7 倍。

（2）使用寿命长。寿命可达 6 年以上，磷酸铁锂为正极的电池 1C（C 为倍率，指电池放电倍率和充电倍率）。磷酸铁锂电池充放电，有超过 10 000 次的纪录。

（3）额定电压高。单体工作电压为 3.7 V 或 3.2 V，约等于 3 只镍 – 镉或镍 – 氢充电电池的串联电压，便于组成电池电源组。

（4）具有高功率承受力。电动汽车用的磷酸铁锂离子电池可以达到 15C ~ 30C 充放电的能力，便于高强度的起动加速。

（5）自放电率低。每月放电率不到 1%，不到镍 – 氢电池的 1/20。

（6）无污染。锂电池中不存在有毒物质，因此被称为“绿色电池”，而铅酸电池和镍 – 镉电池由于存在有害物质铅和镉，污染环境问题严重。

磷酸铁锂动力电池虽在 2002 年出现，但从各种锂离子电池的性能对比看，磷酸铁锂电池是目前最适合用于电动汽车产业化的电池。磷酸铁锂电池的特点：高效率输出，标准放电为 2C ~ 5C、连续高电流放电可达 10C，瞬间脉冲放电（10 s）可达 20C；高温时性能良好，外部温度 65℃时，内部温度高达 95℃，电池放电结束时温度可达 160℃，电池的结构安全、完好；即使电池内部或外部受到伤害，电池也不燃烧、不爆炸，安全性好；经 500 次循环，其放电容量仍大于 95%。

锂离子电池的负极材料——钛酸锂，可与锰酸锂、钴酸锂、三元锂或磷酸铁锂等正极材料组成锂离子二次电池。由于钛酸锂的高安全性、高稳定性、长寿命和绿色环保等特点，可广泛应用于电动汽车。图 4—19 所示为钛酸锂离子电池，图 4—20 所示为国产锂离子电池。

图 4—19 钛酸锂离子电池

图 4—20 国产锂离子电池

四、锂电池的结构

锂电池通常有圆柱形和方形（见图 4—21）两种外形。电池内部采用螺旋绕制结构，用一种非常精细且渗透性很强的聚乙烯薄膜隔离材料在正负极间间隔而成。正极由钴酸锂（或镍钴锰酸锂、锰酸锂、磷酸亚铁锂等）及铝箔组成的电流收集极组成。负极由石墨化碳材料和铜箔组成的电流收集极组成。电池内有有机电解质溶液。另外，还装有安全阀和正温度系数热敏电阻元件（部分圆柱形锂电池使用），以便电池在不正常状态及输出短路时保护电池不受损坏。

磷酸铁锂离子电池的结构如图 4—22 所示。

图 4—21 方形锂离子电池

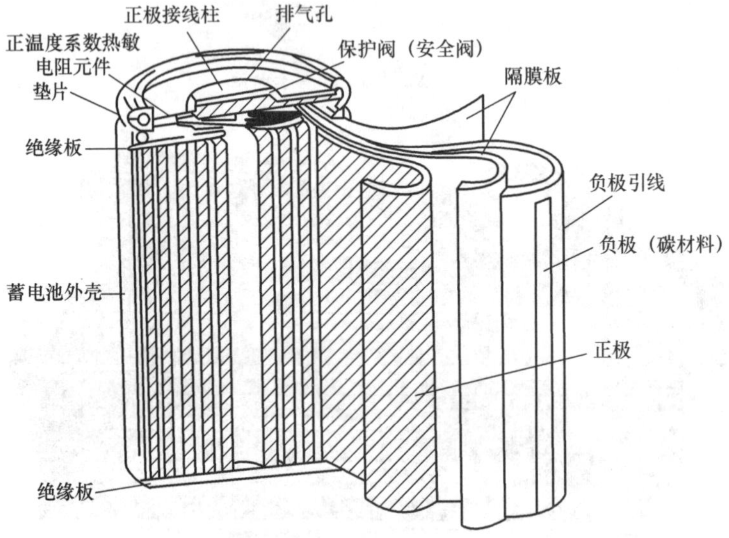

图 4—22 磷酸铁锂离子电池

五、锂电池储能装置常见故障及排除

电动汽车中的高电压系统可以保证整车系统动力电能的传输，并可以随时检测整个高电压系统的绝缘故障、断路故障、接地故障、高压故障等，从而保证整车设备和人员安全。因此，高电压系统也是电动汽车产业化的关键技术之一。

动力电池作为电动汽车的主要高压部件之一，其设计好坏直接影响着整车安全性和可靠性。在动力电池系统中，从故障发生的部位看，主要有传感器故障、执行器故障（接触器故障）、部件故障（电芯故障）等。电动汽车系统中一旦发生此类故障，轻者造成系统性能下降，重者将引发重大事故，从而造成人员和财产的巨大损失，因此动力电池系统故障诊断及处理尤为重要。

动力电池系统的常见故障主要有单体电池故障、电池管理系统故障、线路或连接件故障。

1．单体电池故障

单体电池的常见电池性能与相应的维修方法有以下 3 种。

（1）整体电池性能正常，无须更换。这种情况常见的故障现象是单体电池 SOC 偏低和单体电池 SOC 偏高。如果单体电池 SOC 偏低，则该电池在汽车行驶过程中，电压最先达到放电截止电压，使电池组实际容量降低，应对该单体电池进行充电。如果单体电池 SOC 偏高，则该电池在充电末期最先达到充电截止电压，影响充电容量，应对该单体电池进行单独补充放电。

（2）整体电池性能衰退严重，应及时更换。这种情况常见的故障现象是单体电池容量不足和单体电池内阻偏大。在电池组中，最小的单体电池容量限制整个电池组的容量，所以发生单体电池容量不足故障会影响车辆续驶里程。锂离子电池内阻如过大，会严重影响电池的电化学性能，如充放电过程中的极化严重、活性物质利用率低、循环性能差等。

（3）电池损坏，应立即更换。这种情况常见的故障现象是单体电池内部短路，单体电池外部短路或单体电池极性装反。在强振动下锂离子电池的极耳、极片上的活性物质、接线柱、外部连线和焊点折断或脱落，容易引发单体电池内部短路或外部短路故障。

一般情况下，造成单体电池前两种故障的原因可能有两个：一是动力电池成组时单体电池一致性问题，即单体电池的 SOC、容量、内阻本身就有差异；二是单体电池在成组应用过程中由于环境差异（如温度、充放电电流）导致的一致性差异增加，加剧单体电池的不一致性。

2．电池管理系统故障

电动汽车上安装了电池管理系统，对单体电压、总电压、总电流、温度等进行实时监控采样，并将实时参数反馈给整车控制器。电池管理系统除对电池性能参数进行监控、实施电性能管理以外，还具备热管理为主的应用环境管理，实施对电池的加热和冷却，保证电池的良好应用环境温度以及温度场的一致性。如果电池管理系统发生故障，就失去了对电池的监控，无法估计电池的 SOC，容易导致电池的过充、过放、过热以及不一致性等问题，影响电池的性能、寿命及行车安全。

电池管理系统故障包括 CAN 通信故障、总电压测量故障、单体电压测量故障、温度测量故障、电流测量故障、继电器故障、加热器故障、冷却系统故障等。

3．线路或连接件故障

正确诊断与排除线路或连接件故障，对于车辆的可靠性和保证行车安全非常重要。由于车辆的振动可能使电池间的连接螺栓出现松动，使电池间接触电阻增大，发生电池间虚接故障，导致电池组内部能量损耗增加，造成车辆动力不足和续驶里程变短。在个别极端情况下还将导致高温，产生电弧，熔化电池电极和连接片，甚至造成电池着火等极端电池安全事故。

在电动汽车运行过程中，单体电池之间可能出现相对跳动，造成两电池间的连接片折断。电池箱与电动汽车的电气连接也是故障的高发点，电插接器在经历长时间振动后容易虚接，出现烧蚀、接触不良等故障。

4．锂电池存储装置常见故障及处理方法（见表4—6）

表4—6　　锂电池存储装置常见故障及处理方法

模块	故障现象	故障后果	处理方法
单体电池	单体电池SOC偏低	电池组容量降低，电动汽车续驶里程短	对单体电池单独充电
	单体电池SOC偏高		对单体电池单独放电
	单体电池容量不足	电池组充电不足，使用寿命缩短，电动汽车续驶里程短	更换单体电池
	单体电池内阻偏大	电池组充电不足，使用寿命缩短，电动汽车动力不足，续驶里程短	
	单体电池过充电	电池内部短路、电池热失控，严重时会起火、爆炸	检查电池管理系统
	单体电池过放电		
	单体电池内部短路	电池热失控严重时会起火、爆炸	更换单体电池
	单体电池外部短路		排除短路故障，更换单体电池
	单体电池极性装反		更换单体电池
电池管理系统	CAN通信故障	无法监控电动汽车	检查CAN网络
	总电压测量故障	无法监控总电压	检查总电压测量模块
	单体电压测量故障	无法监控单体电压	检查单体电压测量模块
	温度测量故障	无法监控电池温度	检查温度测量模块
	电流测量故障	无法监控电池电流	检查电流测量模块
	冷却系统故障	电池温度偏高	检查冷却风扇控制电路
线路	电池间虚接	电动汽车动力不足，续驶里程短	紧固电池连接
	电池间断路	电动汽车无法起动	检查电池连接
	快速熔断器断开		检查快速熔断器
	动力电插接器断开		检查动力电插接器
	动力电插接器虚接	插接器易烧蚀，电动汽车动力不足	

续表

模块	故障现象	故障后果	处理方法
线路	信号电插接器故障	无法监控电动汽车	检查信号电插接器
	正极接触器故障	电动汽车无法起动	检查接触线
	负极接触器故障		
	电源线短路	电池热失控严重时会起火、爆炸	检查电源线

技能要求

纯电动车电池电压突降故障诊断与排除

1．故障现象

一辆装备锂离子电池储能装置的纯电动汽车在行驶过程中，锂离子电池电压突然下降。

2．故障原因

（1）电源熔丝损坏。

（2）电源线断路或虚接。

（3）动力电插接器断开或虚接。

（4）信号电插接器故障。

（5）正、负接触器故障。

（6）电池组连接导线断路或虚接。

（7）电池温度传感器信号错误。

（8）电池冷却风扇或控制电路损坏。

（9）单体电池容量不足。

（10）单体电池内阻偏大。

（11）单体电池内部短路。

（12）单体电池外部短路。

（13）电池管理系统故障。

3．故障诊断与排除方法

（1）进行自诊断。如有故障码，应对故障码进行分析，然后根据维修手册提供的故障码排除故障。如无故障码，应采用症状分析法排除故障。

（2）检查电源熔丝是否烧毁，如有，更换。

（3）检查电源线是否断路或虚接，如找到断路和虚接点，重新连接。

（4）检查动力电插接器是否断开或虚接，如有，修理或更换。

（5）检查信号电插接器是否有问题，如有，修理或更换。

（6）检查正、负接触器是否有问题，如有，修理或更换。

（7）检查电池组连接导线是否断路或虚接，如有，找到断路和虚接点，重新连接。

（8）测量温度传感器信号是否正常，如不正常，更换。

（9）检查电池冷却风扇或控制电路是否损坏，如有，修理或更换。

（10）检查单体电池是否容量不足、内阻偏大或内部短路，如有，更换。

（11）检查电池管理系统是否损坏，如有，更换。

第三节　天然气汽车故障诊断与排除

学习目标

1. 掌握上海大众桑塔纳天然气汽车结构与原理
2. 能诊断排除上海大众桑塔纳天然气汽车故障

本节以上海大众桑塔纳天然气汽车为例，介绍天然气汽车的结构原理和诊断排除方法。

相关知识

一、天然气（CNG）的基本特性

1. 成分：浓度 85% ~ 95% 的 CH_4。

2. 优点：辛烷值为 120（汽油辛烷值为 90 ~ 97），抗爆性好，压缩比可提高，点火提前角可提前。

3. 排放：CO < 90%，HC < 50%，NO_x < 30%，SO_x = 0，CO_2 < 23%。CNG 含 S、C 少，故燃烧生成的硫化物、积炭极少，发动机使用寿命长。

4. 缺点：CNG 混合气热值低，仅为 3.36 MJ/ m^3，比汽油混合气热值 3.82 MJ/m^3 低 20%，CNG 占用 1 m^3 空间压缩后为 5 L，与 1.1 L 汽油等效热量，在相同的混合气占用空间，影响充气效率。点燃温度为 540℃，燃烧速度慢。

二、天然气汽车燃气系统的结构原理

上海大众桑塔纳天然气汽车的燃气系统由 CNG 气瓶、加气口、减压阀、混合器、电子阀门、转换开关、喷嘴仿真器、电控装置等组成，如图 4—23 所示。

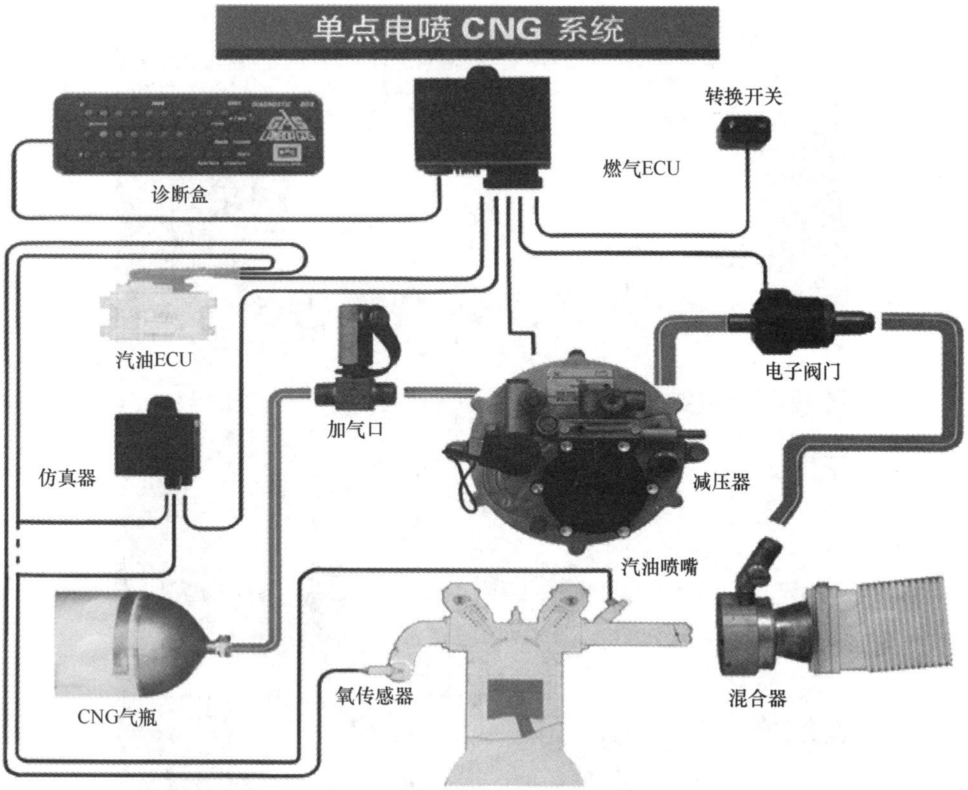

图 4—23　上海大众桑塔纳天然气汽车总体布置

1．CNG 气瓶

CNG 气瓶能加 55 L，气压 200 kPa；转换开关中有一个由四个绿色二极管灯组成的气量计。一个灯亮提示约消耗 CNG 13 L。最后一个灯闪亮，提示只能行走约 2 km。CNG 气瓶接头配有手控关闭阀、热熔器（110℃熔断）和电磁阀，如图 4—24 所示。

2．加气口

加气口有两级单向阀，安全性更高。单向阀为弹簧钢珠结构，结构简单，钢珠本身磨损就会导致密封不严，故采用两级单向阀的加气口，如图 4—25 所示。

3．减压器

减压器（见图 4—26）由三级减压装置组成，每级减压装置都采用膜片杠杆原理控制气阀的结构。第一级减压 0.5 ~ 20 MPa；第二级减压 0.12 ~ 0.5 MPa；第三级减压 0.1 ~ 0.12 MPa。第二级和第三级减压装置之间带常闭电磁阀。由于大幅度减压会引起结霜、结冰问题，因此减压器需要由发动机循环水提供热交换以避免上述问题。

4．电子阀门、功率阀、混合器

电子阀门、功率阀、混合器在汽车上的布置如图 4—27 所示。

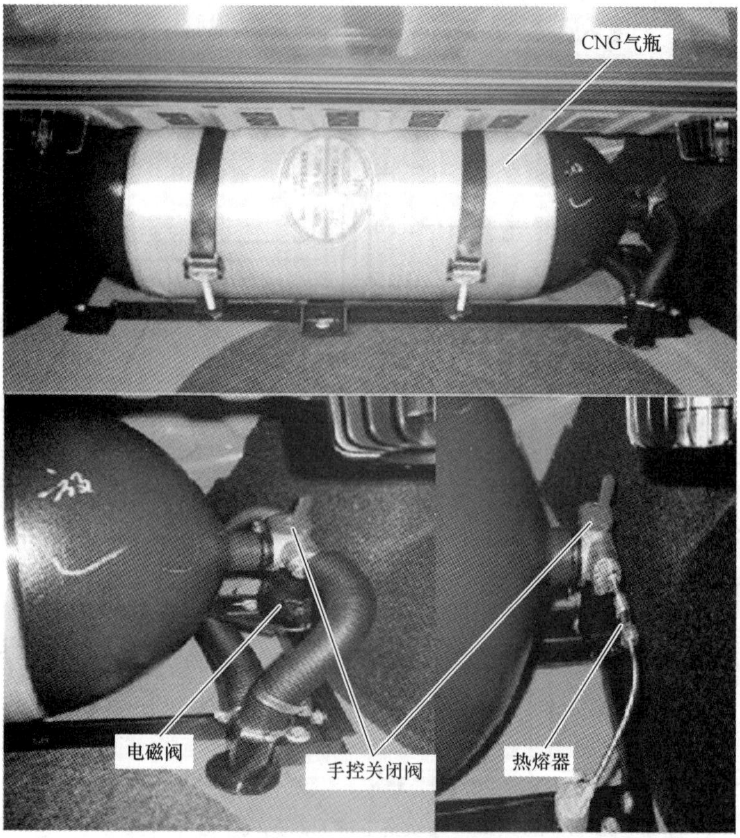

图 4—24　CNG 气瓶

图 4—25　加气口

（1）电子阀门。电子阀门（见图 4—28）的优点如下：

1）能够非常好且平稳地调整气量。

2）反应速度相当敏捷（无任何明显迟滞）。

图 4—26　减压器

图 4—27　电子阀门、功率阀、混合器

3）耐磨损，且不会因为使用时间长而变脏。

4）根据氧传感器的信号反馈的信息实时控制空 / 燃（混合）比，即实现气体流量的控制功能。

（2）功率阀。功率阀为针阀结构，作用为调整天然气系统最大燃气输出量。

（3）混合器。混合器为喉管结构，作用为将天然气和空气充分混合，使燃烧更充分、柔和，有效降低 NO_{XT} 的排放和排气温度。

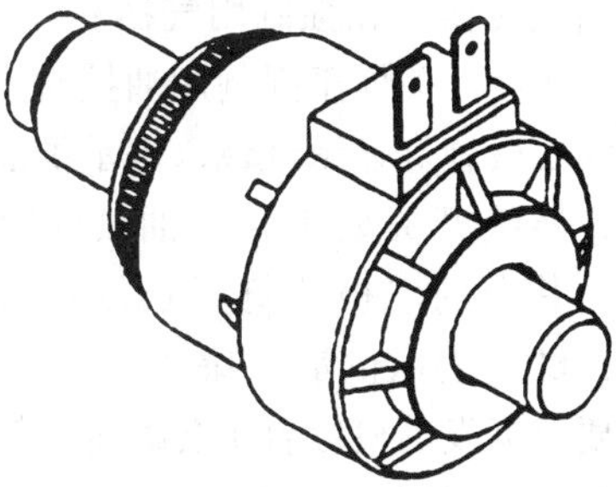

图 4—28　电子阀门

5．电控装置

电控装置也称为电控单元 ECU，其具体结构、原理与电控燃油喷射发动机电控单元基本相同，如图 4—29 所示。

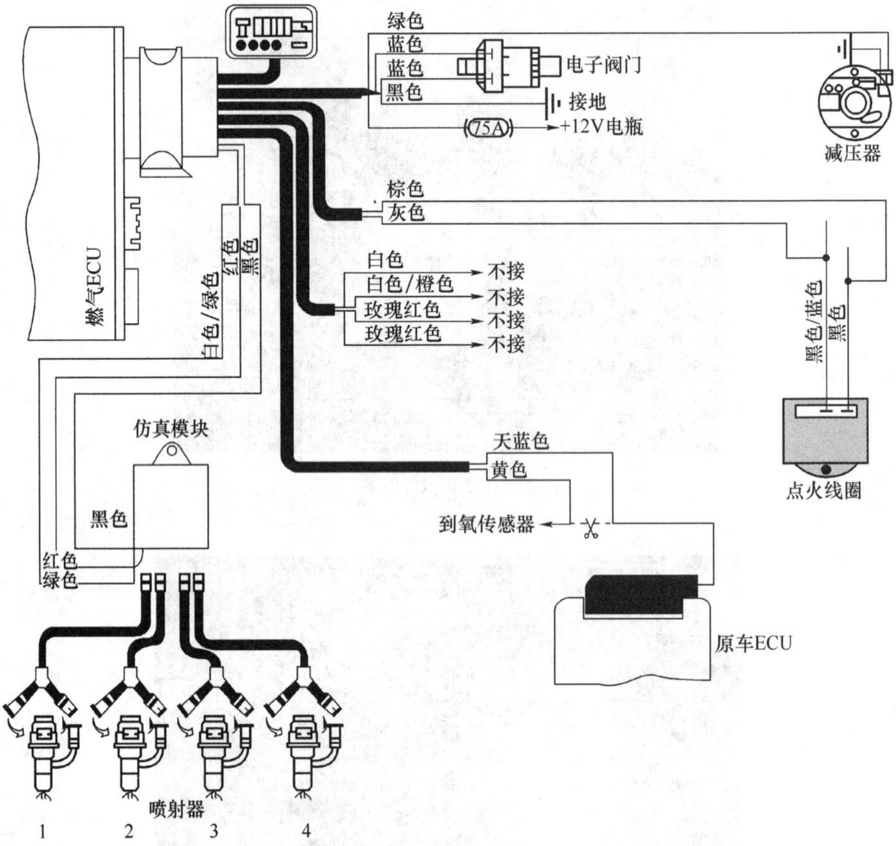

图 4—29　电控装置

6．转换开关

转换开关（见图 4—30）具有三个位置，分别为强制用油挡、自动油气转换挡和强制用气挡。

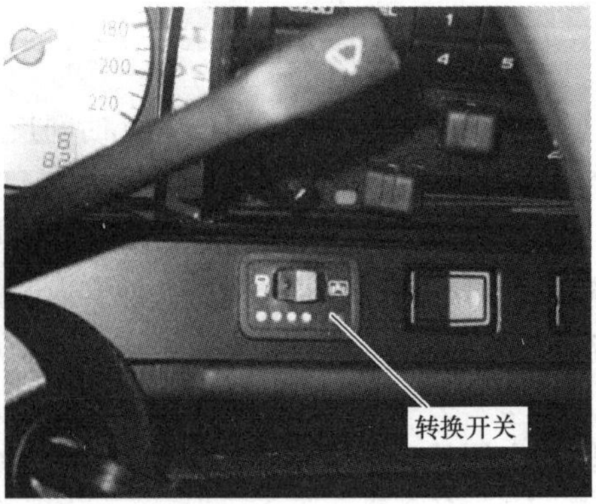

图 4—30　转换开关

转换开关处于强制用油挡时，其上的二极管灯显示红色，表示供油状态；转换开关处于自动油气转换挡时，其上的二极管灯显示红色或绿色，红色表示供油，绿色表示供气，主要根据发动机综合工况确定；转换开关处于强制用气挡时，其上的二极管灯显示绿色，表示供气状态。

（1）自动油气转换挡——转换开关置于中间位置。汽车开始时用汽油起动，然后自动地转换到气。转换的过程发生在减速时（注：踩下加速踏板后松开踏板时），并且这个转换的转速门槛值为 2 500 r/min，可以用一个微型的电位计调整片来进行调整。

（2）强制用气挡——转换开关置于右边位置。这个位置特指用于紧急情况下，仅在汽油供给系统出现故障时才使用。但汽车在错误起动和意外熄火的情况下，系统能重新转换到汽油供给。

（3）强制用油挡——转换开关置于左边位置。这个位置是指发动机仅用汽油运行。

7. 喷嘴仿真器

根据各种车的特殊要求和喷射方式来选择仿真模块的类型。通过连接外接的仿真模块上的白／绿线束，可以获得燃料重叠功能。

三、上海大众桑塔纳天然气汽车日常维护保养

上海大众桑塔纳天然气汽车在日常维护保养中，应注意以下事项：

1. 新车在磨合期内，由于气体燃料对发动机各摩擦副的润滑作用不及汽油，因此建议在 7 500 km 以内不要使用 CNG。

2. 使用双燃料汽车时，除进行通常的车辆检查外，还必须经常检查压缩天然气供给系统管路、接头组件是否泄漏以及系统中有无其他异常现象。一旦发现有天然气泄漏、管路损坏及供给系统中的其他异常现象，要及时修复和排除。

3. 由于空气滤清器、火花塞及电喷车上的怠速马达等原发动机部件的状况对使用天然气有较大的影响，因此在对双燃料汽车的汽油系统进行定期保养时应特别注意这些部件的检查、清洁和更换。

4. 汽车长期使用天然气时，每天必须保证使用汽油 30 min，防止供油系统的零部件（包括燃油泵、喷嘴）失效。

上海大众桑塔纳天然气汽车保养里程及内容见表 4—7。

表 4—7　　上海大众桑塔纳天然气汽车保养里程及内容

保养项目	安装使用后的里程（km）			
	1 000	7 500	15 000	每隔 15 000
检查安装的机械部件	★	★	★	★
清洁空气滤清器	★			
更换空气滤清器		★	★	★
检查火花塞和点火系统	★	★	★	★
检查 CNG 高压管道连接	★	★	★	★
检查水、气管连接	★	★	★	★
减压器排污		★	★	★
双怠速空燃比检查（用诊断盒）	★	★	★	★

续表

保养项目	安装使用后的里程（km）			
	1 000	7 500	15 000	每隔 15 000
检查控制系统和原车电脑的沟通（用诊断盒）	★		★	★
其他检查	★	★	★	★

四、上海大众桑塔纳天然气汽车故障诊断排除要点

1．天然气汽车专用诊断盒

（1）调整。天然气汽车专用诊断盒是必不可少的仪器，安装和维修技术员可以使用该仪器对设备进行调整设置、做定期的控制调节及对异常现象进行诊断。诊断盒（见图 4—31）应插入燃气 ECU 上的 5 通德标插座。

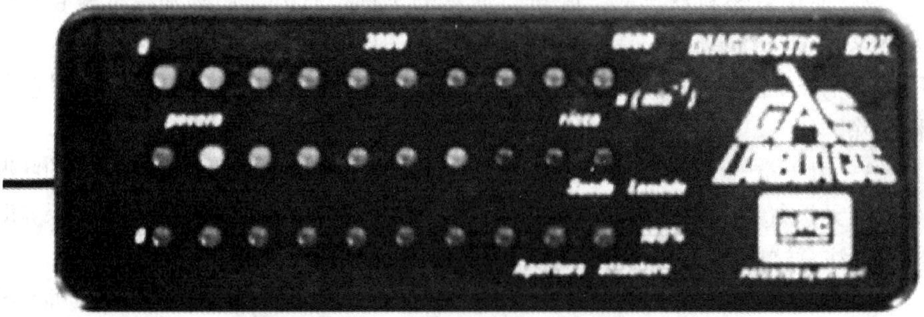

图 4—31　天然气汽车专用诊断盒

（2）诊断功能。第一条绿色二极管排条显示发动机转速（r/min），每一个发光二极管表示 600 r/min。第二条绿色二极管排条表示氧传感器产生的电压，每个二极管约表示 0.1 V。第三条红色二极管排条表示从燃气 ECU 传至电子阀门的控制电流的百分比（也就是电子阀门的开度），每个二极管亮起相当于增加了约 10% 的最大参考电流。

2．混合比调整（怠速调整）

（1）阶段 1：原地调整。

气罐加足气，接上诊断盒，并将诊断盒放在便于在发动机舱工作的人观测的位置。

将转换开关置于自动转换挡（中间挡），起动发动机。不踩加速踏板，让发动机用汽油运转几分钟。

踩加速踏板以引起油→气转换，然后使发动机运转在大约 3 500 r/min。调整电子阀门和混合器连接管上的功率阀，使氧传感器信号较理想地显示在诊断盒上，使诊断盒第三条二极管排条上有 3 ~ 5 个二极管亮起。

使发动机怠速运转，调节怠速螺钉，直至氧传感器信号在最理想值范围内

来回移动，电子阀门控制电流保持在最大值的一半左右。

（2）阶段 2：行驶调整。

在水平的直道上完全地加速，如果有可能，在第三挡从 2 000 r/min 起加速，直到达到允许的最高转速（不要超过它）；在接近最高转速时，如果注意到氧传感器信号降至 0，而控制电流几乎最大，则应停车，并逐渐地旋松调节怠速螺钉；反之，如果混合气持续保持浓的状态，而电子阀门控制电流几乎为 0，则应停车，并逐渐地旋紧调节螺钉。

保持在某一常速（例如 80 km/h、100 km/h、120 km/h）运行，检查在各种工况下氧传感器信号是否在理想值范围内，电子阀门控制电流为最大参考电流的 30% ~ 50%（即第二条栅条上有 3 ~ 5 个二极管亮起）。如果有必要，则略微调整调节怠速螺钉。

3．混合比调整（减压蒸发器“灵敏度”调节）

减压阀第三级减压装置可以分别控制怠速流量和对最后一级膜片的行进的灵敏反应。通常，工厂中进行的灵敏度调整已能适应大多数情况。但是，如果气流确实不充足，或在节流阀体小开度的情况下运行时，即使电子阀门完全打开，混合气仍旧显得稀薄，那么就须略微松开灵敏度螺钉，同时关闭怠速流量调整。

技能要求

一、天然气汽车动力不足故障诊断与排除

1．故障现象

上海大众桑塔纳天然气汽车行驶过程中，用气时发动机动力不足导致汽车行驶无力。

2．故障原因

（1）空气滤清器过脏。

（2）点火系统工作不佳。

（3）天然气低压管路有泄漏。

（4）天然气高压管路不畅。

（5）电子阀门有故障。

（6）功率阀调整不当。

（7）混合器密封不好。

（8）电控装置有故障。

3．故障诊断与排除方法

（1）进行自诊断。如有故障码，应对故障码进行分析，然后根据维修手册排除故障。如无故障码，应采用症状分析法排除故障。

（2）检查空气滤清器是否过脏，如是，应清洗或更换。

（3）检查点火系统工作是否正常，如有不正常，调整或更换点火系统火花

塞、高压线或点火线圈等部件。

（4）检查天然气低压管路是否有泄漏，如有，找到泄漏点并修理。

（5）检查天然气高压管路是否不畅，如有，找到堵塞点并修理。

（6）检查功率阀调整是否得当，如调整不当，重新调整。

（7）检查混合器密封是否良好，如有泄漏，找到泄漏点并修理。

（8）检查电子阀门是否有故障，如有故障，修理或更换。

（9）检查电控装置是否有故障，如有，更换。

二、天然气汽车燃料系统组件故障诊断与排除

1．发动机熄火或不能用汽油和 CNG 起动

（1）汽车点火系统故障，检修。

（2）汽油或 CNG 耗尽，加油或加气。

（3）发动机故障，检修。

（4）电源不正常，检修。

（5）接线有误或导线插头有松动，检修。

（6）电池未充电或者电量不足，检修或更换。

（7）喷油仿真器有故障，检修或更换。

（8）控制单元 ECU 故障，检修或更换。

2．发动机可用汽油工作但不能用 CNG 工作

（1）CNG 储气瓶内 CNG 用完，加气。

（2）CNG 储气瓶瓶口阀未开启，开启瓶口阀。

（3）CNG 供给系统导线松动或电路有故障，检修。

（4）CNG 转换开关有故障或接线错误，检修或更换。

（5）减压器故障，检修。

（6）混合器漏气，检修。

（7）控制单元 ECU 故障，调整、更换。

（8）低压管路有泄漏，检修或更改。

3．发动机用 CNG 起动困难

（1）电源电压低，检修。

（2）点火系统故障，检修或调整。

（3）CNG 耗尽或 CNG 储气瓶瓶口阀未完全打开，加气或开启瓶口阀。

（4）混合气比例过高或过低，检查、调整。

（5）起动步骤错误，按正确步骤起动。

（6）空气滤清器脏，清洗或更换。

（7）混合器漏气，检修。

（8）喷油仿真器故障，调整或更换。

（9）控制单元 ECU 故障，调整或更换

（10）转换开关故障，检查、调整或更换。

4．用 CNG 状态下发动机怠速不稳

（1）发动机故障，检修。
（2）减压器故障，检修、调整。
（3）空气滤清器太脏，清洗或更换。
（4）怠速混合气比例不合理，调整或更换。
（5）火花塞或点火线路故障，检修。
（6）控制单元 ECU 故障，调整、检修。
（7）混合器泄漏，检修。
（8）低压管路泄漏，检修、更换。

5．用 CNG 时发动机可怠速运转但不能正常行驶

（1）混合器松动或安装不当，紧固。
（2）减压器内脏物太多，检查、清洗。
（3）CNG 供给不当，检查、调整。
（4）低压管扭结、阻滞，检查、修理。
（5）CNG 储气瓶压力太低或瓶口阀未打开，加气或开启瓶口阀。
（6）点火正时错误，调整。
（7）发动机缸压太低，检修。
（8）排气故障，检修。

6．用 CNG 时发动机熄火

（1）空气滤清器影响，清洗或更换。
（2）喷油仿真器喷油延时调节不当，调整。
（3）减压器调节不当，调整。